高职高专财政金融类专业规划教材

保险基础

主　编　蒋丽君

副主编　崔玉江

参　编　陈颖瑛　朱丽莎　胡　璐　颜　青

机械工业出版社

本书打破了传统的教材编排模式，以项目课程建设为导向，将保险学基本理论知识、保险基本业务、保险市场基本运行方式、保险监管等教学内容整合为：风险、风险管理与保险，保险基本原则，保险合同，财产保险，人身保险，保险市场，保险业务，保险法规与保险业的监管、保险从业人员职业道德与执业规范八大教学模块。本书坚持“实用为主，够用为度，难度适中”的教学标准，重视对学生能力、技能的培养，将理论知识与实践教学有机融合起来，较好地体现了“学中有练，练中再学”的优点。每一模块都由引例切入主题，每个知识点都附有案例和课外补充资料，每一章节后面都附有本章知识结构、考核标准、理论练习题、实训练习题。教材的编排由浅入深，由表及里，深入浅出，循序渐进，易教好学。

本书可作为高等职业技术院校、高等专科学校和成人教育学院的金融专业、保险专业以及经济管理类专业的教学用书，也可供中等职业学校及相关从业人员使用。

图书在版编目（CIP）数据

保险基础/蒋丽君主编．—北京：机械工业出版社，2008.4（2014.1 重印）
高职高专财政金融类专业规划教材
ISBN 978-7-111-23718-1

Ⅰ.保… Ⅱ.蒋… Ⅲ.保险—高等学校：技术学校—教材 Ⅳ.F84

中国版本图书馆 CIP 数据核字（2008）第 032378 号

机械工业出版社（北京市百万庄大街 22 号 邮政编码 100037）
策划编辑：孔文梅 责任编辑：孔文梅 刘 畅
封面设计：鞠 杨 责任印制：乔 宇
北京汇林印务有限公司印刷

2014 年 1 月第 1 版第 4 次印刷
169mm×239mm・18.5 印张・359 千字
10001–12500 册
标准书号：ISBN 978-7-111-23718-1
定价：29.00 元
凡购本书，如有缺页、倒页、脱页、由本社发行部调换

电话服务
社服务中心：（010）88361066
销售一部：（010）68326294
销售二部：（010）88379649
读者购书热线：（010）88379203

网络服务
门户网：http://www.cmpbook.com
教材网：http://www.cmpedu.com
封面无防伪标均为盗版

前 言

教材是教师授课取材之源，也是学生求知学习之本。高质量的教材是提高教学质量的必要前提，没有优秀的教材，教学便成了无米之炊。保险基础作为金融保险类专业的重要专业基础课程，其教材建设同样显得十分重要。目前，各大高校编写的保险学教材很多，但真正适合高职高专金融保险类专业的却很少。

为此，我们针对金融保险类高职高专学生的基础和特点，借鉴和参考国内外有关保险学方面的信息资料及科研成果，结合我国保险市场发展的实际状况以及多年来从事保险类课程教学实践和编著多本教材的经验与心得，本着厚基础、重能力、求创新的总体思路，优化整合课程内容，编写了适合高职高专金融保险类学生教学的《保险基础》教材，旨在为提高教学质量创造良好的条件。本书以应用为主，主要有以下几方面的特点：

一、基础理论——实用为主，够用为度

本教材在编写时密切关注保险市场的发展动态，深刻领会新时期我国金融保险业发展的新特点，充分吸收金融保险理论研究的最新成果和信息，在满足保险知识的连贯性与专业课需要的前提下，坚持“实用为主，够用为度”，合理整合保险学基础理论教学内容，删除过时内容，借鉴国外教材，增强实用性、针对性。

二、基本技能——培养能力为主，针对性强

本教材根据高职高专培养目标的要求注重学生技能训练和综合能力的培养。在每一模块的基础理论讲授完后，根据实际情况适当增加有关实训方面的内容。本书通过采用资料分析、案例点评等形式，引导学生对本篇的重点、难点内容进行分析、讨论、练习和模拟训练。这些新增加的有关“能力培养”和“技能训练”等新内容，基本上达到了国家对职业教育改革的要求。

三、知识与技能有机结合，相互渗透

本着厚基础、重能力、求创新的总体思路，教材中理论知识与实践技能交叉融合，相互渗透，较好地体现了在学中做、在做中学的优点，既有利于学生掌握理论知识，又有利于提高学生的实践技能和综合素质。

四、优化整合，创新教材编写思路

本教材在编写体例上打破了一直以来以章节为单位的教材编排模式，在内容体系上不拘泥于传统的保险学课程强调的内容体系的完整性，而是根据高职高专金融保险类专业人才培养目标及特点，对传统的保险学教学内容体系进行重新整合，将教材分成风险、风险管理与保险；保险基本原则；保险合同；财产保险；人身保险；保险市场；保险业务；保险法规与保险业的监管、保险从业人员职业道德和执业规范八大模块。每个模块前首先明确本模块教学要达到的“知识目标”和“能力目标”；内容上注重实务，插有“小资料”和“案例分析”；每个模块结束后有“模块小结”、“考核标准”、“思考题”和“实训题”。同时，配合教材的出版，强调与之相关的习题集、试题库、多媒体课件等配套资料的建设，做到教材组织立体化，使学生能较好地把握教材的知识体系，系统、迅速、牢固地掌握保险的基本原理、基本知识和基本业务。

本教材由浙江经贸职业技术学院蒋丽君老师担任主编，浙江经济职业技术学院崔玉江老师担任副主编。参与编写的教师有陈颖瑛、朱丽莎、胡璐、颜青等。

在本教材编写过程中，我们参考了国内外大量的最新保险书刊资料，直接引用了许多保险专家的相关成果，在此，我们对所参考文献的著作者深表谢意。由于编写时间仓促以及手头资料有限，教材中难免存在疏漏和失误之处，敬请读者和学术界同行批评指正。

为方便教学，本书配备电子课件等教学资源。凡选用本书作为教材的教师均可登录机械工业出版社教材服务网 www.cmpedu.com 免费下载。如下载中出现问题，或对电子课件有宝贵建议，欢迎致电 010-88379375。

编　者

目　录

模块一　风险、风险管理与保险

知识目标	1. 了解风险的概念、特征、构成要素、种类等； 2. 掌握风险管理的概念、目标、基本程序、主要方法等； 3. 了解保险产生和发展的历史； 4. 掌握保险的概念、特征、职能、分类、作用等。
能力目标	1. 能进行风险识别； 2. 能利用风险管理的主要方法处理风险； 3. 能辨析保险与类似制度的异同。

引例

2007 年 4 月 18 日上午，辽宁铁岭市清河特殊钢有限公司发生钢水包整体脱落事故，造成 32 人死亡，其中农民工 3 人；6 人受伤，其中 2 人伤势较重。事故发生在 4 月 18 日上午 7 时 45 分，该公司生产车间的钢水包在平移到铸锭台车上方时，突然整体脱落，钢水包倒向 5 米外正在进行班组开会的交接班室，造成 32 人死亡，6 人受伤。据目击者称，"去了现场，一屋子人什么都没了，都融合到冷却了的钢里了，一块 70 平方米左右的大铁饼子。"记者 18 日下午从武警辽宁省总队医院了解到，铁岭市清河特殊钢有限公司钢包脱落事故中受伤的 5 名伤者，在这里接受紧急抢救，其中最重 1 名伤者诊断为深二度、三度烧烫伤。医生介绍，这些伤员目前病情相对平稳，但仍处于 48 小时抗休克治疗期，不排除病情出现变化。据院方介绍，这些伤员是 18 日上午 10 时左右被紧急送到这里抢救的，最重的一人烧烫伤面积为 60%，其余分别为 40%、30%和 20%。入院的时候身上的衣服都烧焦了，医院立即采取紧急补液、建立静脉通道等紧急抢救措施，以维持伤者生命体征。主治医师胥学冰说，伤者受伤部位主要是头、四肢、躯干，被钢水、热钢渣等烧烫伤，要经过 48 小时的抗休克治疗，现在处于第一个 24 小时。目前他们病情相对平稳，但也可能随时发生变化，救护人员每小时要观察一次病情，待抗休克治疗成功后，再进行手术治疗。据铁岭市清河特殊钢有限责任公司网站介绍，该公司为国有转制的民营企业，原是一家成立于 20 世纪 80 年代的国有企业，转制为民营企业的时间不长，证照齐全，具有年产钢 14 万吨、材 10 万吨的生产能力，是集炼钢、开坯、轧材等为一体的中型冶金企业，拥有在册员工 870 人，企业效益很好，年纳税额 3 000 万元。

资料来源：《钱江晚报》，2007 年 4 月 19 日

第一部分 风险基本知识

一、风险的含义

风险（Risk）一词具有多种含义。经济学家、行为学家、统计学者、风险理论家和保险精算师对风险都有自己不同的定义。概括起来主要有三种：① 损失的不确定性；② 在特定条件下各可能后果与预期后果之间的差异；③ 引起灾害和意外事故的原因，或指由灾害和意外事故造成的损失，还可以指灾害和意外事故本身。在本教材中，风险是指损失的不确定性，即损失发生与否的不确定和损失程度的不确定。比如，由于不确定性存在而导致车祸中丧生的风险；由于不确定性存在而导致癌症的风险等等。

在现实生活中，风险无处不在，它就像空气一样充斥在我们的周围，并且随着经济、科技的发展，风险的种类还在日益增多。

现代社会面临的风险可以简单地划分为社会性风险与个人风险。社会性风险主要是指社会中的每个人都可能面临的风险。比如曾流行的非典、毒品、不断扩散的艾滋病、恐怖活动、社会性冲突等问题。随着社会利益不断多元化，整个社会面临的社会性冲突风险日益增多并且呈不断上升的趋势。个人风险主要是指某些社会个体可能遇到的生活风险，这类风险与个人的生活经历、生活状态相关而且呈现出个体特质的特征。比如矿难事故、交通事故、飞机失事等，主要是从事相关行业或某种生活状态下的个体可能面临的风险，此类风险往往由于人们的忽视而处于控制之外。

风险的特征包括：

1．客观性

风险是客观存在的。在人类的发展史上，人们在从事各种生产活动和生活过程中，总会遭遇到各种各样的风险。自然界的地震、台风、洪水，人类社会中的瘟疫、意外事故等风险，都是不以人的意志为转移的。风险的客观性，使得人们只能在一定的时间和空间内改变风险存在和发生的条件，但不可能完全消除风险。在一定条件下，风险的发生还带有一定的规律性，这种规律性是能把风险降低到最低程度的可能性。风险的客观性是保险产生和发展的自然基础。

2．损失性

风险与人们的经济利益密切相关。损失是风险发生的后果，除了直接损失外还包括间接损失。比如一个价值 50 万的房子遭遇火灾，那么直接损失就是 50 万，而间接损失是由直接损失导致的后果。因为房屋被损坏，屋主会因此而支付额外的费用，例如借住旅馆和去餐馆就餐的费用。在商业活动中，间接损失占有及其重要的地位。

【小资料】

我国是世界上自然灾害比较严重、种类最多的国家之一，特别是沿海地区的台风，更是给我国经济带来了严重的损失。2004 年的云娜台风以及 2005 年的泰利、麦莎台风都造成了 150 多亿元的巨额损失（如表 1-1 所示）。

表 1-1　2004～2005 年我国重大台风损失

时　　间	台　　风	损失/亿元
2004 年 8 月	云　　娜	181.28
2005 年 7 月	海　　棠	80
2005 年 8 月	泰　　利	154.2
2005 年 8 月	麦　　莎	180
2005 年 9 月	卡　　努	95.04

数据来源：雅虎中国、新浪、搜狐等各大网站

3．不确定性

风险是客观存在的，但是其发生是不确定的，是一种随机现象。例如，飞机坠落是可能发生的意外交通事故，但就某一架飞机是否发生意外则是不确定、不可预知的。风险的不确定性包括空间上、时间上和损失程度的不确定性。

【小资料】

在经济活动和日常生活中，人们可能遇到的各种风险概率有多少呢？表 1-2 是有关的风险概率统计数据。

表 1-2　风险概率统计数据

大概率风险		小概率风险	
受伤风险概率	1/3	中风风险概率	1/1 700
难产风险概率	1/6	乳腺癌风险概率	1/2 500
车祸风险概率	1/12	死于突发事件风险概率	1/2 900
突发心脏病风险概率	1/77	死于溺水风险概率	1/5 000
在家中受伤的风险概率	1/80	死于肺癌风险概率	1/60 000

4．可测性

某一风险是否发生属于随机现象，具有不确定，但是就危险总体来说，其发生是有规律性和可测性的。根据数理统计原理，随机现象在服从于某种概率分布的条件下，能测量出其发生的概率和损失率，从而反映出风险发生的规律。比如，生命表就是根据以往一定时期的特定国家或地区的特定人口群体的有关生存、死

亡的统计资料，加以分析整理而形成的统计表。正是单一风险发生的不确定性和总体标的风险发生的规律性、可测性，构成了保险经营风险的质的规定性。

5. **发展性**

经济和技术的发展，消除了一些风险，同时又产生了新的风险。比如建立核电站的同时也带来了核污染、核泄漏和核爆炸的风险。

二、风险的构成要素

风险的构成要素主要包括风险因素、风险事故和损失。这些要素相互作用，共同决定了风险的产生、发展和变化。

（一）风险因素

风险因素是引起或增加损失发生机会的因素，它是风险事故发生的潜在原因，是造成损害的间接的、内在的原因。如酒后驾车、疲劳驾驶、车辆制动系统故障等是导致车祸发生的原因。具体而言，风险因素主要包括物质风险因素、道德风险因素、心理风险因素三类。

1. **物质风险因素**

物质风险因素是指有形的并能直接影响食物物理功能的因素，或者说是可以增加损失机会的物质条件。比如，楼房里裸露的电线增加了发生火灾的机会，节日人群聚集增加了意外踩踏事故发生的机会，汽车的超速行驶增加了车祸发生的概率，环境污染增加了疾病传染的概率等。

2. **道德风险因素**

道德风险因素是指与人的品德有关的无形因素，是指由于个人不诚实、不正直或是居心不良而故意促使风险事故发生，以致引起社会财富损毁或人身伤亡的原因和条件。比如故意纵火烧毁已投保但卖不出去的产品、提出欺骗性的索赔要求，欺诈、贪污、盗窃等。

3. **心理风险因素**

心理风险因素是指与人的心理状态有关的无形因素，即由于人们不注意、不关心、存在侥幸或依赖保险的心理，以致增加风险事故发生的概率和损失程度的因素。比如，投保者在投保后片面依赖保险，在公路上行驶时转换车道而不打转向灯，企业或个人投保财产保险后放松对财物的安全防范，投保人身保险后忽视自己的身体健康等。

（二）风险事故

风险事故是指造成生命、财产损失的偶发事件，是造成损害的直接的、外在的原因。损失都是由风险事故造成的。风险事故使风险的可能性转化为现实，即风险发生。如刹车系统失灵酿成车祸而导致人员伤亡，其中刹车系统失灵是风险因素，车祸是风险事故，人员伤亡是损失。如果仅有刹车系统失灵而未导致车祸，则不会导致人员伤亡。

对于某一事件，在一定条件下可能是造成损害的直接原因，成为风险事故；而在其他条件下，可能是造成损失的间接原因，则它便成为风险因素。比如，雷电导致大树砸下引起车祸，造成行人被撞伤的意外事故中，雷电是风险因素，车祸是风险事故；若雷电直接将行人击伤，则它是风险事故。

（三）损失

损失有狭义和广义之分，狭义的损失是指非故意的、非计划的和非预期的经济价值的减少。它包括两层含义：一是损害发生的不可预知，即它是非故意的、非计划的和非预期的；二是经济价值的减少，即经济损失必须以货币来衡量。这两者缺一不可。例如，固定资产折旧是有计划的经济价值的减少，不能定义为损失。又如，有人因病而出现智力下降，虽然符合第一个条件，但不符合第二个条件，所以智力下降不能定义为损失。广义的损失不但包括物质上的损失，还包括精神上的损失。比如记忆力的减退、时间的耗费、车辆的折旧和保费等都属于广义的损失，这些不能作为风险管理中所涉及的损失，因为它们是必然发生或是计划安排的。

在保险实务中，损失一般分为两种形态：直接损失和间接损失。直接损失是由于风险事故直接引起的损失，它是直接的、实质性的损失；间接损失是由于直接损失引发的额外费用的增加、收入的减少、责任赔偿等。

（四）风险因素、风险事故和损失三者之间的关系

风险因素、风险事故和损失三者之间存在密切的因果关系，如图 1-1 所示。

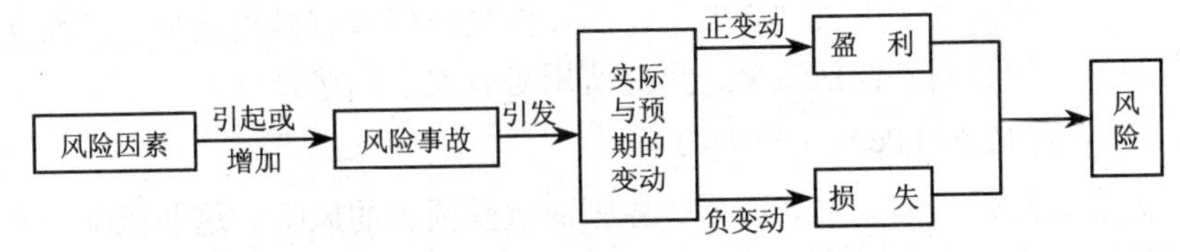

图 1-1　风险构成要素之间的关系

一般来说，风险因素越多，风险事故发生的可能性越大，引发损失的机会和程度也就越大。

三、风险的分类

不同的风险具有不同的性质和分类。为了对风险进行管理，我们需要按照一定的方法对风险进行分类。

（一）根据风险的性质不同分类

根据风险的性质不同，可将风险分为纯粹风险和投机风险。

1. 纯粹风险（Pure Risk）

纯粹风险是只有损失或者不损失两种可能性的风险。它的结果只可能有两种，即要么发生损失，要么没有造成损失。各种自然灾害、意外事故的发生，都能导致社会财富的损失或人员的伤亡，都属于纯粹风险。纯粹风险具有一定的规律性，可以通过大数法则进行测算。一般来说，保险人通常将纯粹风险视为可保风险。

2. 投机风险（Speculative Risk）

投机风险是既有盈利可能性也有损失可能性的风险。比如，你买了 100 千克大米，如果大米的价格上涨了，你出售大米将会获利，反之就会亏本。投机风险通常有三种结果：损失、获利和无变化。比如市场风险、买卖股票、赌博等活动。

纯粹风险与投机风险可从三个方面来区别：一是保险公司只承保纯粹风险；二是大数法则在纯粹风险中更容易应用；三是纯粹风险造成的损失对社会肯定是有害的，但投机风险造成的损失却有可能对社会有利。比如，技术更新生产出廉价的电脑，虽然让部分竞争者破产，但也让整个社会的成本降低了。

（二）根据风险的对象不同分类

根据风险的对象不同，可将风险分为财产风险、人身风险、责任风险和信用风险。

1. 财产风险（Property Risk）

财产风险是导致一切有形财产损毁、灭失和贬值的风险。比如，不动产和其他财产由于火灾、雷电等原因而遭遇破坏。财产损失一般包括直接损失和间接损失。比如，房屋由于火灾被烧毁了，房屋的物质损害就是直接损失，而房屋在重建期间损失的利润，包括租金、重建费用等就属于间接损失。

2. 人身风险（Personal Risk）

人身风险是人们因生老病死等原因而遭受损失的风险。这些风险一旦发生，容易造成本人、家庭或是抚养者、赡养者等难以预料的经济困难和精神痛苦。

3. 责任风险（Liability Risk）

责任风险是个人或团体因行为上的疏忽或过失，造成他人的财产损失或人身伤亡，依照法律、合同或道义应负经济赔偿责任的风险。比如驾驶汽车疏忽撞伤行人，对车主来说便形成了第三者责任风险；医疗事故造成病人病情加重、伤残或死亡等均属于责任风险。责任风险较为复杂和难以控制，发生后的赔偿金也可能是巨大的。

4．**信用风险**（Credit Risk）

信用风险是在经济交往中，权利人与义务人之间，由于一方的违约或违法行为给对方造成经济损失的风险。

（三）根据风险产生的环境不同分类

根据风险产生的环境不同，可将风险分为静态风险和动态风险。

1．**静态风险**（Static Rick）

静态风险是指在社会政治经济环境正常的情况下，由于自然力的不规则变动或人们行为的错误或失当导致的风险。这种风险是不可避免的，如海难、台风和盗窃等。

2．**动态风险**（Dynamic Risk）

动态风险是指由于人类社会变动而产生的各种风险。比如人口的增加、技术的进步、产业组织效率的提高、消费者爱好的转移等引起的风险，我国 20 世纪 50 年代开展的毁林开荒导致后来的严重水土流失等都属于动态风险。

静态风险和动态风险的区别在于：第一，静态风险一般为纯粹风险，对社会而言是实实在在的损失，而动态风险既包含纯粹风险也包含投机风险，即对社会而言并不一定都是损失；第二，静态风险影响的范围较动态风险影响的范围小，一般只对少数个体产生影响；静态风险在一定条件下呈现出规律性，能通过大数法则进行测算，但动态风险很难找到其规律。

（四）根据损失发生的原因不同分类

根据损失发生的原因不同，可将风险分为自然风险、社会风险、经济风险、政治风险和技术风险。

1．**自然风险**（Natural Risk）

自然风险是指由于自然现象、物理现象和其他物质风险因素形成的风险。比如地震、水灾、火灾、旱灾以及各种瘟疫。自然风险是承保人承保最多的风险。它具有三个特征：第一，不可控性。人类对自然灾害具有基本的知识，但对它的控制却束手无策。第二，周期性。虽然自然灾害的形成具有不可控性，但它却呈现出一定的周期性，能够加以防御。第三，共沾性。自然风险事故一旦发生，影响的范围很广。一般来说，引起后果的共沾性越大，经济损失越惨重。

2．**社会风险**（Social Risk）

社会风险是指由于个体行为的反常或不可预料的团体行为而导致损失的风险。其产生有两种情况：一是来自于个体反常行为，比如盗窃、玩忽职守等导致的损失；二是团体不可预料的行为，比如战争、罢工等引起的风险。

3．**经济风险**（Economic Risk）

经济风险是指在生产和销售过程中由于各种因素的变动或估计的错误导致产量减少或价格涨跌而导致损失的风险。比如生产经营过程中，由于经营管理不善或市场预测错误而导致企业破产的风险。

4．**政治风险**（Political Risk）

政治风险是指因种族、宗教的冲突、叛乱、战争所引起的风险。一般来说，社会风险和政治风险很难严格区分，如一项社会问题本身为社会风险，但很可能因为积累过久成为政治问题，从而引起政治风险。

5．**技术风险**

技术风险是伴随着科学技术的发展、生产方式的改变而发生的风险，如核辐射、噪声等风险。

（五）根据风险的影响程度不同分类

根据风险的影响程度不同，可将风险分为基本风险和特定风险。

1．**基本风险**

基本风险是指特定的社会个体所不能控制或预防的风险。它是一种团体风险。比如急速的通货膨胀、恐怖袭击等属于基本风险，自然风险也属于基本风险。目前，恐怖袭击风险迅速成为一种新的基本风险，很多国家近几年遭受恐怖袭击的次数明显增加，这类袭击造成的财产损失和生命损失明显增加。

【小资料】

美国十大巨灾导致的风险：

- 1996 年芙安台风损失 16 亿美元。
- 1991 年奥克兰火灾损失 17 亿美元。
- 1993 年美国 20 个州爆发大面积的奥克兰火灾，损失 18 亿美元。
- 1999 年弗洛伊德飓风损失 20 亿美元。
- 1995 年奥普飓风损失 21 亿美元。
- 2001 年热带风暴阿利森损失 25 亿美元。
- 1998 年乔治斯飓风损失 29 亿美元。
- 1989 年优果飓风损失 42 亿美元。
- 1994 年北岭地震损失 125 亿美元。
- 1992 年安德鲁飓风损失 155 亿美元。
- 2001 年恐怖分子对世贸双塔、五角大楼的袭击损失 400 亿美元。

2．特定风险

特定风险是指与特定的社会个体有因果关系的风险，由特定的因素引起。比如住房失火、火灾等。

（六）根据风险是否可以保险分类

根据风险是否可以保险，可将风险分为可保风险和不可保风险。

1．可保风险

可保风险是指通过保险的方式可以管理的风险。这种风险能被保险公司承保需要具备几个条件：纯粹性、偶然性、意外性、大量性及可测性。

2．不可保风险

不可保风险是无法通过保险的方式来管理的风险。

可保风险和不可保风险的界限是相对的，在一定条件下可以相互转化。需要指明的是，可保风险是可管理风险，但不可保风险不一定就是不可管理风险，因为不可保风险仅仅只是用保险无法处理的风险，并不排除用其他方法加以处理。

【小资料】

与风险有关的名言名句：

- 天有不测风云，人有旦夕祸福。
- 祸兮福所倚，福兮祸所伏。——老子
- 祸患常积于忽微，而智勇多困于所溺。——欧阳修
- 迨天之未阴雨，彻彼桑土，绸缪牖户。——《诗经》
- 祸不单行，福无双至。——刘向《说苑·权谋》

第二部分　风险管理知识

一、风险管理的概念

风险管理是人类为了生存必然要采取的措施之一，古已有之。但是其作为一种学科方式的确定却是从 20 世纪 50 年代在美国兴起。20 世纪 70 年代中期以后在全球范围内掀起了风险管理运动，风险管理成为企业的一个重要职能。

风险管理是各经济、社会单位在对其生产、生活中的风险进行识别、估测、评价的基础上，优化组合各种风险管理技术，对风险实施有效的控制，采取妥善处理风险所致的结果，以期以最小的成本达到最大安全保障的过程。风险管理的基本原则是：以最小的成本获得最大的保障。

风险管理有狭义和广义之分。狭义的风险管理是研究家庭、企业系统内部风险的产生和控制；广义的风险管理除研究家庭、企业系统内部的风险外，还要研究系统外部的风险对企业经营的影响及控制。

【小资料】

Harry 五金公司是一家经营木材和五金器材的中型企业，公司的物质存放在佛罗里达州的福梅尔。近年来，公司不少员工因公受伤，而且雇员偷盗的现象也在不断增加。管理顾问建议公司建立风险管理制度来应对这些问题。在实施风险管理后，公司收到了意想不到的结果：工伤事故减少了，员工补偿保险保费降低，偷盗事件减少，公司的利润也不断提高。显然，Harry 公司得益于风险管理。

二、风险管理的基本方法

风险管理程序的一个重要组成部分就是在确定风险管理目标和系统分析风险的基础上，根据风险管理的基本原则，开发并选择适当的风险管理方法，为风险管理决策提供可比较的方案。其管理方法有很多，常用的方法分为控制型和财务型两种。

（一）控制型风险管理方法

控制型风险管理方法是在没有发生风险以前就采取技术性措施防止和减少风险损失，主要有风险的避免、预防和抑制等。

1．风险避免（Risk Avoidance）

风险避免是指设法回避损失发生的可能性，从根本上消除特定风险单位和中途放弃某些内含风险的活动。比如，考虑到游泳有溺水的危险，就不去游泳。因害怕出车祸而拒绝乘车等。采用这种方式的优点是：可以从根本上消除风险隐患。缺点是：这种方法具有很大的局限性，因为并不是所有的风险都可以回避或应该回避的。如人身意外伤害、人的生老病死这些生理变化等无论如何小心，这类风险总是无法彻底消除。再如，因害怕溺水而不去游泳，因害怕出车祸而拒绝乘车，这样做虽然可避免风险的发生，但将给日常生活带来很大的不便。因此，风险回避通常在两种情况下采用：一是某特定风险所导致的损失频率和损失幅度相当高的情况下；二是处理风险的成本大于将获得收益的情况。

2．风险预防（Risk Prevention）

风险预防是指在风险事故发生前就采取了相应的具体措施以减少损失发生的可能性及损失程度。相关的措施通常有两种：一是工程物理法，即侧重在风险单位物理功能上的改进，比如安装防盗设备、防火结构设计、兴修水利、建造防护林等；二是人类行为法，即侧重于对人行为教育的方法，比如溺水急救培训等。

预防风险涉及一个现时成本与潜在损失比较的问题，若潜在损失大于预防措施所支出的成本，就应采取预防风险手段。

3．**风险抑制**（Risk Control）

风险抑制是指在风险事故发生时或发生后，采取相应的措施防止损失扩大的方法。其重点在于减少损失发生的程度，主要有两种方法：一是分割风险单位，即将面临损失的风险单位分割，如波音公司在世界各处的多家工厂生产同一部件；二是复制风险单位，即通过增加单位数量来分散风险，如文件备案等。

【小资料】

公元前3000年，我国长江流域的一些粮食商人在运输中就采用“分舟运米”的办法，各自把所要运送的米分装在同一航程的几条船上，以避免单船运输风险过于集中，这是最古老的分散风险的保险思想。

（二）财务型风险管理方法

财务型风险管理方法是通过风险补偿基金均摊风险成本的风险管理方法。它的管理对象主要是无法控制的风险损失，具体有两种方法：风险自留和风险转移。

1．**风险自留**（Risk Retention）

风险自留是指风险的自我承担，即企业或个人自我承受风险损害后果的方法。风险自留又分为主动自留和被动自留。主动自留适用于损失频率低、损失程度小、损失在短期内能预测，不会产生企业财务危机的风险损失。但是这种方式要受到自身承担损失能力的限制。被动自留是事先未发现有风险存在，事故发生后只好被动地承担损失。

2．**风险转移**（Risk Transfer）

风险转移是指转移方向受让方转移支付行为，将风险转嫁出去。转移风险的具体方式有三种：交易转移、合同转移和保险转移。交易转移多用于投机性风险。比如预测人民币升值而将手中外币大量兑换成人民币。合同转移是通过在合同中订明有关条款，将风险转移出去。比如销售合同中订明预付条款和违约金条款，将买方违约的风险转移给买方。保险转移是通过投保的方式将风险转移给保险机构，在风险事故发生后，被保险人或受益人从保险机构处按照约定获得赔款。

人们在选择具体的风险管理办法时应该根据风险的损失频率、损失程度考虑，具体如图1-2所示。对于损失频率高、损失程度小的风险可以采用预防的方法；当风险损失频率高且损失程度大时可选用风险避免的方法；当风险发生频率低且损失程度也低时选用风险自留的方法；当风险发生频率低但所造成的损失程度高时可选用风险抑制或风险转移的方法。

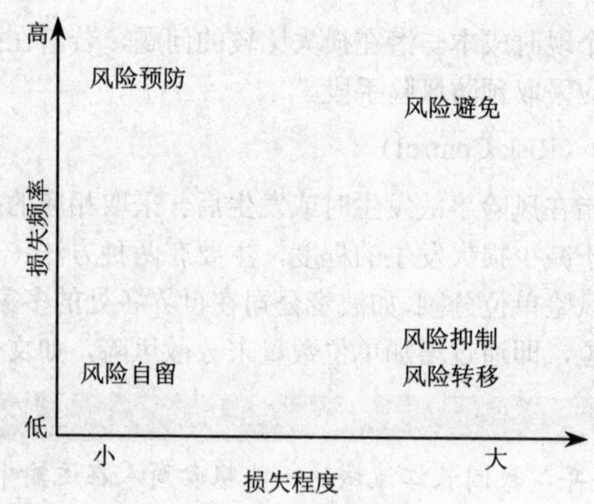

图 1-2　风险处理方法选择

三、风险管理的主要环节

风险管理的主要环节主要包括：风险识别、风险衡量、风险评价、选择风险管理方法和风险管理效果评价五个阶段。这五个阶段周而复始，构成了一个风险管理周期循环的过程，如图 1-3 所示。

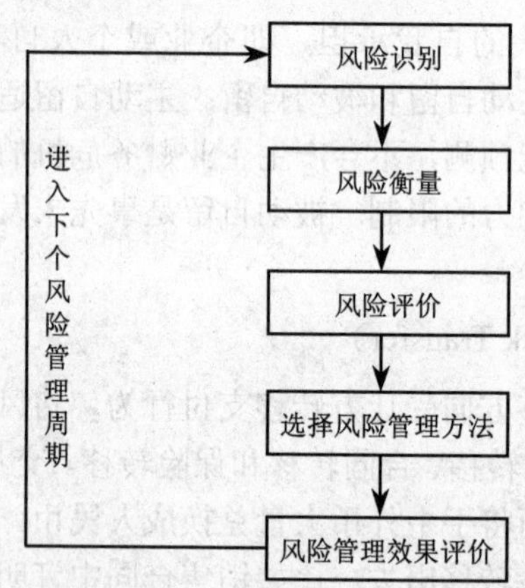

图 1-3　风险管理的环节

1．风险识别

风险识别是风险管理的第一个环节，它是指在风险事故发生之前，全面、系统地对各类风险因素进行信息收集并认知风险的方法与过程。识别风险的方法很多，有用于一般性识别的表格和问卷识别法，也有针对经济单位内部特有状况而设计的财务报表分析法、安全检查表法等。

（1）表格和问卷识别法。这种方法就是利用专业人员根据自己所掌握的丰富知识而设计的表格或问卷来识别风险。这些表格和问卷分为通用型和特定型两种。前一种是对于一般企业设计的，后一种是为某一特定企业设计的，具有很强的针对性。这种方法适用于那些缺乏专业管理人员的企业。常用的表格和问卷有：保险调查表、保单对照表等。

（2）财务报表分析法。这种方法是根据企业的财务报表，包括资产负债表、损益表等对企业的固定资产和流动资产的分布进行分析，从财务角度识别企业潜在的财务风险。

（3）安全检查表。安全检查表是按照系统工程的分析方法，在对一个系统进行科学分析的基础上，找出各种可能存在的风险因素，然后以提问的方式将这些风险因素列成一个表格。目前中、小企业中越来越多地采用安全检查表来发现本单位所存在的风险因素。

2．风险衡量

风险衡量是指在风险识别的基础上，大量收集详细的损失资料并加以分析，估测风险发生的概率和损失程度的过程。风险衡量主要从损失概率、损失程度和损失的变异程度三个方面衡量。

（1）损失概率。损失概率是指预测风险在一定时间范围内实际发生或预期发生损失的数量与所有可能发生损失数量的比值。假设有 1 000 只鸡中有 10 只鸡被感染上瘟疫，则损失概率为 10/1 000。

（2）损失程度。损失程度是预测标的物发生一次风险事故时的平均损失额度。

（3）风险损失的变异程度。它也被称为风险损失的波动程度，通常用损失变量的方差或标准差来度量。如果某种损失的波动性越大，其损失额度的不确定性也就越大，风险也越大。

需要指出的是，风险衡量、风险识别和风险管理在时间上不能截然分开。事实上，风险识别向风险衡量转移，风险衡量向风险处理的转移都是逐步进行的。比如在进行某项工程时，某种风险被得到识别，那么下一步就是进行风险损失程度的确认，确定一旦风险事故发生将会造成的后果以及可以采用的应对办法。这当中的两项行为一般被视为风险衡量的组成部分，但它们都是在风险识别过程中发生的。

3．风险评价

风险评价就是在风险衡量的基础上，对引发风险事故的风险因素进行综合评价以确定下一步应采取的风险管理方法。比如根据国家所规定的安全指标对风险管理单位进行评价，达到国家安全指标规定的标准就是合格。

4. **风险管理方法**

在风险识别、衡量以及评价之后，下一步应该进行的就是风险管理方法的选择了，它是风险管理过程的最后一个关键性阶段。风险管理人员对于经济单位所面临的风险进行识别和衡量，弄清了风险的性质和大小之后，必须运用合理而有效的风险管理方法。风险管理的方法大致分为两类，即控制型和财务型。前者的目的是降低风险损失频率和减少损失程度，重点在于改变引发事故和扩大损失的条件。后者的目的是以提供基金的方式降低损失的成本，即对无法控制的风险所做的财务安排。需要指出的是，风险处理手段的选择是一种综合性的科学决策，需要针对风险的实际状况及经济单位的资源配置状况，注意各种风险管理方法的可行性与效用。一般来说，常常将多种方法组合使用，降低成本，提高效益，以最小的成本获得最大的安全保障。

5. **风险管理效果评价**

风险管理效果评价是指对风险管理方法的适用性及其收益性情况进行分析、检查、修正和评价。在一定时期内，风险管理方法是否最佳，主要看能否以最小的成本获得最大的安全保障。成本的大小是指为采取某项风险处理方案所支付的费用及其机会成本，而保障程度的高低则是看由于采取了该项方案而减少的风险损失。

四、风险、风险管理和保险的关系

（一）风险与保险的关系

人生有很多万一，存在多种风险，没有人能预知未来。但是风险发生，带给有准备和无准备的人的结果却大不相同。面对风险，无论是出于主动还是被动都在积极地寻找对付风险的办法。随着历史的进展、人类面临的风险在不断发生变化，人们的风险意识也在不断提高，对付风险的办法日益增多。其中，保险作为风险管理的有效方法之一，在生活中被广泛采用。

（1）风险是保险产生和存在的前提。

（2）风险的发展是保险发展的客观依据。

（3）保险是风险处理的传统、有效的措施。

（二）风险管理与保险的关系

保险是经济单位转移风险的一种手段，是风险管理的一种方法。风险管理与保险无论在理论上，还是在实际操作中，都有着密切的联系。从理论起源上看，先出现保险学，后出现风险管理学。保险学中关于保险性质的学说是风险管理理论基础的重要组成部分，且风险管理学的发展在很大程度上得益于对保险研究的深入。同时风险管理学后来的发展也在不断促进保险理论和实践的发展。从实践来看，一方面，保险是风险管理中最重要、最常用的方法之一；另一方面，通过提高风险识别水平，可以更加准确地评估风险，风险管理的发展对促进保险技术水平的提高起到了重要的作用。

风险管理与保险之间的关系具体包括以下几个方面：

（1）二者对象相同。风险管理与保险的对象都是风险。风险是保险存在和风险管理存在的前提。没有风险就没有保险，没有风险也就没有风险管理。但是，保险不是唯一处理风险的方法，保险公司也不可能对所有风险进行承保。但是风险管理的内容比保险要丰富得多，范围也比保险宽。保险只是风险管理中的一种方法，保险只限于可保风险，而风险管理考虑多种风险。

（2）保险是处理风险的有效手段。保险是作为补偿风险损失的一种有效手段。面对各种风险损失，单靠个人力量很难解决，需要提取与自身财产价值等量的后备基金，这样容易造成资金浪费。于是，转移就成为风险管理的一种重要手段。而保险就是转移的一种方法，长期以来被人们利用。有了保险才能在风险损失发生的时候给予经济补偿，将损失的影响缩小到可能的最低限度。另一方面，企业的各项管理在促进了风险管理发展的同时也会促进保险的发展。

（3）保险与风险管理还存在相辅相成、相得益彰的关系。保险人对风险管理有丰富的经验和知识，经济单位和保险人合作，会使经济单位更好地了解风险，并通过风险的系统分析，知道哪些事项需要保险以及如何购买保险，从而促进风险管理；同时，经济单位加强和完善风险管理，能减少保险事故，降低保险损失，既有利于经济单位，也有利于保险企业提高经济效益，从而有利于社会进步。

【案例分析】

小李夫妇毕业于某重点大学，结婚后与许多已婚夫妇一样，想为供房所需的首期付款存钱。在他们搬进租住的公寓后不久，小偷便闯入了他们的公寓并偷走了他们的新电视、音响、摄像机、珠宝、银器和放在珠宝盒内的现金，损失共计60 000元，但他们没有购买保险，结果他们积累首期付款供房的目标遭受了严重的挫折。什么地方出现问题了？夫妇俩犯了一个常识性的错误，那就是他们的财务计划没有给予风险和保险足够的关注。

第三部分　保险的产生与发展

一、保险产生与发展的条件

自从有了人类，我们就在不断地遇到自然灾害和意外事故的侵扰，所以在古代社会就萌生了对付灾害事故的保险思想，这在中外历史上都有记载。

保险产生与发展的条件主要包括自然基础、经济条件和物质基础三个方面。

1. 自然基础——自然灾害和意外事故的客观存在

保险产生和发展的自然基础是自然灾害和意外事故的客观存在。风险的存在是不以人的意志为转移的，一旦风险发生，直接影响到个人、家庭、单位的正常生产和生活，从而影响到国民经济的正常运行。虽然随着技术、社会的进步，人类认识自然、改造自然的能力在逐渐增加，但是由于认识的局限性以及自然灾害的客观存在，人类对于自然的改造还是相对有限的。而且一项有益的自然科学成果，也常常伴随着消极的因素。人类对付风险的办法，主要是通过两个方面来解决。一个是采取措施防止风险事故的发生，减低发生概率以及减小损失规模。比如加强管理、进行制度建设从而减少无序工作带来的风险隐患，配备防火设备、安装防盗门等。另一个是建立后备基金，也就是在风险事故发生时，对损失进行补偿，这样保险就应运而生了。保险是风险管理的有效方式，是建立后备基金的有效机制之一。所谓“无风险，无保险”，风险的客观存在，即自然灾害和意外事故的客观存在就成为保险产生和发展的自然基础。

2. 经济条件——商品经济的发展

随着商品经济的发展，商品交换活动逐渐频繁，随着社会第三次大分工出现了商人。保险的形成，特别是现代商业的形成与发展，还是有赖于商品经济的进一步发展。

首先，保险的产生是以保险关系的成立为前提的，保险人与被保险人对于保险保障这项特殊商品的交换体现的就是一种商业活动。在这种活动中，保险作为一种独立的职能部门，逐步从社会生产过程中分离出来。其次，双方在商业交换活动中需要按照等价交换的原则进行。也就是投保人以交付保险费的形式获得相应的保险保障，保险人以收取保费为交换条件，承担被保人遭受保险事故损害后的经济赔付责任。这种等价交换的要求，需要通过价值规律的作用在保险市场上得到实现。第三，保险是以众多投保人交付的保险费形成保险基金，这种基金集中在自给自足的自然经济下是无法实现的，只有在生产社会化、商品经济发展到一定程度的条件下，生产者之间在广大的地域上形成了普遍的社会经济联系，才可能为求得保障而集中，这样保险才得以产生。可见，商品经济的发展是保险产生的经济条件。

3. 物质基础——剩余产品的存在

物质财富可以补偿物质财富的损失，当存在可供补偿用的剩余物质财富时，这种补偿就能得到实现，保险的产生才有了物质基础。因此，剩余产品的存在是物质补偿的前提。在原始社会，生产力水平相当落后，生产的产品只能维持眼前生活，根本不能建立后备物质。只有在完成了第一次和第二次社会分工，生产力有了很大的发展，社会上出现了剩余产品，生产者才将剩余产品积存起来，以备后患。所以，剩余产品的存在是保险基金形成的唯一源泉，是保险产生和发展的物质基础。

二、世界保险的起源与发展

（一）海上保险的起源与发展

近代保险是从海上保险发展而来的，海上保险是一种最古老的保险。关于海上保险的起源有两种观点：一种观点认为起源于公元前2000年的地中海沿岸“共同海损分摊制度”；一种观点认为起源于公元前800～700年的古希腊“船货抵押借款制度”。

1．海上保险的萌芽——共同海损分摊制度

共同海损是指在海上凡为共同利益而遭受的损失，应由受益方共同分摊。早在公元前2000年，地中海一带就有了频繁的海上贸易活动。由于当时生产力水平落后，船舶结构非常简单，航海面临着很大的风险。为了让船舶在海上航行遭风浪时不致沉没，最有效的方法就是抛弃部分货物，以减轻重量继续航行。当时的航海商提出了一条共同遵循的原则：一人为众，众为一人（One for all, all for one）。这个原则后来被公元前916年的《罗地安海商法》采用，正式规定“凡因减轻船只载重投弃入海的货物，如为全体利益而损失的，须由全体分摊归还。”这就是著名的“共同海损”的基本原则，目前，这一分摊原则仍被各国海商法采用，成为海上保险的萌芽。但是，由于共同海损是船主与货主分担损失采取的一种方法，并没有体现保险补偿原则，因此它是否属于海上保险的起源存在争议。

2．海上保险的雏形——船货抵押借款制度

船货抵押制度在公元前800～700年间的古希腊和古罗马等地非常盛行。船货抵押借款契约，又称冒险借贷，是船主在出外航行急需用款时，把船舶和船上的货物作为抵押品向当地商人取得航海资金的借款，如果船舶平安归来，船主归还贷款，同时支付高额利息，如果船舶中途沉没，债权相应结束，船主无需偿还借款本息。这种制度类似于向货主放款，不同之处是抵押品是货物，体现了海上保险的初级形式。保险人相当于是放款人，被保险人相当于是借款人，而保险对象则是船舶货物，保险费就是高出普通利息的差额。由此可见，船货抵押借款制度具有保险的基本特征。目前这种借款方式仍然存在，但与古代做法不同的是，它们只是船长在发生灾难的紧急情况下筹措资金的最后手段，而且放款人还可以购买保险来保护自己在抵押的船舶中的利益。

3. 近代海上保险的发展——意大利和英国

在 14 世纪中期，经济繁荣的意大利北部出现了类似现代形式的海上保险。起初海上保险只是口头缔约，后来才出现了书面合同。目前世界上最古老的保险单就是一个名叫乔治·勒克维伦的热那亚商人在 1347 年 10 月 23 日出立的一张承保从热那亚到马乔卡的航程保险单。这张保险单现在仍然存放在热那亚国立博物馆。但是保单没有订明保险人所承保的风险，还不具有现代保险单的基本形式。1384 年的比萨保单被认为是最早的纯粹保单。1393 年，在佛罗伦萨出立的保险单已有承保“海上灾害、天灾、火灾、抛弃、王子的禁止、捕捉”等字样，开始具有现代保险单的形式。第一家海上保险公司于 1424 年在热那亚出现，1523 年佛罗伦萨制定了一部比较完整的条例，规定了标准保单的格式。

随着伦巴第人移居到英国，海上保险也带进了英国，伦敦的保险中心伦巴第街就是因为当时意大利伦巴第商人聚居该地而得名。1568 年 12 月 22 日，开设了第一家皇家交易所，为海上保险提供交易场所，取代了从伦巴第商人沿袭下来的一日两次在露天广场交易的习惯。1575 年由英国女王特许在伦敦皇家交易所内设立保险商会，办理登记保险单和制定标准保单及条款。1604 年伊丽莎白一世女王颁布了第一部有关海上保险的法律。在英国海上保险发展史上最具有里程碑地位的是英国伦敦劳合社的建立和发展。劳合社从一个咖啡馆演变成当今世界上最大的保险垄断组织其实就是英国海上保险发展的一个缩影。

【小资料】

1683 年爱德华·劳埃德在伦敦泰晤士河畔开设了一家咖啡馆，这里逐渐成为经营远洋航海的船东、船长、商人、经纪人和银行高利贷者聚会的场所。1691 年，咖啡馆从伦敦塔街迁至伦巴第街，不久成为船舶、货物和海上保险交易的中心。劳埃德咖啡馆在 1696 年出版了每周三次的《劳埃德新闻》，着重报道海事航运消息。据说，除了官方的《伦敦公报》外，《劳合社动态》是英国现存的历史最久远的报纸。目前全球十大银行、十大制药公司、五大石油公司和道·琼斯指数 90% 的公司都在向劳合社购买保险，2002 年劳合社的承保能力为 123 亿英镑。

（二）火灾保险的起源和发展

火灾保险是财产保险的前身。1666 年 9 月 2 日伦敦发生的一场大火是火灾保险产生和发展的直接诱因。当时火灾的起因是皇家面包店的烘炉过热，火灾持续了 5 个昼夜，几乎烧毁了一半的城市，13 000 幢房屋和 90 个教堂被烧毁，20 万人无家可归，造成了无可估量的损失。这场大火使得人们开始重视火灾保险。第二年，一位名叫尼古拉·巴蓬的牙科医生独资开办了世界上第一家私营的火灾保险所，被称为“现代保险之父”。18 世纪末到 19 世纪中叶，英、法、德、美等国相继完成工业革命，大机器生产代替了原先手工业操作，对火灾保险的需求更加迫切，1710 年由英国人查尔斯·波文创办的“太阳保险公司”是最早的股份制保险组织形式。1714 年，英国成立了联合火灾保险公司。1752 年，美国人本杰明·富兰克林在费城创办了美国第一家火灾保险社。到了 19 世纪，欧美的火灾保险公司不断出现，承保能力大大提高。火灾保险的承保责任也从单一的火灾扩展到地震、洪水、风暴等。

（三）人寿保险的起源与发展

据史料记载，早在公元前 4500 年的古埃及，由于大规模地修建金字塔，许多工匠死于各种人身伤亡事故。为了得到适当的补偿和保障，石匠之间组织了应付人身危险的原始互助团体。在中世纪的西欧，被称为“基尔特”（Guild）的行会制度十分盛行，它是以相同职业者基于相互扶助的精神组成的团体，体现了互助的性质。德国早期的死亡合作社和英国的友谊社都是从基尔特发展而来的专门办理人身事故的互助组织。上述组织形式主要都是以互助的方式来分担困难，体现了“分担危险”、“互助共济”的最初保险思想，成为人身保险的萌芽时期。

随着商品经济的发展，人身风险逐渐被人们所认识，人们开始关注死亡、疾病、伤残等各种风险，人身保险也逐步得到发展。英国伦敦公民及市政参议员理查德·马丁，最先提出了人寿保险的思想，1583 年，他为一个名叫威廉姆·吉明的人投保了保险期限 12 个月、保额为 382.33 英镑的人寿保险。17 世纪后，人寿保险因《佟蒂法》的实施和“生命表”的编制得到迅速发展。《佟蒂法》是 17 世纪中叶法国宰相秘书洛伦·佟蒂提出的一种不偿还本金募集国债的计划，成为养老金的起源。世界上第一张生命表是英国数学家和天文学家埃德蒙·哈雷于 1693 年编制的，成为现代人寿保险的数理基础。1762 年，英国人辛浦逊和道森发起的人寿及遗嘱公平保险社首次将生命表用于计算人寿保险的费率，标志着现代人寿保险的开始。工业革命以后，人寿保险的覆盖率进一步扩大，成为仅次于商业银行的投资机构。

（四）其他保险的起源和发展

责任保险是以保险人的民事赔偿责任为标的。它开始于19 世纪中叶的欧美国家，它的产生是社会文明进步，法制完善的结果。1855 年，英国铁路乘客保险公司首次向铁路部门提供承运人责任保险，开责任保险之先河。接着建筑工程公众责任保险、马车第三者责任保险、雇主责任保险、职业责任保险、汽车第三者责任保险和产品责任保险相继出现。

信用保证保险是随着商业信用的发展而产生的一种新兴保险业务。在18 世纪末，忠诚保证保险就已经出现。19 世纪中期英国又出现了合同保证保险，用于工程建设上。1934 年，伯尔尼联盟的成立标志着出口信用保险已经被世界公认。此后，各国信用保险和投资保险业务开始稳步发展。

三、我国保险的产生与发展

（一）旧中国的保险业

我国近代保险业是从西方传入的。1805 年，英国保险商在广州开设了第一家保险机构“广州保险会社”。1835 年，在香港设立了保安保险公司。经过两次鸦片战争后，以英帝国主义为首的保险商，进一步在中国增设保险机构。1845 年，在上海开设了“永福”、“大东方”两家人寿保险公司。19 世纪 70 年代，又相继开设了“扬子”、“保宁”、“香港”、“中华”、“太阳”、“巴勒”等保险公司，英商“太阳”、“怡和”洋行也增设了保险部。外商保险公司在我国的出现是帝国主义经济侵略的产物，他们长期霸占我国保险市场，攫取了大量的高额利润。鸦片战争后，外商保险资本的肆意掠夺，激起了我国人民的民族意识。一些有识之士，如魏源、王韬等民族资产阶级思想的传播者将西方的保险知识介绍到国内，在 19 世纪中叶民族保险业脱颖而出。1865 年 5 月 25 日，中国人自己创办的第一家保险公司“义和公司保险行”在上海诞生，打破了外商保险公司独占我国保险市场的局面。此后的 50 年间，华商保险公司成立了 45 家。1907 年，上海 9 家华商保险公司成立了历史上第一家中国人自己的保险同业工会组织—— 华商火险工会，标志着民族保险业开始联合团结。抗日战争以后，外资保险公司在上海复业，上海成为中国保险业的中心。但是这一时期，投机性保险公司不断涌现，通货膨胀率居高不下，国民经济濒临崩溃，许多民族保险公司宣告破产。

民国时期，各类保险公司已具相当规模，其开办的业务已涵盖中国现代保险的主要险种。尤其是由国民党政府直接控制下的官僚资本开办的保险公司，自成体系，分支机构遍及大江南北，具有垄断性。为了规范当时的保险市场，1929 年 12 月 30 日，国民党政府颁布了我国保险史上第一部专门法律——《中华民国保险法》，界定了各种财产保险、人身保险、复保险、再保险等契约的签订、存续、中止、恢复、失效等方面的有关规定以及保险双方的权利与义务关系。各类保险公司的建立，为中国后来保险业的发展奠定了一定的基础。

（二）新中国保险业的发展

1. 整顿、创立和迅速发展时期

1949～1958 年，我国保险业经历了整顿、创立和迅速发展时期。一方面，批准一部分私营保险公司复业，接管官僚资本的保险公司；另一方面，成立了中国人民保险公司（1949 年 10 月 20 日成立）。中国人民保险公司的成立，标志着我

国从此开始独立自主地经营保险业务。随着国民经济的恢复和发展，各种保险业务逐步开展起来，全国先后建立了2 000多个分支机构，保险从业人员近5万名，保险事业的发展对当时的国民经济起到了积极的经济补偿作用。据统计，在此10年内，各种保险费收入总计16亿元，共支付赔款3.8亿元，上缴国库5亿元，积累保险资金4亿元，拨付防灾费2 300万元。

2．国内保险业务全面停办时期

1959～1978年，国内保险业务由于"左倾"思想的干扰全面停办。当时认为人们的生老病死、企业的自然灾害和意外事故造成的损失应该由财政承担，商业保险是资本主义制度的产物，应该停办。但是考虑到对外贸易需要保险，只在广州、重庆、上海等大城市保留了涉外保险。1966年文化大革命后，涉外保险业务几乎停办。1959～1978年的20年里，中国国内保险业务的发展进入低谷。

3．国内保险业务恢复和发展时期

1978年党的十一届三中全会确立了以经济建设为中心的指导思想，实行改革开放政策，我国保险业又获得了新生。1979年4月，在国务院批转的《中国人民银行分行行长会议纪要》中，明确提出要开展保险业务。同年11月，全国保险工作会议决定从1980年起恢复已停办20多年的国内保险业务，同时大力发展涉外保险业务。我国保险业又开始迈进一个新的历史时期，得到了较快的发展。一是市场主体在改革开放的进程中不断增加，保险市场体系初步确立。这一时期，保险机构发展到60家。二是业务快速增长，保险业在国民经济中的作用不断增强。保费收入从4.6亿元发展到3 035.1亿元，保险深度从1980年的0.1%提高到2002年的3%，保险密度从1980年的0.47元提高到2002年的237.6元，从业人员也从2 000人发展到近30万人，保险险种从30种发展到目前的800多种。三是保险法制建设逐步加强，保险法律法规体系初步形成。从1995年10月1日颁布并实行《中华人们共和国保险法》之后，相继颁布了《保险公司管理暂行条例》、《保险代理人管理规定》、《保险经纪人管理规定》、《保险公估人管理规定》、《保险机构高级管理人员任职资格管理暂行规定》等法规条例，特别是2002年10月28日全国人民代表大会常务委员会第三十次会议通过了《关于修改中华人民共和国保险法的规定》修正案，从2003年1月1日起实行新的《保险法》。四是保险监管体系逐步完善。1998年11月成立中国保险监督管理委员会，之后相继成立了35个派出机构，标志着我国保险监管体系进入了一个新阶段。

【小资料】

● 保险代理人资格考试：我国自1996年开始实施保险代理人资格考试制度，标志着我国有了自己的保险行业从业人员资格考试。到2005年底我国已经有正式保险代理人146.8万。目前保险代理人资格考试每月举办一次。

- 保险经纪人资格考试：1999年4月23日，我国举办了第一次全国保险经纪人资格考试；2000年起每年举办两次；2002年起，全国各大城市均有考点。
- 精算师资格考试：1999年10月我国举办了首次中国精算师考试。中国精算师资格考试分为两个层次，第一为准精算师资格考试，第二为精算师资格考试。准精算师考试目的在于考查考生对保险精算的基本原理和技能的掌握，并涉及基本保险精算实务，考试课程共设9门。精算师考试部分共有10门课程。
- 保险公估人资格考试：2000年12月23日，我国开始实行保险公估人从业资格考试制度。每年举行一次，2002年起全国主要省份均设有考点。

4．国内保险市场全面开放期

2002年后，随着我国加入WTO，保险市场逐步全面开放。2005年，保险业总资产超过1.5万亿元，是2002年的2.4倍。保费收入达到4 927亿元，是2002年的1.6倍。目前我国保费收入世界排名第11位，比2 000年上升了5位。保险产品达6 000余个，种类不断丰富，服务领域不断拓宽。保险市场上共有保险公司82家，集团6家，资产管理公司5家，保险法人机构93家，其中中资保险公司42家，外资保险公司40家，初步形成了国有控股（集团）公司、股份制公司、政策性公司、专业性公司、外资保险公司等多种组织形式、多种所有制成分并存，公平竞争、共同发展的市场格局。这些数据都表明了中国的保险业正在进入一个高效、平稳的增长时期。

2006年6月15日，国务院发布了《国务院关于保险业改革发展的若干意见》，这是我国保险业的一件大事，是保险业发展史上的一个重要里程碑，具有重大的现实意义和深远的历史影响。

【小资料】

保险深度是指某地保费收入占某地国内生产总值（GDP）之比，它反映了该地保险业在整个国民经济中的地位，保险深度=保费收入/GDP 。

保险密度是指按全国或地区计算的人均保险费，保险密度=保费总收入/总人口。

第四部分　保险基本知识

一、保险的本质

（一）保险的概念

关于保险（insurance）的定义有多种提法，为了抽象出比较全面、贴切的保险定义，应从下面几个因素去把握保险的定义：一是保险是一种经济活动或经济制度；二是这种经济制度的目的是分散风险、保障经济生活的安定；三是该制度欲达到目的所经营的对象是有风险的；四是该制度欲达到目的的手段是借助合同建立经济关系，形成权利义务，并约束保护权利义务的实施，同时根据大数法则集合尽可能多且同质的风险单位，共筹基金合力抗拒风险。

因而对保险的一般定义是：保险是指投保人根据合同约定，向保险人支付保费，保险人对合同约定的可能发生的事故所造成的财产损失承担赔偿保险金的责任，或者当被保险人死亡、伤残、疾病或者达到合同约定的年龄、期限时承担给付保险金责任的商业行为。

保险这一概念，可以从以下几个方面来理解：

1．法律角度

从法律角度看，保险是一种合同行为。投保人向保险人缴纳保费，保险人在被保险人发生合同规定的损失时给予补偿，或者当被保险人死亡、伤残、疾病或者达到合同约定的年龄、期限时承担给付保险金的责任。

2．经济学角度

从经济学角度看，保险是对客观存在的未来风险进行转移，把不确定性损失转变为确定性成本（保费），是风险管理的有效手段之一。而且保险提供的补偿以损失发生为前提，补偿金额以损失价值为上限，所以不存在通过保险获利的可能。

3．社会学角度

从社会学角度看，保险体现了人们的互助精神，把原来不稳定的因素转化为稳定的因素，从而保障社会稳定健康发展。因此，保险本质上是一种互助行为。

（二）保险的构成要素

1．特定风险的存在

保险是基于风险的客观存在而产生的，无风险无保险。但保险并不承保所有风险，它只承保可保风险，并且必须是保险合同双方订立合同时约定的风险事故。

2．众多同质风险单位的集合

将众多面临同样风险的同质风险单位集合起来，就能比较准确地预测风险事故及其损失概率，从而降低风险的代价。如果将不同质的风险单位集合起来，收取相同的保费，这就会变得不公平。比如，将面临不同风险的房屋放在同一个风险单位集合里，收取相同的保费，则风险程度低的房屋就会因付出高额保费而很快从集合中退出，转向收取保费较低的保险集合，这样，最后在同一个风险集合中留下来的风险单位所面临的风险基本上就是同质的。

3．公平合理的保费负担

保险费计算的公平合理与否直接影响到保险双方当事人的利益，因此，保险公司必须运用大数法则、概率论等科学方法来预测风险发生的概率和损失程度，从而精确计算出保险费，这样才能从总体上使保险当事人双方的权利和义务相对称。

4．充足的保险基金

保险基金是由投保人缴纳而建立起来的，是保险人履行赔偿或给付义务的物质基础，也是保险企业经营的必备条件。

5．保险合同的订立

保险双方当事人通过订立保险合同来约定双方的权利和义务。只有订立了保险合同，保险当事人双方的权利和义务才能受到法律的严格监督和保护。

（三）保险与赌博、储蓄、救济的区别

1．保险与赌博

从表面上看，保险与赌博存在许多相似之处。比如，他们都以随机事件为基础；都可以以较小的支出获得较大的回报等。但事实上，两者存在较大的区别。

首先，保险是分散已有风险，而赌博是产生新的风险。保险是将集中在个别人身上的风险分散到众多的被保险人身上，而赌博是使本来并不存在的风险产生了，它是主动地创造风险，把确定性的成本（赌注）转变为不确定性的收益。

其次，保险是正和游戏，而赌博是零和游戏。保险从表面上看似乎是少数人的损失由多数人分担，并不增值，但实际上保险人利用风险管理技术和保险基金投资增值，使被保险人转移风险的成本大大降低，这对保险人与被保险人双方都是有利的。但赌博只是一部分人的钱进入另一部分人的口袋，并非对双方都有利。

再次，保险是以诚信为原则的一种社会经济互助行为，而赌博则是一种损人利己的讹诈行为。

最后，从参与者对风险的态度来看，投保人属于风险的厌恶者，理论上，他愿意付出比期望损失价值更小的成本（保费）来转移损失的不确定性。而赌博者属于风险爱好者，他愿意付出比期望值更小的成本（赌本）来获得利益的不确定性。

总之，赌博是一种投机行为，它只会给社会、家庭带来不稳定因素。

2．保险与储蓄

保险与储蓄都是人们应付未来风险的一种管理手段，目的都在于保障未来正常的生产和生活。但两者也有很大的区别。

首先，保险是一种互助行为，储蓄时一种自助行为。保险是众多人的集合，起到千家万户帮一家的作用。而储蓄是个人行为，无求于他人，也无须特殊的计算技术。

其次，保险是为将来不确定支出作后备，而储蓄是为将来确定支出作后备。

第三，投保人不能随意处置保险基金，而存款人可以随意处置储蓄资金。

第四，保险须付出一定的代价，即保费；而储蓄不需支出，到期获得本金和利息。

可见，保险与储蓄各有其特点。现在随着保险业的发展，出现了许多具有储蓄性质的险种，如两权寿险，无论被保险人于保险期内死亡或生存至保险期满，保险人都将给付保险金。

3．保险与救济

保险与救济都是对不幸事故损失进行补偿的行为，但两者也有很大的差别。

首先，保险是一种合同行为，而救济是一种施舍行为。保险双方是受到合同约束的。如投保人负有缴纳保费的义务，被保险人享有获得补偿的权利；保险公司享有收取保费的权利，承担合同履行和赔付的义务等。而救济，不管是政府主导的社会救济还是慈善机构实施的救济，都是一种人道主义行为，救济者和被救济者之间不存在任何权利和义务关系。

其次，保险是双方等价交易，而救济是单方面行为。

第三，保险金的支付是按对价原则进行的。被保险人是否能够获得赔付，完全取决于保险合同事先的约定。相对来说，保险补偿是及时的、充分的。而救济金的给付完全取决于灾害后果和施舍人的心愿，无一定的对价作基础。而且，救济对被救济方经济困难的大小一般是有条件规定的，只有在经济困难达到一定程度时，救济才会施行，救济的数额也视救济机构的充裕程度而定。对于一般经济困难，只能依靠自身解决。

第四，从资金来源看，保险赔付的资金来源于广大投保人缴纳的保费。而救济资金则来源于政府拨款或其他国内外个人和组织的捐助。

（四）可保风险

可保风险是指可以通过保险的形式加以管理和分散的风险。可保风险一般限于纯粹风险，但也并非所有纯粹风险都是可保风险，要成为保险公司可以承保的风险必须具备以下条件：

（1）风险必须是纯粹的。即只有损失可能而无获利可能的风险。如火灾，只有给人的生命和财产带来损失的可能，而绝无带来利益的可能。对投机风险，保险人是不能承保的。

（2）风险必须具有不确定性。即风险是否发生，发生的对象、时间、地点和损失程度都是不确定的。对于必然要发生的风险，保险人是不可能承保的。如企业机器设备的折旧，某人患了绝症等就是必然要发生的风险。

（3）风险必须是意外的。即风险的发生超出了投保人的控制范围，且与投保人的任何行为无关，是非故意的。如果由于投保人的故意行为而造成的损失也能获得赔偿，将会增加道德风险，这违背了保险的初衷。

（4）风险必须是大量的。即风险必须是使大量标的均有遭受损失的可能。任何一种保险险种，必然要求存在大量的风险单位。这样，一方面，可积累足够的保险基金，使受险单位能获得充足的保障。另一方面，有足够大的风险单位，就可根据“大数法则”计算风险概率和损失程度，确定费率。

（5）风险有导致较大损失的可能。如果风险发生后导致的损失在人们的承受限度之内，即使受损也不会给人们带来过大的经济困难和不便，对这类风险无须采取专门措施，或不需要通过保险来获取保障，因为这在经济上可能是不合算的。只有风险的发生会导致重大损失，才会对保险产生需求。

（6）风险的损失发生的概率必须是可测的。保险公司予以赔付的损失必须是可测定的，因为在保险合同中，对保险责任、保险期限等都做出了明确的规定，只有在保险期限内发生的、再保险责任范围内的损失，保险人才负责赔偿，且赔偿额以实际损失金额为限。因此，保险人可以承保房屋火灾损失，却不能承保因精神病患者滋事而引起的损失，因前者的损失发生概率和损失程度是可测量的，而后者就难以测量。另外，对所承保风险的损失程度的可测性也同样非常重要。如丧失一只可爱的宠物会令人非常伤心，但这种痛苦是很难衡量的，而对饲养的家畜具有可保性，因为其所造成的损失是可以用货币价值衡量的。

【小资料】

商业保险公司一般只承保可保风险，如果承保了不可保风险，将会给保险公司带来很大的风险；而如果承保了不可保风险而使保险公司破产，则对被保险人来说是不公平的，同时也会造成社会的不稳定。当然理想的可保风险条件不会是一成不变的。随着科学技术的进步、社会的发展、客观条件的变化，有些原先不可保的风险变得可保了，或者加上一些约束条件变得可保了。

比如，通过信用保险，保险公司可以将一些投机风险转化为可保风险。罗克斯公司是一架飞机制造公司，其营业收入除了来源于飞机销售外，还通过向世界各地的航空公司租赁飞机获益。但是飞机租赁的风险很高，当遇到一个或多个租用飞机的航空公司经营不善或经济环境不佳时，罗克斯公司可能无法收回租金。从罗克斯公司的角度看，飞机租赁是一种投机行为。为了保证获得稳定的租金收益，该公司购买了信用保险。该险种保证罗克斯公司获得合同约定的10亿美元的租金，如果被保险人（罗克斯公司）的信用损失超过约定数额，保险公司将予以赔付。也就是说，保险公司承担了由于租赁人无法支付租金而给罗克斯公司造成的损失。而从保险公司的角度看，因为保险合同中的安全保障条款约束，有效地避免了罗克斯公司将飞机租赁给那些不合格的航空公司，所以，保险公司也就将这种投机风险转化为了可保风险。

二、保险的职能与作用

（一）保险的职能

保险的职能是指保险内在的固有功能，是由保险的本质和内容决定的，包括基本职能和派生职能。

1. 基本职能

（1）分散风险。该职能就是通过保险活动将遭受风险事故损失的被保险人所需要的补偿金由众多的投保人分摊的职能，即转移风险、分摊损失的职能，体现了一种互助行为。对于个别单位或个人而言，灾害事故的发生是偶然的、不确定的，但对一定时空范围内所有的经济单位来说，危险事故的发生又是必然的。灾害事故的偶然性和必然性的对立统一就是分散风险的基础。比如，1 000 户房子，每户造价均为 5 万元，平均每年有 10 户失火，这 10 户房屋的房主各遭受 5 万元的经济损失。但是每年会是哪几位房主遭损无法预计。但有一点是可以确定的，即每个人遭受损失的概率为 1%，如果每位房主每年集资 500 元，筹集到总额为 50 万元的资金，使受损房主每人得到 5 万元的经济保障。这样就将每年 10 户房主遭受的损失平均分摊到了 1 000 户房主上，体现了分散风险的职能。

（2）经济保障。该职能就是通过保险把集中起来的保险费用用于补偿被保险人因合同约定的保险事故或人身事件所致经济损失的职能。在财产保险中，经济损失比较容易计算，表现也直接。在人身保险中，经济损失难以计算，需要在合同签订时确定给付的保险金额。所以该职能细分为补偿损失职能和经济给付职能。其中补偿损失职能既包括财产损失的补偿又包括责任损害的补偿，是在保险的有效期和保险合同约定的责任范围及保险金额内，对于特定风险损害给予实际损失数额的赔付。经济给付职能主要是对于人身保险而言，因为人的价值很难用货币价值来衡量。

2. 派生职能

（1）积蓄资金。该职能就是保险公司以收取保险费的形式预提经济保障分摊金并将其积蓄下来的职能。保险的补偿与给付的发生具有一定的时差性，这就为保险人进行资金运用提供了可能。同时，保险人为了使保险经营稳定，必然要壮大保险基金，这也要求保险人对保险资金进行运用。保险费之所以能够储蓄，是因为保险具有将风险在空间上和时间上分散的职能，这必然产生保险费预提后尚未赔偿或给付出去的情况。从这个意义上说，积蓄资金是分散风险派生的职能。

（2）监督危险。该职能是保险分配关系提出的要求。其形成的机制包括两个方面。一是从商业保险来看。在收取的保险费一定的情况下，保险人支付的损失赔偿金越少，保险资金剩余越多，可以用于投资活动的资金也越多，越有盈利的机会。这样有利于保险人降低保险费率，提高竞争能力。为此，保险人有必要通过对被保险人的危险进行监督以降低保险事故的发生频率，减少损失赔偿。另一个是从相互保险来看，会员之间为了减少损失和减轻负担，必然会相互进行危险监督以降低风险发生的不利因素。比如船舶保险，投保的船舶必须适航；即使投保的话，违反适航条件的也可以给予不赔。再如保险的诚信原则也是对危险的监督。可见监督危险的功能是客观存在的。

（二）保险的作用

保险的作用是保险职能在具体实践中表现的结果。在我国社会主义市场经济条件下，保险的作用主要体现在微观和宏观两个方面。

1．微观作用

（1）有助于企业经营活动的连续与稳定。企业总是面临着各种不同的风险，需要进行有效与适当的风险处理。保险作为风险管理的一种技术，具有及时、合理补偿的特点。通过保险，企业将面临的部分风险转移给被保险人，一旦发生合同约定的灾害事故致使生产经营活动受到影响，可以按照合同约定的条件及时获得赔偿，重新购置资产，恢复生产经营。同时，保险作为企业风险管理的财务手段，能把企业面临的不确定的巨额损失转化为固定的、少量的保险费支出，保证企业经营的稳定性。

（2）有助于企业加强风险管理。保险具有危险监督的职能，不仅可以使保险公司提高经济效益，而且还能大大促进全社会的防灾防损工作，减少各种灾害损失。保险公司可采取的工作方式有：一是在保险合同条款中，规定投保人和被保险人的防灾防损责任；二是利用费率杠杆，促进被保险人的防灾防损工作；三是建立防灾基金。

（3）有利于人们生活的安定。城乡居民个人所有的生活资料可以通过参加家庭财产保险得到保障；人的伤、残、病、亡给个人及家庭造成经济上的困难，可以通过人身保险解决；因民事责任损害造成第三者人身伤亡或财产损失可通过参加责任保险而使受害者的经济利益得到保障。

2．宏观作用

（1）保障社会再生产的正常进行。在社会再生产过程中，各生产部门之间保持合理的比例关系，是社会再生产过程中连续进行的必要条件，但是再生产过程中这种合理的比例关系，以及再生产的连续性，会因各种自然灾害和意外事故被迫中断和失衡，并导致连带损失。保险的补偿不仅帮助受灾单位恢复正常的生产经营，也能保障社会再生产的正常进行。

（2）促进社会经济的发展。通过保险这一机制，不仅能补偿投保人的损失，保障生产的正常进行，而且通过转移被保险人的风险，解除投保人的后顾之忧，并在保险期间向投保人提供风险管理服务，促进的经济发展。而且在当今国际贸易和经济交往中，有无保险直接影响到一个国家的形象和信誉。保险不仅可以促进对外经济贸易交往、增加资本输出或引进资本，使国际经济交往得到保障，还可以带来巨额无形贸易净收入，成为国家积累外汇资金的重要来源。

（3）促进科技创新。在科学技术的开发和应用中，会不可避免地伴随风险。一旦发生风险事故，可能会造成财产损失，甚至导致人身伤亡。保险可以为新技术的开发、应用和推广起到保驾护航的经济补偿作用，调动科研人员和单位从事科技创新活动的积极性。

（4）保障社会稳定。保险通过分散风险以及提供经济补偿，建立完善的经济保障制度，对全社会的稳定具有积极的作用。

三、保险的分类

随着社会的进步和保险业的迅速发展，保险领域不断扩大，新的险种层出不穷。为了更好地对保险理论和实务进行研究和分析，需要按照一定的标准对保险业务进行分类。

（一）按保险的性质分类

1．社会保险

社会保险是国家通过立法对社会劳动者暂时或永久丧失劳动能力或疾病、失业时提供一定物质帮助以保障其基本生活的一种社会保障制度。社会保险主要包括养老保险、医疗保险、失业保险、生育保险和工伤保险等。其目的是提供基本的生活保障，具有强制性。

2．商业保险

商业保险是由商业性保险公司提供的，以权利和义务对等关系为基础、以盈利为目的的保险。商业保险一般是自愿保险。

社会保险与商业保险的区别主要表现在以下几个方面：

（1）实施方式不同。社会保险一般是通过法律或行政法规规定实施；商业保险一般采取自愿方式。

（2）管理方式不同。社会保险由政府直接管理或政府的权威职能部门统一管理；商业保险采用商业化管理方式，经营主体是符合相关法律要求并获得保险监管机构批准才可从事的。

（3）经营目的不同。社会保险以社会安宁为宗旨；商业保险以盈利作为经营目的。

（4）保障程度不同。社会保险提供的是基本经济保障，保障程度较低；商业保险采取市场经营原则，实行多投多保、少投少保原则，可以提供充分保障。

（5）保险费负担不同。社会保险的保险费一般由国家、单位和个人三方共同承担；商业保险的保险费只由投保方自己承担。

（6）保障关系不同。社会保险不遵循对等原则，而是有利于低收入人群，它通过一定方式把高收入者的保障部分转移给低收入者，相对缴纳的保险费而言，低收入者获得了更高的保障；商业保险遵循的是对等原则，根据自身缴纳的保险费获得相应的保障程度。

3．政策保险

政策保险是政府为实现某项政策目的，对于商业保险公司难以经营的某些险种予以一定的政府补贴而实施的保险。目前政策保险分为三类：农业保险、出口信用保险和海外投资保险、巨灾保险等。

（二）按保险的实施方式分类

1．自愿保险

自愿保险也称为任意保险，是投保人根据自己的需求自由决定是否参加保险，保险人也可以根据情况决定是否承保、保障范围和保险期限等，双方都有选择的权利。

2．强制保险

强制保险是国家或团体强制国民或团体成员必须参加的保险，一般是法定保险。其目的在于，一是出于社会公共利益考虑，比如汽车第三者责任险实行强制保险，有利于保障交通事故受害者的利益。二是实行某项社会政策，比如社会保险等。

【小资料】

从2006年7月1日起，中国实行了机动车交通事故责任强制保险制度（《机动车交通事故责任强制保险条例》），强制性不仅体现在强制投保上，同时也体现在强制承保上。这就意味着，凡是在中国境内道路上驾驶机动车的所有人或者管理人都必须投保机动车交通事故责任强制保险。同时，具有经营机动车交通事故责任强制保险资格的保险公司不能拒绝承保机动车交通事故责任强制保险业务，也不能随意解除机动车交通事故责任强制保险合同（投保人未履行如实告知义务的除外）。这一《条例》的正式实施，涉及全国一亿多辆机动车，保障对象包括全国十几亿道路和非道路通行者。

（三）按保险标的分类

1. 财产保险

财产保险是指以有形财产以及与之有关的利益为保险标的的一种保险，包括单位（企业）财产保险、家庭财产保险、工程保险、运输工具保险和货物运输保险等。

2. 责任保险

责任保险是以被保险人对第三者的民事损害赔偿责任为保险标的的一种保险。无论是法人还是自然人，在进行业务活动或日常生活中，都有可能因为疏忽、过失等行为而导致他人遭受损害，责任保险就是承保这种风险的。它又包括公众责任保险、雇主责任保险、职业责任保险和产品责任保险等。

3. 信用保险、保证保险

信用保险是保障债权人因债务人不能偿还或违约时所遭受的损失由保险人负责赔偿的一种保险。而保证保险是保险人为被保险人向权利人提供担保的一种保险。信用关系的双方都可以投保。

4. 人身保险

人身保险是以人的生命或身体为保险标的的保险。保险金额可以根据被保险人的经济生活保障需要和投保人的缴费能力来确定，保险人对某些险种的保险金额也有一些限制，以控制道德风险。人身保险主要包括人寿保险、人身意外伤害保险和健康保险等。

（四）按风险转移方式分类

1. 原保险

原保险是保险人对被保险人的保险标的直接承担风险责任的保险，又称为直接保险。

2. 再保险

再保险是保险人将其承保的危险责任的一部分或全部转移给其他保险人的保险。原保险是再保险的基础，只有将自身承保的风险责任向其他保险人投保才构成再保险。原保险是风险的第一次分散，再保险是风险的第二次分散。

3. 共同保险

共同保险是指几个保险人共同承保同一保险标的，共同与投保人签订一个保险合同的保险，又称为联合共保。

4. **重复保险**

重复保险是投保人就同一个保险标的，同一个保险利益向两个或两个以上保险人投保，且保险金额之和超过保险标的价值的保险。由于重复保险可能诱发道德风险，各国一般通过法律形式对重复保险予以限制。重复保险一般仅限于财产保险。

模块小结

一、知识结构

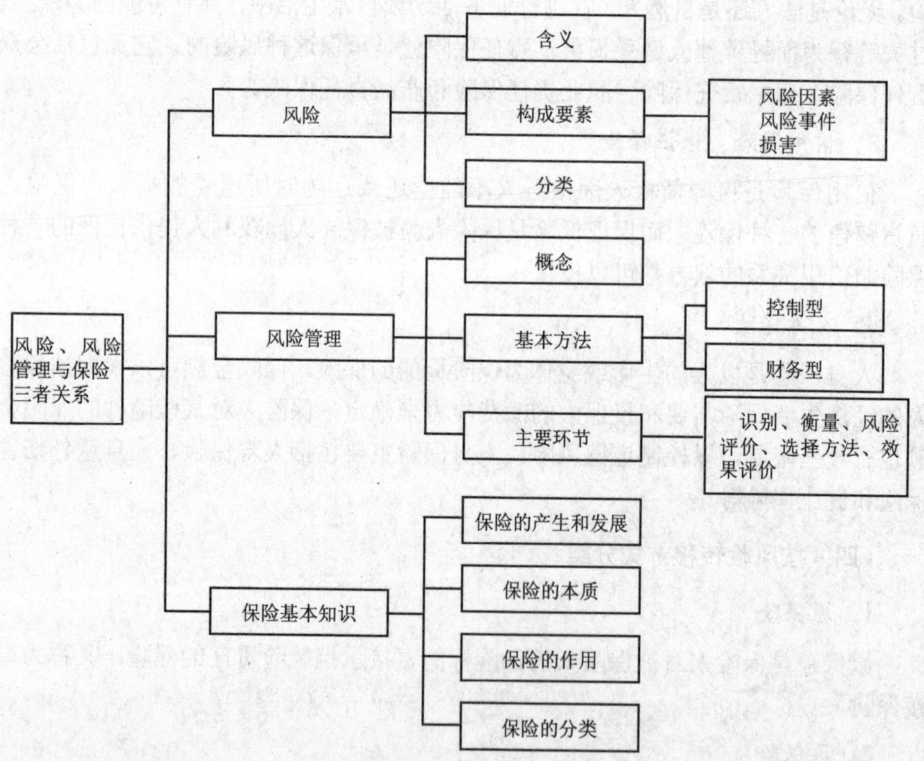

二、考核标准

知识考核标准：

- 掌握风险的概念、特征以及构成要素；
- 掌握风险管理的概念、目标和基本方法；
- 掌握保险的概念、特征以及分类；
- 正确说明保险产生和发展过程中的重要事件和人物。

能力考核标准：

- 能正确识别风险；
- 结合实际案例提出相应的风险管理建议；
- 可对保险误区的正确性进行辨析。

三、思考、实训

（一）思考题

1. 简述如何看待中国人身保险发展的历史、现状和前景。

2. 很多人都认为“风险无处不在，只要自己小心，风险是可以避免的。购买保险不吉利”。对于这种观点，你有什么意见？

（二）实训题

项目一：联合保险公司接到一宗为工业区内一幢临近炼油厂的框架结构住宅提供财产保险的业务。财产保险核保员需要从保险公司的角度考虑该业务面临的风险、风险因素和损失机会。

（1）分析这幢住宅可能遇到的几种风险。

（2）分析引起这幢住宅财产风险的道德风险因素和心理风险因素，并各举一例。

实训目的：通过实训使学生能正确识别风险。

实训场所：上课教室。

实训成果：分析报告。

考核标准：

1. 能根据所学内容正确分析该保险业务所面临的风险。

2. 能正确区别各类风险。

项目二：林肯是新闻专业大学四年级学生。他有一辆市值1 500美元的福特车。他的衣服、电视、音响和租住的公寓内其他个人财产加起来价值5 000美元。他戴着一副一次性隐形眼镜，这副使用期为半年的眼镜花了200美元。在他租住的公寓里还有一个已经有些漏水的水床。作为一个赛跑运动爱好者，林肯每天都会到附近的一个公园内跑5英里，但由于有许多偷袭者躲藏在里面，那个公园的治安环境并不好。林肯的父母为了帮他支付学费都还在工作。

针对下列每一类风险提出一种合适的风险管理方法，并说明原因：

1. 与另一个驾车者相撞对福特汽车造成的物理损害。

2. 由于大意驾驶导致的对林肯的法律责任诉讼。

3. 租住的公寓厨房失火导致衣服、电视、音响和其他的个人财产全毁。

4. 隐形眼镜不翼而飞。

5．水床漏水对租住的公寓造成损坏。

6．林肯在公园里被一伙买卖毒品的人偷袭。

7．林肯的父亲在车祸中被一个酒后驾驶的醉汉撞死，林肯无法及时缴纳学费。

实训目的：通过实训使学生能鉴别风险，提出相应的风险管理方法。

实训场所：上课教室。

实训成果：分析报告。

考核标准：

1．能正确认识风险管理的重要性。

2．能针对案例提出各种合理的风险管理方法。

项目三：调查一家企业或保险公司，了解其风险管理情况，并对其所采取的风险管理措施进行评价。

实训目的：识别风险，提出相应的风险管理建议。

实训场所：校外企业或保险公司。

实训成果：调查分析报告。

考核标准：

1．能正确认识风险管理的重要性。

2．能针对企业所面临的风险或已经采取的风险管理措施提出自己的风险管理建议或评价。

模块二　保险基本原则

知识目标	1. 掌握保险利益原则的含义、具体规定、意义、构成条件及其在财产保险和人身保险应用中的区别； 2. 掌握最大诚信原则的含义、内容以及违反最大诚信原则的形式和法律后果； 3. 掌握近因原则的含义和《保险法》关于近因原则的相关规定； 4. 掌握损失补偿原则的含义、基本内容、例外情况和派生原则等。
能力目标	1. 能确认保险利益，并能用保险利益原则分析相关案例； 2. 能用最大诚信原则分析相关案例； 3. 能正确判定风险事件的近因； 4. 能按照损失补偿原则要求计算保险赔款。

引例

律师谈保险：投保与保险基本原则

随着我国加入WTO，我国的市场化程度越来越高，各项风险也在逐渐增加，人们也越来越认识到规避风险的重要性。保险作为一种兼具投资性质的风险规避方式，越来越受到人们的青睐。然而，在选择以保险方式来规避风险的时候也同时面临着新的风险。首先，选择保险究竟是注重保险的投资性质还是规避风险的性质？一般来说规避风险是保险的本质属性，投资是保险的兼有属性，而投资本身则更具风险性；其次，保险并非规避风险的唯一方式，是否采取保险方式规避风险是另一个需要考虑的问题，如果自身的风险并不能以保险的方式来规避或采取保险并非最经济的规避风险方式，就不适合选择保险；再次，即使投保正确，选择了适合自身的保险产品，最终也有可能在保险事故发生后因种种原因无法依据保险合同获得赔偿。

投了保，发生保险事故却不能获得赔偿，实在是投保人不愿意看到的结果。造成不能获赔的原因有多种，有投保人自身的原因，也有保险公司的原因，还有其他一些因素，据报道，2004年年底上海某宾馆司机驾车将步行进入高速路的罗某父子撞死，交警部门确定事故是由罗某父子违章进入高速公路造成的，驾驶员不负任何责任，但根据新修改的《中华人民共和国道路交通安全法》的“无过错赔偿”原则，宾馆方面在与死者亲属协商后，支付其4万元赔偿金。宾馆方面认为，由于事先已投保了第三者责任险。因此，在对死者亲属进行赔付后，应该可以获得保险公司的赔偿。但索赔申请遭到了保险公司的拒绝。保险公司认为，保险公司是依据保险车辆驾驶员在事故中所负责任比例，承担相应的赔偿责任。既然交警部门认定该宾馆驾驶员无责任，保险公司不应承担赔偿责任。双方协商未果，最后宾馆将保险公司告上了法庭。这是《道路交通安全法》于 2004 年 5 月 1 日起实施后，上海首例有关第三者责任险的赔偿纠纷案件。该案件经过审理，一审法院驳回上海某宾馆的诉讼请求，判决其败诉。与此类似的案件，在北京却作出了相反的判决。

总之，保险过程中亦存在这样那样的风险，如何防范这些风险应当引起投保人的特别注意。投保行为是一项法律行为，依法投保是投保人防范自身风险所必需的，因此掌握保险法的一些基本知识，对投保人来说是非常重要的，尤其是保险的四个基本原则。这四个基本原则从根本上保障了保险行为的正常进行。根据我国《保险法》的规定，这四个基本原则是保险利益原则、最大诚信原则、损失补偿原则和近因原则。

掌握以上四个保险基本原则，投保人就会对保险活动有一个大致的了解，才能在投保时做到心中有数，把握保险产品对自身的适合度，避免或减少投保后，发生保险事故不能获得赔偿的可能！

资料来源：作者根据上海法律咨询论坛有关内容改编

第一部分 保险利益原则

一、保险利益的含义

保险利益这一概念来源于 1774 年英国《人寿保险法》(或称为《禁止赌博法》)。理论上,保险利益是指投保人或被保险人对保险标的具有的经济利害关系。《中华人民共和国保险法》第 12 条第 3 款规定：“保险利益是指投保人对保险标的具有的法律承认的利益。

保险利益又称可保利益，是指投保人或者被保险人在保险标的上因具有某种利害关系而享有的为法律所承认的、可以投保的经济利益。保险利益是保险合同的效力要件之一。

（一）保险利益的性质

1. 保险利益是保险合同的客体

在订立保险合同时，首先要明确保险标的，即保险事故所在的本体。保险标的是保险合同必须载明的内容，但是并不是保险合同的客体。因为保险合同订立的目的并非保险标的本身的安危，将保险标的投保并不能保证其不发生风险，投保的目的在于当保险标的遭受损失后得到经济上的补偿。所以说，保险合同实际上保障的是投保人或者被保险人对保险标的所具有的利益，即保险利益。因而保险合同的客体不是保险标的本身，而是基于保险标的之上的保险利益。

2．保险利益是保险合同生效的依据

签订合同时投保人或被保险人要对保险标的具有保险利益才有资格投保；索赔时被保险人要具有保险利益才有向保险人索赔的权利。这里可以分不同情况考虑：① 对同一个标的如有多方面的保险利益，可就不同的保险利益签订不同的保险合同。虽然不同合同的保险标的为同一物品，但是各投保人的保险利益不同，因此可成立不同的保险合同。如对同一批需要运输的货物，买方可就所有者利益投保运输保险合同，仓库保管人可就货物的保管责任投保火灾保险合同，等等。② 如果在数个保险标的上具有同一保险利益，投保人或被保险人可以就不同的保险标的订立一个保险合同。如一个商人将自己所有不同种类的商品存在一个仓库中，因而具有同一保险利益，即可签订一个保险合同。

3．保险利益并非保险合同的利益

保险利益所指的对特定对象存在的利害得失关系，一般在保险合同订立之前已经存在，或者已经有形成的条件，签订合同旨在保障这一利益的安全，所以在签订保险合同时即要求保险利益的存在。保险合同的利益则是指因保险合同生效后取得的利益。保险合同所产生的利益，可以由权利人自由转让。

（二）保险利益的条件

1．保险利益必须是合法利益

投保人对保险标的所具有的利益必须被法律认可，符合法律的规定，受到法律的保护，与社会公共利益相一致。它产生于国家制定的相关法律或法规，以及法律所承认的有效合同，而不是违反法律规定，通过不正当手段获得的利益。非法的利益不受法律保护，当然不能作为保险利益。如以非法手段（贪污、盗窃、欺骗等）所获得的财产均不存在保险利益，对走私物品、违禁品等也无保险利益。一旦发现保险利益为非法的利益，保险合同自始无效。

2．保险利益必须是经济利益

所谓经济利益是指投保人或被保险人对保险标的的利益必须是可以通过货币计量的利益。因为保险保障是通过货币形式的经济补偿或给付来实现的，因此，投保人对保险标的的保险利益必须要能用货币来计量，否则，保险人的承保和补偿就难以进行。因为保险合同的目的是补偿损失，若其损失不能以货币计量，则无法计算损失的额度，也就无法理赔，保险补偿也就无从实现。

3．保险利益必须是确定利益

确定利益是指投保人对保险标的所具有的现有利益和期待利益，即客观上是已经确定或将来可以确定的利益。现有利益是指在客观上或事实上已经存在的利益，如投保人或被保险人对已取得所有权、经营权、抵押权的标的所具有的利益。期待利益是指在客观上或事实上尚不存在，但据有关法律或有效合同的约定可以确定在今后一段时间内将会产生的经济利益，如预期的营业利润和租金等。在投保时，现有利益或期待利益都可作为确定保险金额的依据，但在发生保险事故进行受损索赔时，期待利益必须已经成为现实利益才能赔付，保险人的赔偿以实际损失的保险利益为限。

（三）保险利益的种类

1．财产保险的保险利益

（1）保险利益的来源。在订立财产保险合同时，保险人首先要审查的就是投保人对其所投保的财产有无保险利益，通常可以从以下几方面来确定：

1）投保人对所投保财产的所有权。对投保人来说，如果其对所保财产具有所有权以及由此带来的收益权，则此财产即为投保人的现有实际财产，投保人将其自用、租赁或者转让都可获得一定的效用或者收益。当此财产受损时，对投保人来说是实际资产的减少，会对其生活带来不便或者减少了预期的收益，影响到了他的切身经济利益。所以，如果投保人对一项财产拥有所有权和收益权时，可认定他对该项资产具有保险利益。

2）投保人对所投保财产的经营管理权。对于有些资产，投保人并不拥有所有权，但是通过一定的约定或者委托，如租赁合同、承包合同等，投保人对此财产具有使用权和经营权。如果当此财产遭受损失时，投保人要承担恢复原状的经济赔偿责任，同时会影响到他的经营和使用，给其带来生活上的不便或者生产上的损失。所以，如果投保人对一项资产拥有经营权和使用权时，也可认定他对该项资产具有保险利益。例如房屋的承租者、企业的承包者或者经理人员可以对其所使用或者经营的财产进行投保。

3）投保人对所投保财产的抵押权和留置权。抵押和留置是抵押合同中的两种行为，如果被抵押物的控制权在债务人手里，则称债权人对被抵押物具有抵押权。如果被抵押物的控制权在债权人手里，则称债权人对被抵押物具有留置权。无论在哪种情况下，当被抵押物受损时，都会直接或者间接影响债权人的权利，即影响到他的切身经济利益。所以如果投保人对一项资产拥有抵押权和留置权时，也可认定他对该项资产具有保险利益。例如，银行或者其他债权人可以以被抵押财产为保险标的进行投保。

4）投保人对所投保财产因有效合同产生保险利益。在一些运输和保管合同中，委托人以有偿的方式将其财产委托给受托人进行保管或者运输，受托人具有妥善保管财产、防止其受损的义务。如果受托管的财产在合同履行期间受损，则在一般情况下受托人负有经济赔偿的责任。所以，如果投保人对一项财产拥有保管责任和运输责任时，也可认定他对该项财产具有保险利益。例如，运输公司或者仓储公司可以以其受托财产为保险标的向保险公司进行投保。

5）投保人对其所承担的民事赔偿责任或合约双方的履约信用具有保险利益。当投保人因为侵权或者违约可能产生对他人的民事经济赔偿责任时，按照法律法规或行政命令，其必须承担支付对方损害赔偿金和其他费用的责任，这就意味着他的资产总量的减少，所以，投保人与其所应负的经济损害赔偿责任之间的法律关系构成了保险利益，与其相对应的是各种责任保险，如公众责任险、产品责任险等。在一定的合同关系中，如果义务人因种种原因不能履行应尽义务，使权利人遭受损失时，权利人对义务人的信用存在保险利益。而当权利人担心义务人的履约与否、守信与否时，义务人因权利人对其信誉怀疑而存在保险利益。

（2）财产保险的保险利益还可分为现有利益和预期利益、责任利益和合同利益。现有利益是投保人或被保险人对财产已享有且可继续享有的利益，如被保险人对于自己拥有所有权的汽车、房屋，合法的抵押权、质权、留置权、典权等。预期利益是因财产的现有利益而存在的确实可得的、依法律或合同产生的未来一定时期的利益，如利润利益、租金收入利益、运费收入利益等。

责任利益是被保险人因其对第三者的民事损害行为依法应承担的赔偿责任，如产品责任、公众责任、雇主责任等。合同利益是基于有效合同而产生的保险利益。虽然有效合同并非以物权为对象，但以财产为其履约对象。如卖方对已经售出的货物持有保险利益等。

2．人身保险的保险利益

在人身保险中，同样要坚持保险利益的原则。任何人在投保人身保险时，保险人必须审查其对被保险人是否具有保险利益。人身保险的保险利益在于投保人与被保险人之间的利益关系。人身保险以人的生命或身体为保险标的，只有当投保人对被保险人的生命或身体具有某种利益关系时，投保人才能对被保险人具有保险利益。人身保险的保险利益有特殊性。我国采取的是限制家庭成员关系范围并结合被保险人同意的方式来明确人身保险的保险利益。

各国关于人身保险的保险利益来源有不同规定，我国《保险法》第 53 条规定，投保人对下列人员具有保险利益：本人、配偶、子女、父母；前项以外与投保人有抚养、赡养或者扶养关系的家庭其他成员、近亲属；除前款规定外，被保险人同意投保人为其订立合同的，视为投保人对被保险人具有保险利益。可见，我国现行《保险法》对人身保险保险利益的确认是采取利益主义和同意主义兼顾的原则，即投保人以他人为被保险人，订立人身保险合同，以是否具有保险利益，或是以投保人和被保险人之间是否存在金钱上的利害关系，或是以是否取得被保险人的同意为判断标准。下面我们来具体分析。

（1）对本人的保险利益。对任何人来说，自己的生命和身体对其来说都具有无限的价值，生命的丧失意味着其本体的不复存在，身体上的伤害或疾病意味着部分机体功能的丧失或者遭受痛苦，所以任何人都对自己的生命和身体具有无限的保险利益。反映在保险实践中，就是任何人在理论上都可以以自己为被保险人购买任何金额的人身保险（当然在实际中还要受制于其保费支付能力和保险公司的核保要求）。

（2）对配偶、父母、子女的保险利益。配偶、父母、子女是核心家庭成员，投保人与其有亲属血缘关系，并形成最直接的经济利害关系。因此，投保人对配偶、父母和子女有保险利益。

（3）对与投保人有抚养、赡养和扶养关系的家庭其他人员及近亲属的保险利益。对兄弟姐妹、祖父母、孙子女等家庭其他成员是否有保险利益，各国规定并不相同，关键要看相互之间有没有经济利害关系。只要生活在同一家庭里，一般认为相互有保险利益。而存在抚养、赡养及扶养关系的，不论是否存在血缘关系，都应该存在经济利害关系，一般也认为相互存在保险利益。

（4）因经济利害关系而产生保险利益。按利害论的观点，只要投保人与被保险人之间具有经济利害关系，则投保人对被保险人就有保险利益。下面几种关系均属于经济利害关系。

1）雇主对雇员的生命或身体有保险利益。在劳动雇佣关系中，当雇员为其雇主工作期间遭受意外致使丧失生命或者残疾时，雇主按照法律的规定或者道义出发，要对其进行一定的经济补偿，以维持雇员的基本生存。所以从这个角度出发来看，雇主对其雇员具有保险利益，可以以投保人身份为雇员订立人身保险合同。

2）债权人对债务人的生命具有保险利益。当债务人死亡时，可能会影响到债权人的债权安全，所以债务人的生死对债权人的切身利益有直接影响，因此债权人对债务人具有保险利益。但债权人对债务人并不具有无限的保险利益，应以债务人所欠的债务额为限，债权人为债务人投保时的保险金额也以此为限。在保险实务中，债权人可以自己为债务人购买保险，并将自己指定为受益人，也可以要求债务人为自己投保，将债权人指定为受益人。

3）合伙人、合作人之间相互具有保险利益。当几个合伙人合作经营一个经济实体或者开展一项业务时，其中某个人的中途死亡可能会导致该经济实体的解散或者项目停止进行，可能会使得其他合作者的前期投入无法回收，或是预期收入的减少或者丧失。这说明，在合作关系中，一个人的死亡会影响到其他人的经济利益，所以我们可以认定合伙人、合作人相互之间也存在着保险利益，可以相互为合作对方购买保险，当然此时保险金额以其可能受到的经济损失为限。

（5）因被保险人的同意而产生保险利益。无论投保人与被保险人之间有无上述几种经济利害关系，只要被保险人同意，则视作投保人对其具有保险利益。目前我国《保险法》就是这样规定的。但仅以同意来确定保险利益，订立保险合同，存在一定的道德风险，所以保险人在核保时一定要谨慎。

财产保险的保险利益与人身保险的保险利益之间的区别如下：

首先，两者保险利益的来源不同。财产保险的保险利益来源于投保人或被保险人对保险标的各项权利和义务。人身保险的保险利益来源于投保人与被保险人之间的利益关系。

其次，保险利益的时间限制不同。财产保险的保险利益，一般要求从保险合同订立到保险事故发生自始至终都具有保险利益。如果合同订立时具有保险利益，而当保险事故发生时不具有保险利益，则保险合同无效。如某房屋的房主甲在投保了房屋的火灾险后，将该房屋出售给乙，如果没有办理批改手续，发生保险事故时，保险人会因被保险人已没有保险利益而不履行赔偿责任。不过海上货物运输保险比较特殊，投保人在投保时可以不具有保险利益，但当损失发生时，必须具有保险利益。这种规定是为了适应国际贸易的习惯做法。买方在投保时往往货物的所有权尚未转移到自己手中，但因其货物所有权的转移是必然的，因此，可以投保海上货物运输保险。人身保险的保险利益存在于保险合同订立时。在保险合同订立时，要求投保人必须具有投保利益，而发生保险事故时，则不追究其是否具有保险利益。如某投保人为其配偶投保人身险，即使在保险期限内该夫妻离婚，保险合同依然有效，保险公司按规定给付保险金。该规定是基于人身保险的保险标的是人的生命和身体，同时人身保险中的寿险具有储蓄性。

最后，确定保险利益的依据不同。保险金额是根据保险利益的大小来确定的。财产保险是依据保险标的的实际价值，超过部分的保额无效；人身保险，由于人的生命、身体是无价的，不能用货币来计量，为便于理赔，在投保时就确定保额，即依据被保险人的需要和投保人的缴费能力来确定保额。

3．责任保险的保险利益

责任保险是以被保险人的民事损害经济赔偿责任作为保险标的的一种保险。投保人与其应负的损害经济赔偿责任之间的法律关系构成了责任保险的保险利益，如公众责任险、产品责任险、职业责任险、雇主责任险等。

4．信用保险与保证保险的保险利益

权利人对义务人的信用具有保险利益，可投保信用保险；义务人对自身的信用也具有保险利益，可投保保证保险。

二、保险利益原则的含义

1．保险利益原则的概念

保险利益原则（Insurable Interest Principle）

是指在签订和履行保险合同的过程中，投保人或被保险人对保险标的必须具有保险利益，否则保险合同无效。当保险人发现投保人对保险标的不具有保险利益时，可单方面宣布合同无效；当保险合同生效后，投保人或被保险人失去了对保险标的的保险利益，则保险合同也随之失效；当发生保险责任事故后，被保险人不得因保险而获得保险利益金额之外的利益。我国《保险法》第十二条第一款和第二款明确规定："投保人对保险标的应当具有保险利益。投保人对保险标的不具有保险利益的，保险合同无效。"保险利益原则是《保险法》的基本原则之一，保险利益的成立必须具备"合法利益"这个要件，因为保险合同本身就是民事法律行为的一种，应该满足法律、行政法规的强制性规定。因此，无论何种保险合同，必须以保险利益的存在为前提。

2．保险利益原则的意义

（1）避免赌博行为。保险利益原则要求投保人必须对保险标的具有保险利益，是为了使保险与赌博相区别，实现保险补偿损失的目的。保险和赌博都有不确定性，都会因偶然事件的发生获得货币收入或遭受货币损失。如果保险关系的确立不是建立在投保人对保险标的所具有的保险利益的基础上，投保人就可以对任意保险标的投保，由于保险费与保险金额的巨大差额，则可能使该投保人以较小的保费支出获得几倍甚至几十倍的保险金额赔偿。此种保险行为无异于赌博，与"互助共济"的保险思想相违背，也不利于社会公共利益。在保险业发展初期的英国，出现过保险赌博，在保险标的损毁的情况下，没有经济损失的被保险人却获得了赔偿，使保险标的充当了赌博的对象，严重影响了社会安定，诱发并助长了不良行为的产生。对此，英国议会立法禁止了该种行为，维护了正常的社会秩序，保证了保险的健康发展。

（2）防范道德风险。道德风险是指被保险人或受益人为获取保险人的赔付而故意违反道德规范，甚至故意犯罪，促使保险事故的发生或在保险事故发生时故意放任损失扩大。如果不以投保人对保险标的具有保险利益为前提条件，容易诱发道德风险、犯罪动机和犯罪行为的发生。在财产保险中，投保人故意毁坏他人财物或唆使他人毁坏保险财产；在人身保险中，投保人甚至会不惜采用暗杀方式促使被保险人死亡。这些都给社会增加了不稳定因素，给人们的生命和财产安全

造成严重影响。规定保险利益原则是将投保人利益与保险标的的安全紧密相连，在保险事故发生后，给投保人的保险赔偿仅为原有的保险利益，使投保人促使保险事故的发生变得无利可图，最大限度地控制了道德风险。

（3）限制赔付金额。保险利益原则规定了保险保障的最高限度，并限制了赔付的最高额度。保险的宗旨是补偿被保险人在保险标的发生保险事故时遭受的经济损失，但不允许有额外的利益获得。以保险利益作为保险保障的最高限度既能保证被保险人能够获得足够的、充分的补偿，又能满足被保险人不会因保险而获得额外利益的要求。投保人依据保险利益投保，保险人依据保险利益原则确定是否承保，并在其额度内支付保险赔付。因此，保险利益原则为投保人确定了保险保障的最高限度，同时也为保险人进行保险赔付提供了科学依据。

【案例分析】 生意不合法，保险利益不存在

1996 年 10 月，某贸易公司（以下简称贸易公司）委托一家钢材公司向某五金制品公司（以下简称五金公司）出售 10 000 吨钢材，在交易中卖方使用钢材公司的名义。合同约定货物于 1996 年 11 月在远东港口装运，卸货港为中国汕头，货物由买方投保。根据该合同，五金公司就合同项下向保险公司为这批货物投保了海运货物平安险，并支付了保险费。保险人签发了保险单。1996 年 12 月 30 日，买卖合同项下的货物在俄罗斯一港口装货完毕，承运人签发了两套提单。1997 年 1 月 8 日，承运上述货物的船舶在开往汕头港途中因货舱进水而沉没，货物也因此全损。五金公司向保险人索赔遭到拒绝，因此于 1997 年 7 月向某海事法院提起诉讼，要求判令保险人赔偿保险金及利息。

被告在诉讼中辩称，五金公司并非核定的经营钢材进口的公司，也没有申请领取进口许可证，其进口钢材的行为不合法。因此原告没有保险利益，保险合同应自始无效，原告无权请求保险赔偿。法院在审理中查明，五金公司不是核定经营进出口钢材的企业；贸易公司、五金公司没有向法院出示案件所涉及的钢材进口许可证，因此认定原告没有保险利益，并驳回原告诉讼请求。

原告于是提起上诉。二审法院终审判决认定：本案所涉保险标的为进口钢材，属于核定公司或者申请领取进口许可证后方可进口经营的产品。五金公司并非核定经营钢材进口的公司，也没有申请领取进口许可证，因此其进口钢材的行为不合法。五金公司对其非法进口的钢材不能享有法律上承认的利益，因此无保险利益可言。五金公司以其非法进口的钢材为保险标的与保险人签订的保险合同依法应当被确认为无效。被保险人无权依据该无效保险合同向保险人索赔。法院终审判决驳回被保险人的诉讼请求。

启示：投保人在与保险人缔结保险合同时，首先应该检查自己是否具有保险利益。如上文所述，投保人对保险标的首先应该具有合法利益。这是成立保险利益的前提条件。除此之外，投保人还应该注意：

（1）投保人对保险标的必须具有确定的利益。所谓确定的利益，包括既得利益（如因对某财产具有所有权而产生的利益）和预期利益（如产品销售商对产品的预期利润等）。这种利益必须是客观存在的，而不是仅凭主观臆断、推断就可以得到的。

（2）投保人对保险标的必须具有经济上的利益。财产的价值一般是可以估算的，否则补偿就难以计算。因此要求投保人对保险标的具有一定经济上的利益。只有如此，当保险事故发生并造成损失时，保险人才可能据以赔偿。某些物品，如聘书、借据等对持有人虽然具有一定利益，但是因为无法用货币来表现其价值，因此也难以构成保险利益。

（3）合法的利益、确定的利益、经济上的利益，三者是保险利益的构成条件，缺一不可。只有同时满足这三个条件，投保人对保险标的才具有真正的保险利益，签订的保险合同才可能有效。

三、保险利益原则的应用

保险利益原则的主要应用在财产保险和人身保险中。

1. 保险利益原则在一般财产保险中的应用

一般财产保险的保险利益原则是最严格的。在一般财产保险中，保险利益原则要求投保人对其与保险人订立的保险合同所对应的保险标的应具有保险利益，而且所约定的保险金额不得超过该保险利益额度。一般财产保险的保险利益必须从保险合同订立到损失发生的全过程都存在。

在财产保险中，保险利益的变动会对保单效力产生影响。保险利益的变动是指在保险合同有效期间，由于某种原因使得保单的投保人失去了对保险标的的保险利益。这种保险利益既可能是永久性消灭，如保险标的的灭失，也可能是转移给了他人，如在保险事故发生之前，因被保险人的死亡而随着保险标的被继承而转移；既可能会因为保险标的被出售而随之被转让，也可能会因被保险人的资金运转不灵而被用于抵债等。在这种情况下，保单的效力就会发生变化。根据保险利益原则，当投保人失去了对保险标的的保险利益后，如果不进行保单所有人的变更，保单就此失效。因此，在实践中为了维护投保方的利益和保单的续保率，当保险利益随着保险标的物权的转让而转移时，投保方可到保险公司申请将投保人变更为新的物权所有人，经过保险公司的同意并履行保单批改手续后，保单可以继续有效。如甲某的汽车转让给乙某时，甲某应持该汽车的保单到保险公司办理批改手续，经过保险公司同意后保单继续有效，否则该保单便失去效力，当汽车出险时，甲某因对该车无保险利益而不能索赔，而乙某因为没有取得投保人的资格也无权索赔。

但在货物运输保险中，保单可随物权的转移而转移，无需到保险公司办理批改手续。这一规定起源于海上贸易的习惯，是为了方便货物的流通转让而规定的。因此，尽管在签发保单时，货物的买方可能还不具有保险利益，但从货物转让时起，就具有合法的保险利益，在发生保险事故时，货物的买方可要求保险人进行赔偿。

【案例分析】A公司是否对厂房具有保险利益？

1999年1月2日，A公司向本市一家印刷厂租借了一间100多平方米的厂房做生产车间，双方在租赁合同中约定租赁期为一年，若有一方违约，则违约方将支付违约金。同年3月6日，A公司向当地保险公司投保了企业财产险，期限为一年。当年A公司因订单不断，欲向印刷厂续租厂房一年，遭到拒绝，因此A公司只好边维持生产边准备搬迁。次年1月2日至18日间，印刷厂多次与A公司交涉，催促其尽快搬走，而A公司经理多次向印刷厂解释，并表示愿意支付违约金。最后，印刷厂法人代表只得要求A公司最迟在2月10日前交还厂房，否则将向有关部门起诉。2月3日，A公司职员不慎将洒在地上的煤油引燃起火，造成厂房内设备损失215 000元，厂房屋顶烧塌，需修理费53 000元，A公司于是向保险人索赔。

本案中厂房内设备属企业财产险的保险责任范围，保险公司理应赔偿其损失，这一点不存在争议。但是在租赁合同到期后，保险公司认为A公司对印刷厂厂房已不存在保险利益，保险公司不应对厂房屋顶修理给予赔偿。A公司则认为保险公司应对厂房屋顶修理费进行赔偿。本案的关键在于租赁合同期满后，保险合同是否仍具有法律效力。

分析：本案中，印刷厂法人代表最终同意A公司在2月10日前交还厂房，是印刷厂对A公司租赁合同到期后继续使用厂房行为的认可。而且，如果A公司未因火灾导致厂房屋顶烧塌，就不用支付相应的修理费用，而是可将完好的厂房交还印刷厂。从以上两点分析看，保险事故发生时，A公司对厂房这一保险标的具有保险利益。

因此，保险公司应向A公司赔偿215 000元的设备损失及53 000元的房顶烧塌修理费。

2．保险利益原则在人身保险中的应用

人身保险往往为长期性合同，在合同的有效期内投保人对被保险人的保险利益也常常会发生变化。在订立合同时，投保人对被保险人是存在保险利益的，但是后来由于种种原因丧失了这种保险利益，例如，被保险人死于除外责任范围内的事故，夫妻离婚，雇员辞职或者被辞退等。那么，在这种情况下，原保单的效力是否会受到影响？

人身保险的保险利益强调在保险合同订立时，投保人必须对被保险人具有保险利益，而当保险事故发生进行索赔时，投保人是否对被保险人仍然具有保险利益则并不要求。这主要是因为人身保险的保险标的是人的生命和身体，人身保险合同生效后，被保险人的生命或身体受到伤害，获得保险金给付利益的是被保险人或受益人，投保人不会因被保险人发生保险事故而享有领取保险金的权利，因此，在发生保险事故时，投保人是否对被保险人具有保险利益并不重要。即使投保人为受益人时，对投保人同样也有约束。依据有关规定，受益人需被保险人同意或指定，当被保险人因受益人的故意行为而受到伤害时，受益人将丧失获得保险金的权利，由此保障了被保险人的生命安全和利益。因此，只要在投保时具有保险利益，即使后来投保人对被保险人因离异、雇佣合同解除或其他原因而丧失保险利益，也不会影响保险合同的效力，保险人仍负有保险金给付责任。

【案例分析】继父死亡后，被保险人的保险费能豁免吗？

被保险人A，未成年，1996年其父B作为投保人为其投保中国太平洋保险公司“少儿乐幸福成长综合保险”，该保险条款第二章“保险责任”第四条第七款规定：“被保险人在保险生效日起至22周岁，如遇父母有一方意外死亡，以后各期年缴保险费减半；如遇父母双方都意外死亡，以后各期年缴保险费全免，保险责任继续有效。”1997年，被保险人的父母离异，A随母C生活，并同时把投保人变更为C，后C于1999年与D结婚，D无婚史，C、D共同抚养教育A。A之生父每月支付抚养费。2000年D遇意外事故身故。C向保险公司申请豁免今后每年50%的保费。

第一种观点认为：D并非被保险人A之生父，所以D意外身故，A的保险费不能豁免。

第二种观点认为：D虽然不是被保险人A之生父，但他与C结婚后，对A尽了抚养教育义务，已形成有抚养关系的继父子关系，因此，D意外身故，A的保险费应豁免50%。

第三种观点认为：D意外身故，可豁免A的50%保险费，但应约定，如A之生父B以后因意外身故，不能因此再豁免。

分析：本案中主要涉及“父母子女”关系的概念。

我国民法中的父母子女关系包括生父母子女关系（婚生与非婚生）、养父母子女关系、继父母子女关系。

我国《婚姻法》第十五条第一款规定：“父母对子女有抚养教育的义务；子女对父母有赡养扶助的义务。”

第十八条第二款规定：“父母和子女有相互继承遗产的权利”。

第二十一条第二款规定："继父或继母和受其抚养教育的继子女间的权利和义务，适用本法对父母子女关系的有关规定"。

继父母与继子女关系，是因为子女的父母一方死亡，他方再行结婚，或因父母离婚，一方或双方再行结婚而形成，夫对妻与其前夫所生的子女或妻对夫与其前妻所生的子女，称继子女。子女对父或母的后婚配偶称继母或继父。

实践中，继父母、继子女关系有两种情况：一种是双方形成抚养关系的继父母、继子女；一种是双方未形成抚养关系的继父母、继子女。而二者的法律地位是不同的。体现在遗产继承方面，我国《继承法》第十条中规定："遗产按照下列顺序继承：第一顺序为配偶、子女、父母……本法所说的子女，包括婚生子女、非婚生子女、养子女和有抚养关系的继子女。本法所说的父母，包括生父母、养父母和有抚养关系的继父母。"

继子女与继父母之间的关系不是血缘关系，而是姻亲关系，因而他们相互之间并不是当然的法定继承人，只有具备一定条件才能享有继承权。这个条件就是抚养关系。有抚养关系的就有继承权，没有抚养关系的，就没有继承权。

本案中，由于保险条款设计上的问题，对"父母"未作限制性规定，当被保险人之继父D意外身故时，应按《保险法》第三十条之规定，作有利于投保人、被保险人、受益人的解释，对被保险人今后各期保费给予豁免50%。假如以后被保险人A之生父B或生母C遇意外身故，豁免另外50%的保费。

第二部分　最大诚信原则

一、最大诚信原则（Principle of Utmost Good Faith）的含义

最大诚信（Utmost Good Faith）是指当事人要向对方充分而准确地告知有关保险的所有重要事实，不允许存在任何虚伪、欺骗和隐瞒行为。在保险实践中，最大诚信原则（Principle of Utmost Good Faith）的具体含义是：保险合同当事人订立保险合同时及在合同的有效期内，应依法向对方提供影响对方作出是否缔约及缔约条件的全部实质性重要事实，同时绝对信守合同订立的约定与承诺，否则，受到损害的一方，按民事立法规定可以此为理由宣布合同无效或不履行合同约定的义务或责任，甚至对因此而受到的损害可以要求对方予以赔偿。

诚信原则是世界各国立法对民事、商务活动的基本要求，是订立各种经济合同的基础。在保险合同关系中，对当事人的要求比一般的民事活动更为严格，要求当事人具有最大诚信。因为在保险合同订立时，投保人和保险人双方各自具有自己的信息优势，双方是否向对方据实告知，直接影响着保险合同是否订

立、订立的条件、履行的结果等各个方面。在保险活动中，诚信原则最早应用在英国的卡特诉波姆海船（Carter v. Boehm）保险案，该案中英国保险人承保的是苏门答腊岛上的马尔罗博格城堡一年内被敌军占领的危险。在保险期间内，该城堡被法军攻占后，被保险人福特·马尔布罗总督提出索赔，保险人以被保险人隐瞒可能发生的事实为由进行抗辩，其理由是：投保人没有披露该城堡的状态与情况，（该城堡只是在修建中的工事）；法国人在一年前曾威胁过该城堡。法官曼斯菲尔提出了这样的处理原则："被保险人必须申报所独知的重要事实，如果不申报，保险单可视为无效。"曼斯菲尔德大法官认为，被保险人的告知义务限于只有被保险人知道的重大事实，而对于保险标的可能被进攻的危险，保险人应当知道，在自己知道这个可能，并没有进一步调查的基础上承担了该危险，就应当自负其责，因此判决原告被保险人胜诉。最早以法律形式出现的最大诚信原则，是英国《1906 年海上保险法》所作的规定："海上保险是建立在最大诚信原则基础上的保险合同，如果任何一方不遵守这一原则，他方可以宣告合同无效。"我国《保险法》第五条规定"保险活动当事人行使权利、履行义务应当遵循诚实信用原则。"

保险双方信息的不对称性是最大诚信原则产生的原因之一。从保险标的看，由于保险标的的特性，投保人对保险标的的风险最为了解，而保险人不可能对保险标的进行持续的监控，因此，保险人只能根据投保人提供的资料判断风险的大小，这就要求投保人在投保时如实告知并信守承诺。其目的是为防止道德风险，避免保险欺诈行为，维护保险双方的正当权益，保证保险活动正常进行。从保险产品设计看，保险条款及其费率由保险人单方拟定，其专业性和技术性都很强，一般消费者不易了解。投保人是否投保以及投保的条件完全取决于保险人的说明。这就要求保险人如实向投保人说明主要条款，尤其是责任免除条款。

二、最大诚信原则的内容

最大诚信原则的内容包括告知、保证以及弃权与禁止反言。

（一）告知

1. 告知的含义

告知（Representations）是保险合同当事人一方在合同订立前、订立时及合同有效期内，就重要事实向对方所作的口头或书面的陈述。重要事实是指对保险人决定是否接受或以什么条件接受某一风险起影响作用的事实，或对投保人是否投保起影响作用的事实。其主要有：超出事物正常状态的事实、有关道德风险的情况、保险人所负责任较大的事实、有关投保人本人的情况、保险合同有效期内风险情况发生变化的事实以及与投保人有利害关系的重要事实等。诚信原则要求的告知是如实告知，投保人或被保险人和保险人都有如实告知的义务。

告知强调的是最大诚信中的诚实，告知的目的在于使保险人能够正确估计其承担的风险是否可保，对投保人来说是能够确知未来风险损失是否能得到保障。保险人根据投保人的告知，判断是否接受承保或者以什么条件来承保；投保人根据保险人的告知，判断是否向该保险人投保或以什么条件投保。

2．告知的内容和方式

（1）投保人告知的内容和方式。对投保方而言，凡能够影响一个正常的、谨慎的保险人决定其是否承保，或者据以确定保险费，或者是在保险合同中增加特约条款的因素，均属重要事实，均应如实告知。

具体来说，投保人应告知的内容有五个方面：① 在保险合同订立时应根据保险人的询问，对已知或应知的与保险标的及其危险有关的重要事实进行如实回答；② 保险合同订立后，在保险合同的有效期内，保险标的的危险程度增加时，应及时告知保险人；③ 保险标的发生转移或保险合同有关事项有变动时，投保人或被保险人应及时通知保险人，经保险人确认后可变更合同并保证合同的效力；④ 保险事故发生后投保人应及时通知保险人；⑤ 有重复保险的投保人应将有关情况通知保险人。

告知的方式有两种：① 无限告知义务，也称为客观告知，即法律上或保险人对告知的内容不管有没有明确的规定，只要是事实上与保险标的的危险状况有关的情况，投保人都有义务告知保险人。无限告知对投保人的要求比较高，目前，法国、比利时以及英美法系国家的保险立法采用该种形式。② 有限告知义务，又称为询问回答告知，它是指投保人对保险人询问的问题必须如实告知，而对询问以外的问题投保人无须回答。大多数国家的保险立法采用该种形式，我国也是采用此种形式进行告知。投保人或被保险人对某些事实在未经询问时可以保持缄默，无须告知。我国《保险法》第十六条规定，“订立保险合同，保险人应当向投保人说明保险合同的条款内容，并可以就保险标的或者被保险人的有关情况提出询问，投保人应当如实告知。”

（2）保险人告知的内容和方式。保险人在保险合同订立和履行中也应当遵守诚实守信的原则。在保险经营实践中保险人具体要告知的内容有：① 保险合同订立时，保险人应主动地向投保人说明保险合同条款的内容，特别是免责条款的内容必须明确说明；② 在保险事故发生时或保险合同约定的条件满足后，保险人应按合同约定如实履行赔偿或给付义务，如果拒赔条件成立，应发送拒赔通知书。

保险人的告知形式也有两种：① 明确列明，是指保险人只需将有关保险的主要内容明确列明在保险合同之中，即视为已告知投保人。② 明确说明，是指保险人不仅应将保险的主要内容明确列明在保险合同中，还必须对投保人进行正确的解释。明确说明主要适用于保险合同中的免责条款，即双方订立保险合同时，保险人不但要在合同上书面列明免责条款，而且还要就此条款向投保人进行明确合理的口头提示和解释。我国《保险法》第十八条规定："保险合同中规定有关于保险人责任免除条款的，保险人在订立保险合同时应当向投保人明确说明，未明确说明的，该条款不产生效力。"

3．无需告知的事实

（1）可以认为众人皆知的法律常识。如海洛因是禁止贩卖和服用的毒品。

（2）保险人理应知道的常识。如重大国际、国家大事件；珠宝比木材对小偷更具有吸引力；癌症、艾滋病是当前致死率极高的疾病等。

（3）风险减少的事实。如企业财产保险中，投保方在保险期限内增加消防设备；盗窃保险单下，投保方在保险期内安装了防盗门等。

（4）保单明示保证条款规定的内容。

（5）保险人能够从投保人提供的情况中发现的事实。

4．违反告知义务的法律后果

由于保险合同当事人双方均有告知对方的责任和义务，当双方违反告知义务都将承担法律后果。

（1）投保方违反告知义务的法律后果。投保人或被保险人违反告知义务有四种情形：① 漏告，是由于疏忽、过失而未告知，或者对重要事实误认为不重要而未告知；② 误告，是由于对重要事实认识的局限性，包括不知道、了解不全面或不准确而导致，并非故意欺骗；③ 隐瞒，是投保人对会影响保险人决定是否承保，或影响承保条件的已知或应知的事实没有如实告知，或仅部分告知；④ 欺诈，即投保人怀有不良企图，故意做不实告知，如在未发生保险事故时却谎称发生保险事故。对以上不同的违反告知情形的处分也不同。

对于投保人或被保险人违反如实告知的行为，分为故意和过失两种情形。我国《保险法》第十七条规定："投保人故意隐瞒事实，不履行如实告知义务的，或者因过失未履行如实告知义务，足以影响保险人决定是否同意承保或者提高保险费率的，保险人有权解除保险合同。投保人故意不履行如实告知义务的，保险人对于保险合同解除前发生的保险事故，不承担赔偿或者给付保险金的责任，并不退还保险费。"

投保人进行欺诈，伪造事实时，有两种后果：当投保人或被保险人在发生保险事故后，编造虚假证明、资料、事故原因，夸大损失时，保险人对弄虚作假部分不承担赔付义务；未发生保险事故，却故意制造保险事故者，保险人有权解除保险合同并不承担保险赔付责任。

（2）保险人违反告知义务的法律后果。如果保险人在订立保险合同时未尽告知义务，如对免责条款没有明确说明，根据我国《保险法》第十八条规定："保险合同中规定有关保险人责任免除条款的，保险人在订立保险合同时应当向投保人明确说明，未明确说明的，该条款不产生效力。"保险人如果在保险业务活动中隐瞒与保险合同有关的重要情况，欺骗投保人，或者拒不履行保险赔付义务，如构成犯罪，将依法追究其刑事责任，如未构成犯罪，由监管部门对保险人处以1万元以上5万元以下的罚款，对有关人员给予处分，并处以1万元以下的罚款。保险人若阻碍投保人履行告知义务，或诱导投保人不履行如实告知义务，或承诺给投保人以非法保险费回扣或其他利益，都将承担与上相同的法律后果。

【案例分析】故意隐瞒病情的保险理赔案

1998年上海郊县赵某因患高血压休息在家，同年8月15日赵某投保保险金额为20万元、期限20年的定期寿险，投保时隐瞒了病情。1999年9月12日赵某病情发作，不幸去世。被保险人的丈夫叶某作为家属请求保险公司给付保险金。按照我国现行《保险法》的规定，问保险公司是否承担给付保险金责任？为什么？

分析：保险公司应当拒付。因为赵某未履行如实告知义务，投保时对保险公司隐瞒了自己患有高血压病这一重要事实。因此按照我国现行《保险法》的规定，由于赵某故意不履行告知义务，所以保险公司既可以不承担给付保险金的义务，也可以不退还保险费。

【案例分析】胃癌患者的投保案

1996年3月，45岁的龚某因患胃癌（亲属因怕其情绪波动，未将真实病情告诉本人）住院治疗手术后出院，并正常参加工作。8月24日，龚某经吴某推荐，与其一同到保险公司投保了简易人身险，办妥有关手续。填写投保单时没有申报身患癌症的事实。

1997年5月，龚某旧病复发，经医治无效死亡。龚某的妻子以指定受益人的身份，到保险公司请求给付保险金。保险公司在审查有关提交的证明时，发现龚某的病史上，载明其曾患癌症并动过手术，于是拒绝给付保险金。龚妻以丈夫不知自己患何种病，未违反告知义务为由抗辩，双方因此发生纠纷。保险公司应如何处理？

分析：在本案中，龚某不知自己已患有胃癌。仅从其没有声明自己患胃癌的角度看，并不算违反告知义务。但是，龚某对自己几个月前住过院，动过手术的事实（这一事实对保险人来说无疑是很重要的）是不可能不知道的，他却没有加以说明，问题的关键恰恰在这里。

因为根据保险法的一般理论，告知义务要求告知内容是对事实的陈述，而非准确地阐明观点。它并不苛刻地要求投保人的告知完全准确无误，只要在投保人认知范围内他尽最大可能地履行了这项义务即可。也就是说，在被保险人确实不清楚自己到底患何种病的情况下，倘若他对病情作了感知性陈述，尽管这种陈述不一定与事实相符（如患有胃癌，家属等善意地告诉他得的是胃病，他申报患过胃病），但他在义务履行上是绝无瑕疵的。可是如果他隐瞒或虚假陈述了就医或治疗等方面的事实，则犯有未适当告知重要事实的过错，应当承担违反告知义务的不利后果，保险人是有正当理由拒绝赔偿的。保险人因此获得抗辩权，可拒绝给付保险金。

（二）保证

1. 保证的含义

保证（Warranty）是指保险人与投保人在保险合同中约定，在保险合同履行期间投保人担保对某一事项的作为或不作为或担保某一事项的真实性。保证条款为保险合同的重要条款之一，保证强调守信，恪守合同承诺。保证的目的在于控制风险，确保保险标的及其周围环境处于良好的状态之中。

2. 保证的方式

（1）明示保证（Express Warranties），是以文字或书面的形式在保险合同中载明，成为合同条款的保证。明示保证以文字的规定为依据，是保证的重要形式。它又分为承诺保证和确认保证。

1）承诺保证（Promissory Warranty），是指投保人对未来某一特定事项的作为或不作为，其保证的事项涉及现在和将来。如某人承诺今后不从事高危险性运动，是指从现在开始不参加危险性高的运动，但在此前是否参加过并不重要，也无须告知。

2）确认保证（Affirmative Warranty），是指投保人对过去或现在某一特定事实存在或是不存在的保证。如某人保证从未得过某种疾病是指过去及现在从未得过，但不能保证将来是否会患该种疾病。此类保证较为严格，投保人只要事实上陈述不正确即构成违反保证条款，有时可能把无关紧要的告知事实变为保证事项，因此，此类保证对投保人非常不利。但另一方面它的确起到了保护保险人利益，防止欺诈的作用。

（2）默示保证（Implied Warranties），是指在保险合同中虽然没有载明，但在保险实践中，按照法律、国际公约和行业习惯等，被保险人应予遵守的一类保证事项。其内容通常是以往法庭判决的结果、公认的行业习惯等，与明示保证一样对被保险人具有约束力。

默示保证在海上保险中应用较多。如在海上保险合同中的默示保证有：保险的船舶必须有适航能力，即船主在投保时，保证船舶的构造、设备、驾驶管理员等都符合安全标准，适合航行；保险的船舶要按预定的或习惯的航线航行，除非因躲避暴风雨或救助他人才允许改变航道；保险的船舶保证不进行非法经营或运输违禁品等。

3．违反保证的法律后果

任何不遵守保证条款或保证约定、不信守合同约定的承诺或担保的行为，均属于破坏保证。保险合同约定保证的事项为重要事项，是订立保险合同的条件和基础，投保人或被保险人必须遵守。各国立法对投保人或被保险人遵守保证事项的要求也极为严格，凡是投保人或被保险人违反保证，无论其是否有过失，也无论是否对保险人造成损害，保险人均有权解除合同，不予以承担责任。对于保证的事项，无论故意还是无意违反保证义务，对保险合同的影响是相同的，无意的破坏，不能构成投保人抗辩的理由；即使违反保证的事实更有利于保险人，保险人仍可以违反保证为由使合同无效或解除合同。而且，对于破坏保证的处理，除人寿保险外，一般不退还保险费。

与告知不同的是，保证是对某特定事项的作为与不作为的承诺，而不是对整个保险合同的保证，因此，在某种情况下，违反保证条件只部分地损害了保险人的利益，保险人只应就违反保证部分拒绝承担保险赔偿责任。也就是说，被保险人在何时、何事项违反保证，保险人即从何时开始拒绝赔付因此事项引起的损失，但并不一定完全解除保险合同。

但在下列情况下，保险人不得以被保险人破坏保证为由使保险合同无效或解除保险合同：① 因环境变化使被保险人无法履行保证事项；② 因国家法律法规变更，使被保险人不能履行保证事项；③ 被保险人破坏保证是由保险人事先弃权所致，或保险人发现破坏保证后仍保持沉默，也视为弃权。

【案例分析】银行失窃案件，保险公司如何赔偿？

某家银行投保火险附加盗窃险，在投保单上写明 24 小时有警卫值班，保险公司予以承保并以此作为减费的条件。后银行被窃，经调查某日 24 小时内有半小时警卫不在岗。问保险公司是否承担赔偿责任？

分析：保险公司不用承担赔偿责任。因为该银行违反了明示保证（又称特约条款或保证条款或最大诚信原则），而保证是保险合同的一部分，违反了保证，就意味着违约，保险人可以解除保险合同，或宣布保险合同无效，在发生保险事故后不承担赔偿责任。

（三）弃权与禁止反言

告知与保证主要是用来约束投保人和被保险人的，而弃权与禁止反言是用来约束保险人的，它们都是最大诚信原则的具体化，通过最大诚信原则的规范，维护了保险合同双方当事人之间权利义务的均衡。

弃权（Waiver）是指保险合同的一方当事人放弃其在保险合同中本来可以主

张的权利，通常是指保险人放弃合同解除权与抗辩权。

禁止反言（Estoppel）是指保险人知悉其有解除契约权或抗辩权，但是保险人没有行使其权利，反而向投保人或受益人明示或默示契约仍然有效，以致投保人或受益人不知契约可被解除或保险人有抗辩权，因而履行了契约，这样保险人便不得再主张解除合同或拒绝承担赔偿责任。

根据弃权与禁止反言，保险人或其代理人倘若诱导投保人相信，他可以做保险单禁止的某些事情，或者可以不做保险单要求他做的某些事情，这时保险合同一经成立，保险人就不得以被保险人的此种作为或不作为为由，而主张保险合同无效。弃权与禁止反言具体在实践中可表现为以下几种情况：

（1）投保人有违背按期缴纳保险费或其他约定义务的时候，保险人原本应解除合同，但是，如果保险人已知此种情形却仍旧收受补缴的保险费时，则证明保险人有继续维持合同的意思表示，因此，其本应享有的合同解除权、终止权及其他抗辩权均视为弃权。

（2）在保险事故发生后，保险人明知有拒绝赔付的抗辩权，但仍要求投保人或被保险人提出损失证明，因而增加投保人在时间及金钱上的负担，则视为保险人放弃抗辩权。

（3）保险人明知投保人的损失证明有纰漏和不实之处，但仍无条件予以接受，则可视为是对纰漏和不实之处抗辩权的放弃。

（4）保险事故发生后，保单持有人（投保人、被保险人或受益人）应于约定或者法定时间期限内通知保险人，但如逾期通知，保险人仍表示接受的，则认为是对逾期通知抗辩权的放弃。

（5）保险人在得知投保人违背约定义务后仍保持沉默，即视为弃权。具体来说，如财产保险的投保人申请变更保险合同，保险人在接到申请后，经过一定期间不表示意见的，则视为承诺；保险人于损失发生前，已知投保人有违背按期缴纳保险费以外约定义务的，应在一定期限内解除或终止合同，如在一定期限内未作任何表示，则视为弃权。

在以上五种情况中，保险人在已作出弃权的行为后，不得再以投保方先前的违约行为为由而拒绝承担赔偿责任。弃权与禁止反言的限定，主要是为了约束保险人的行为，要求保险人为其行为及其代理人的行为负责，同时也维护了被保险人的权益，有利于保险人权利义务关系的平衡。

【案例分析】保险合同重新签订后的理赔纠纷

1996年12月23日，李丽为其子李创在中国人寿保险公司某分公司投保了“为了明天终身保险”。这期间，李创因患“症状性癫痫及扁桃体炎”，寿险公司曾向李丽作过数次理赔。此后，寿险公司推出新险种——重大疾病终身保险，经该公司原经办“为了明天终身保险”业务员介绍，李丽与寿险公司解除了“为了明天终身保险”合同，并于1998年5月3日，再次以李创为被保险人与寿险公司签订了重大疾病终身保险合同，保险金额8万元，年缴保险费1 504元，缴费期间20年，保险期间为终身，从1998年5月5日零时起算。

重大疾病终身保险合同第八条约定，在本合同有效期内，被保险人因意外伤害而身故或身体高度残疾，或于本合同生效或复效之日起180日以后因疾病而身故或身体高度残疾时，本公司按保险单所载保险金额的3倍给付身故保险金或身体高度残疾保险金。该合同第十条规定，被保险人因下列情形之一而患重大疾病、身故或身体残疾时，本公司不负保险责任。其中第六款载明：患获得性免疫缺陷综合症（艾滋病）、性病、先天性疾病或遗传性疾病。同时双方又签订了重大疾病终身保险的附加险合同，即个人住院医疗补贴险合同，保险金额5 400元，缴纳保险费60元，保险期限1年，即从1998年5月5日12时起至1999年5月5日12时止。

不久，在该附加险合同履行期间，李创因患“症状性部分型癫痫、扁桃体炎”住院治疗3次，李丽按合同先后向寿险公司申请理赔，寿险公司分别于1998年5月6日、1998年12月15日、1999年4月22日分3次给予了理赔。在该附加险合同期满后，寿险公司未同意与李丽续签，但对双方签订的重大疾病终身保险合同未表异议，仍按合同的约定，收取李丽按期应缴纳的保险费，直至2002年5月18日被保险人李创死亡。淮安市第三人民医院诊断其死亡原因为：“感染性休克、呼吸循环衰竭”。此后，李丽向寿险公司申请保险理赔，但其以种种理由拒绝理赔。2003年7月3日，李丽诉至淮安市清河区法院，请求判令被告寿险公司向其支付保险金24万元。

庭审中，寿险公司辩称：投保人李丽在投保时故意不履行如实告知义务，根据责任免除条款，寿险公司依法不承担给付保险金责任。另外，被保险人李创是因先天性疾病而身故，寿险公司依约应向原告李丽退还保险单的现金价值2 672元，不负保险责任，故请求法院驳回原告的诉讼请求。被告提供了重大疾病终身保险合同投保单，表明李丽关于被保险人在过去10年内是否患有癫痫等疾病的意见征求栏内作了否定的填写。被告寿险公司还提供了由其单方委托的淮安市中级人民法院法医学鉴定书。鉴定结论为：李创其线粒脑肌病系其线粒体DNA缺陷疾病，属先天性疾患。

原告李丽认为，寿险公司在与之签订保险合同时，对免责条款未作明确说明，主张免责条款不产生效力，并提供了该保险经办人王某某的证词。另外原告还认为，因为在承保时寿险公司对李创所患疾病明知，她是否如实告知并不影响寿险公司的权益。对此寿险公司则认为，根据原告李丽的文化水平，对保险公司免责条款应予以理解，无需再作明确告知。

清河区法院经审理认为：李丽与寿险公司在履行“为了明天终身保险”合同期间，被保险人李创因患“症状性癫痫”等病，寿险公司给予了数次理赔，其与李丽重新签订重大疾病终身保险合同时，其对被保险人李创患有保险合同所涉及的“癫痫”病应系明知。原、被告在签订重大疾病终身保险合同时，李丽虽然未履行如实告知义务，但因寿险公司已明知被保险人患病情况，李丽的行为并不足以影响其决定是否同意承保或提高保险费率。

寿险公司在履行重大疾病终身保险及个人住院医疗补贴险合同期间，李创因患“症状性部分型癫痫”等病住院3次，寿险公司均按合同约定作了理赔。在个人住院医疗补贴险合同期满后，寿险公司未同意续签该附加险合同，但仍按主险合同约定收取李丽交纳的保险费，直至被保险人李创死亡。寿险公司在此期间一直未提出与李丽解除重大疾病终身保险合同，现在以李丽没有履行如实告知义务为由，拒绝按保险合同的约定进行理赔，理由不能成立。

《中华人民共和国保险法》第十八条规定，保险合同中规定有关保险人责任免除条款的，保险人在订立保险合同时应当向投保人明确说明，未明确说明的，该条款不产生效力。因保险人的说明义务系法定义务，寿险公司认为据李丽的文化水平，应对保险合同免责条款予以理解，无需再作明确告知的辩解，违反了法定义务。因此，即使被保险人李创因患先天性疾病身故，因保险合同中的责任免除条款已不产生效力，被告寿险公司作此抗辩已无意义。清河区法院遂对该案作出一审判决：被告寿险公司于本判决生效后10日内一次性向原告李丽支付保险金24万元。

二审法院认为：在签订重大疾病终身保险合同之前，被保险人李创因患“症状性癫痫及扁桃体炎”数次住院治疗，李丽作为李创的母亲与李创朝夕相处，其对李创所患疾病应当是明知的。但其在填写重大疾病终身保险合同投保单中关于被保险人在过去 10 年内是否患有癫痫等疾病的意见征求栏内，却作了否定的填写。其对这种清楚明了的事实情况作了截然相反的选择和判断，应推定投保人做出这种行为时的主观心理状态非因过失而系故意。

上诉人在承保重大疾病险之前已就李创患有的“症状性癫痫及扁桃体炎”疾病进行了数次理赔，原险种的销售人员在对李创的病情知悉的情况下，动员同事作宣传，在此情况下李丽与上诉人签订了重大疾病终身保险合同。据此，应确认上诉人在承保重大疾病险时对李创患有“癫痫”疾病并数次住院治疗等情况是知情的。

因此，可以认定在重大疾病终身保险合同履行期限内，上诉人对被保险人的健康状况是清楚明了的。

分析：本案中投保人确有故意不履行如实告知义务的情形，但上诉人在对此明知的情况下依然承保，且其在重大疾病终身保险的附加险到期后，意识到承保此附加险的高度风险性而本应拒绝续保，但却未及时解除重大疾病终身保险合同，并一直收取保费直至被保险人李创死亡。在这种情况下，上诉人已丧失了适用《保险法》第十七条的事实基础。

在本案中，保险人的危险负担并不因投保人的隐瞒行为而增加，相反，保险人在对此明知的情况下以同意承保并不断收取保费的行为，向投保人表明了其愿意承受此种危险负担并愿意承担保险责任的态度。故上诉人以投保人存有故意隐瞒行为，依据《保险法》第十七条其当然不承担保险责任的上诉理由不能成立。

综上所述，上诉人应当对己方自担风险的行为依约承担给付保险金的责任，其上诉理由不能成立，一审法院判决并无不当之处，二审法院遂对本案依法作出“驳回上诉，维持原判”的终审判决。

第三部分　损失补偿原则

经济补偿是保险的基本职能之一，因而保险的损失补偿原则是保险经营中的重要原则。损失补偿原则的核心是不允许被保险人通过保险而获得额外收益，所以在补偿原则基础上又派生出代位原则和分摊原则，且补偿原则、代位原则和分摊原则只适用于补偿性保险合同，而不适用于给付性保险合同。

一、损失补偿原则的含义

损失补偿原则（Principle of Indemnity），是指当保险标的发生保险责任范围内的事故时，被保险人有权按照保险合同的约定，以一定的方式获得保险赔偿，但同时被保险人不能因保险赔偿而获得额外的利益。它有两层含义：一是保险合同订立后，一旦发生保险责任范围内的损失，被保险人有权获得保险金的补偿，用于弥补其在保险事故中所遭受的损失；二是保险补偿的目的仅限于使被保险人受损的资产得到恢复，被保险人不能因保险赔偿而得到额外收益。

1．损失补偿原则的限制

（1）损失补偿以实际损失为限。在补偿性的合同中，保险标的遭受损失后，保险赔偿以被保险人所遭受的实际损失为限，全部损失时全部赔偿，部分损失时部分赔偿。如果被保险人得到的保险赔偿金超过了他在事故中实际损失额，则他在整个保险事故中反而得利，这就违反了损失补偿的第二层含义。

（2）损失补偿以保险金额为限。这是因为保险金额是合同中确定的保险赔偿金的最高限额，保险人已收取的保费对价是以此为基础计算出来的。超过此限额进行赔付，将使保险人处于不公平的地位，所以赔偿金额只应低于或等于保险金额而不应高于保险金额。即使发生通货膨胀，仍以保险金额为限。其目的在于维护保险人的正当权益，使损失补偿同样遵循权利义务对等的约束。

（3）损失补偿以保险利益为限。保险事故发生后，被保险人所获得的赔偿以被保险人对此标的所具有的保险利益为前提条件。如果保险标的并不属于被保险人独有，被保险人在此事故中损失的经济利益并不等于保险标的的全部实际损失额，则被保险人得到的赔偿金只能以其保险利益为限；如果保险标的受损时，被保险人已丧失了对该保险标的的保险利益，则被保险人对该财产的损失也不具有索赔权。债权人对抵押的财产投保，当债务人全部偿还债务后，债权人对该财产不再具有保险利益，即使发生标的损失，债权人也不再对此具有索赔权。

在具体的实务操作中，上述三个限额同时起作用，其中金额最少的限额为保险赔偿的最高金额。

2．损失补偿原则的意义

（1）坚持损失补偿原则是为了真正发挥保险的经济补偿职能。保险的基本职能之一是进行经济补偿，是为了分散风险，维护被保险人生产生活的顺利进行，而不是为了使其通过投保来获利，所以应该坚持“有损失、有赔偿，损失多、赔偿多，无损失、不赔偿”的原则。一方面，当被保险人经济受损失能得到及时的偿付，使其生产生活及时得到恢复；另一方面，有关赔偿限额的规定又可防止某些人通过保险来获利，真正发挥保险的经济补偿职能。

（2）坚持损失补偿原则能减少道德风险的发生。如果没有赔偿限额的规定，可能会使某些被保险人通过保险事件而获得额外利益，这样难免会诱导某些人故意购买高额保险，以获得赔款为目的而故意制造事故，增加整个社会的财产损失率。如果坚持损失补偿原则，任何人都不可能从保险事件中获利，也就避免了通过保险来牟利的现象，有利于减少道德风险的发生。

3．损失补偿原则的例外

损失补偿原则虽然是保险的一项基本原则，但在保险实务中有一些例外的情况。

（1）人身保险例外。由于人身保险的保险标的是无法估价的人的生命或身体机能，因此其保险利益也是无法估价的。被保险人发生伤残、死亡等事件，对其本人及家庭所带来的经济损失和精神上的痛苦都不是保险金所能弥补得了的，保险金只能在一定程度上帮助被保险人及其家庭缓解由于保险事故的发生所带来的经济困难，帮助其摆脱困境，给予精神上的安慰，所以人身保险合同不是补偿性合同，而是给付性合同。保险金额是根据被保险人的需要和支付保险费的能力来确定，保险事故或保险事故发生时，保险人按双方事先约定的金额给付。所以，损失补偿原则不适用于人身保险。

（2）定值保险例外。所谓定值保险是指保险合同双方当事人在订立合同时，约定保险标的的价值，并以此确定保险金额，这被视为足额投保。当保险事故发生时，保险人不论保险标的损失当时的市价如何，即不论保险标的的实际价值大于或小于保险金额，均按损失程度十足赔付。其计算公式为

保险赔款=保险金额×损失程度×100%

在这种情况下，保险赔款可能超过实际价值，因此，定值保险是损失补偿原则的例外。

（3）重置价值保险例外。所谓重置价值保险是指以被保险人重置或重建保险标的所需费用或成本确定保险金额的保险。一般财产保险是按保险标的的实际价值投保，发生损失时，按实际损失赔付，使受损的财产恢复到原来的状态，由此恢复被保险人失去的经济利益。但是，由于通货膨胀、物价上涨等因素，有些财产（如建筑物或机器设备）即使按实际价值足额投保，保险赔款也不足以进行重置或重建。为了满足被保险人对受损的财产进行重置或重建的需要，保险人允许投保人按超过保险标的实际价值重置或重建价值投保，发生损失时，按重置费用或成本赔付。这样就可能出现保险赔款大于损失发生时的实际价值，所以重置价值保险也是损失补偿原则的例外。

二、损失补偿原则的应用

（一）损失补偿原则的实现方式

（1）现金赔付。现金赔付方式是保险人最常用的一种方式。

（2）修理。汽车保险中，保险人广泛使用的方式。

（3）更换。更换作为一种损失补偿方式，在个别情况下也是有效的。

（4）重置。保险人一般不采取的补偿方式。

（二）损失补偿原则中保险人对赔偿金额的限制

保险人在理赔时一般按以下三个标准确定赔偿额度：以实际损失为限，以保险金额为限，以被保险人对保险标的的可保利益为限。在这三个标准中，以最低者为限。

1．以实际损失为限

实际损失可以根据保险标的的市场价格（减去已提折旧）、恢复原状所需费用、被保险标的的实际货币损失等来确定。例如，企业投保财产综合险，确定某类固定资产保险金额30万元，一起重大火灾事故发生使其全部毁损，损失时该类固定资产的市价为25万元，且企业已提折旧2万元。保险人按实际损失赔偿被保险人23万元。

2．以保险金额为限

保险金额是保险人承担赔偿或给付责任的最高限额，赔偿金额不能高于保险金额。例如，一栋新房屋刚投保不久便被全部焚毁，其保险金额为50万元，而房屋遭毁时的市价为60万元。虽然被保险人的实际损失为60万元，但因保单上的保险金额为 50 万元，所以被保险人只能得到 50 万元的赔偿。

3．以被保险人对保险标的的保险利益为限

发生保险事故造成损失后，被保险人在索赔时，首先必须对受损的标的具有保险利益，而保险人的赔付金额也必须以被保险人对该标的所具有的保险利益为限。例如，某银行开展住房抵押贷款，向某贷款人贷出款额 30 万元，同时，将抵押的房屋投保了 30 万元的一年期房屋火险，按照约定，贷款人半年后偿还了一半贷款，不幸的是不久该保险房屋发生火灾而全部焚毁，贷款人也无力偿还剩余款额，这时由于银行在该房屋上的保险利益只有 15 万元，尽管房屋的实际损失及保险金额均为 30 元，但银行也只能得到 15 万元的赔偿。

（三）赔偿计算方式的限制

在财产保险中，主要有第一损失赔偿方式、比例赔偿方式、限额赔偿方式等。在人身保险中，主要有比例给付制、人体图示验照给付、分级累进给付、渡边给付等方式。下面主要了解一下在财产保险中的几种主要的赔偿计算方式。

（1）第一损失赔偿方式。第一损失赔偿方式是把保险财产的价值分为两个部分。第一部分为保险金额以内的部分，由保险人承担损失赔偿责任；第二部分为保险金额以上的部分，保险人不承担损失赔偿责任。其适用范围是家庭财产保险。

赔偿金额=损失金额（当损失金额≤保险金额时）

赔偿金额=保险金额（当损失金额>保险金额时）

也就是说，按实际损失额与保险金额的小者赔付。

【计算】

例：某家庭财产保险单，保险金额为 20 万元，在保险合同有效期内发生火灾，造成实际损失 10 万元。问：保险人应赔多少？

分析：保险金额=20 万元，实际损失额=10 万元。实际损失没有超过保险金额，按小者赔付 10 万元。

（2）比例赔偿方式。

1）定值保险中的比例赔偿。保险双方在订立保险合同时，约定保险标的的保险价值，并以此确定保险金额。当发生保险事故时，保险人不论保险标的损失当时的市价是涨还是落，均按损失程度十足赔付。其运用范围是货物运输保险，古董、名画、珍贵艺术品等特殊财产保险。

全损：赔偿金额=保险金额

部分损失：赔偿金额=保险金额×损失程度

【计算】

例：在某货运险保单中，保险价值及保险金额均为 12 000 美元。货物在运输途中遭遇暴风雨而水渍，其损失当时当地的合理市价为 10 000 美元。若为全损，保险公司要赔多少？若为部分损失，损失程度为 60%，保险公司又应赔多少？

分析：若为全损，赔偿金额=保险金额=12 000 美元

若为部分损失，赔偿金额=保险金额×损失程度=12 000 美元×60%=7 200 美元

因为这是定值保险，所以不管该批货物在损失当时当地的价值是多少，保险公司都以双方事先约定的保险价值为基础进行赔付。

2）不定值保险中的比例赔偿。保险双方在订立合同中，不约定保险标的的保险价值，只确定保险金额。当发生保险事故时，保险人再确定保险标的的保险价值，然后根据投保人所遭受的实际损失以及投保程度作出赔付。其运用范围是企业财产保险、火灾保险、汽车保险等一般财产保险。其计算公式为

$$赔偿金额=损失金额\times投保程度$$

$$投保程度=\frac{保险金额}{损失当时保险标的的实际价值}\times100\%$$

当保险金额=损失当时保险标的的实际价值时，该比例为 100%，为足额投保。

当保险金额<损失当时保险标的的实际价值时，该比例<100%，为不足额投保。

当保险金额>损失当时保险标的的实际价值时，该比例>100%，为超额投保。

【计算】

例：某企业财产保险单，保险金额为 80 万元，期内发生火灾，损失 20 万元，出险时保险财产的实际价值为 80 万元，保险人应赔多少？

分析：因为这是不定值保险，所以先计算投保程度。

$$投保程度=\frac{保险金额}{损失当时保险财产实际价值}\times100\%=\frac{80}{80}\times100\%=100\%$$

$$赔偿金额=实际损失\times投保程度=20\text{ 万元}\times100\%=20\text{ 万元}$$

① 若将上例中的保险金额变为 60 万元，其他条件不变，保险人又应赔多少呢？

分析：

$$投保程度=\frac{60}{80}\times100\%=75\%$$

$$赔偿额=实际损失\times投保程度=20\text{ 万元}\times75\%=15\text{ 万元}$$

② 若将上例中的保险金额变为 100 万元，其他条件不变，保险人又应赔多少呢？

分析：

$$投保程度=\frac{100}{80}\times 100\%=125\%>100\%$$

为超额投保，超过部分无效，按足额投保计算。

赔偿额=20 万元×100%=20 万元

（3）限额赔偿方式。限额赔偿方式分为限额责任赔偿方法和免责限度赔偿方法。

限额责任赔偿方法，是指保险人只承担事先约定的损失额以内的赔偿，超过损失限额部分，保险人不负赔偿责任。这种赔偿方法多应用于农业保险中的种植业与养殖业保险。如农作物收获保险，保险人与投保人事先按照正常年景的平均收获量约定保险人保障的限额，当实际收获量低于保险产量时，保险人赔偿其差额；当实际产量已达到保险产量时，即使发生保险责任事故，保险人也不负赔偿责任。

免责限度赔偿方法，是指损失在限度内时保险人不负赔偿责任，超过限度时保险人才承担赔偿或给付责任。免责限度可分为相对免责限度和绝对免责限度两种。在采用绝对免责限度赔偿方法时，免责限度内的损失被保险人根本得不到赔偿。

1）相对免责限度，是指保险人规定一个免赔额或免赔率，当保险财产受损程度超过免赔限度时，保险人按全部损失赔付，不作任何扣除。

其计算公式是：赔偿金额=保险金额×损失率

例如：一批酒具共 5 箱，每箱价值 200 元，投保平安险，加保破碎险，约定相对免赔率为 2%，后发现第一货箱无损，第二货箱损失 2%，第三、四、五货箱各损失 5%、4%和 3%。

保险人支付被保险人的赔偿金额为

赔偿金额=（200 元×5%）+（200 元×4%）+（200 元×3%）= 24 元

2）绝对免责限度，是指保险人规定一个免赔额或免赔率，当保险财产受损程度超过免赔限度时，保险人扣除免赔额（率）后，只对超过部分担负赔偿责任。

其计算公式是：赔偿金额=保险金额×（损失率−免赔率）

上例中，若约定的是绝对免赔率为 2%，保险人支付被保险人的赔偿金额为

赔偿金额=200 元×（5%−2%）+200 元×（4%−2%）+200 元×（3%−2%）=12 元

对于财产保险赔偿额的计算，第一步，应分清是属于哪种类型（第一损失、定值保险、不定值保险等）；第二步，按各自公式计算；第三步，检查答案是否合理。

【计算】

例：某房屋按投保时的实际价值 60 万元投保，在保险合同有效期内遭受火灾而全损，事故发生时该房屋价值已升至 80 万元，保险人应向房主赔多少？

分析：保险金额=60 万元，实际损失额=80 万元

赔偿以不超过保险金额为限，即 60 万元。

① 上例中，若事故发生时该房屋价格下跌至 55 万元，保险人又应该向房主赔多少呢？

分析：保险金额=60 万元，实际损失额=55 万元

赔偿以不超过实际损失额为限，即 55 万元。

② 上例中，若银行以此房屋为抵押，向房主发放贷款 30 万元，银行以受押人名义对该房屋投保，保险金额为 40 万元，发生保险事故保险人应向银行赔付多少？

分析：保险金额=40 万元，实际损失额=55 万元

银行对该房的保险利益额=30 万元

赔偿以不超过保险利益额为限，即 30 万元。

三、损失补偿原则的派生原则

（一）代位原则

1．代位原则的含义

代位原则（Principle of Subrogation），是指保险人依照法律或保险合同约定，对被保险人所遭受的损失进行赔偿后，有向保险事故的第三方责任人进行追偿的权利，或受损的保险标的的所有权就由被保险人转移给了保险人，由保险人代替被保险人来行使这两项权利。代位原则包括两个部分：权力代位和物上代位。

2．代位原则的意义

（1）坚持代位原则有利于防止被保险人因同一损失而获得超额赔偿，即避免被保险人获得双重利益。当被保险标的发生损失的原因是由第三者的疏忽、过失或故意行为造成且该损失原因又属于保险责任事故时，则被保险人既可以依据民事法律向第三者要求赔偿，也可以依据保险合同向保险人提出索赔。这样，被保险人因同一损失所获得的赔偿将超过保险标的的实际损失额，从而获得额外利益，违背损失补偿原则。同样，在被保险标的发生保险事故而得到保险人的赔付后，被保险人将保险标的的剩余物资处理或在保险标的被找回后，其所得的利益也将超出实际损失的利益。而按照代位原则来处理，就会防止上述两种被保险人获得双重利益的情况，因为被保险人向第三者的追偿权或对残余物的处理权转交给了保险公司。

（2）坚持代位原则有利于维护社会公正。从社会公平的角度出发，任何肇事者都应对其因疏忽或过失所造成的损失负有责任，如果被保险人仅从保险人处获得赔偿而不追究责任人的经济赔偿责任，将有违社会公平，并且也易造成他人对被保险人的故意或过失伤害行为的发生。通过代位原则，使得第三方责任人无论如何都应承担其损害赔偿责任，有利于社会公平。

3. **权力代位**

（1）权力代位的概念。权力代位，也叫代位追偿、代位求偿或代位请求，是指在财产保险中，当保险标的发生了保险责任范围内的事故造成损失时，根据法律或合同，第三者需要对保险事故引起的保险标的损失承担损害赔偿责任，保险人向被保险人履行了损失赔偿责任之后，在其已赔偿的金额限度内，有权站在被保险人的地位向该第三者索赔，即代位被保险人向第三者进行追偿。保险人享有的这种权利称之为代位追偿权。保险代位求偿权是保险人享有的法定权利，不论投保人与保险人签订的保险合同是否约定了代位求偿权，保险人都可以根据有关法律法规行使代位求偿的权利。也就是说，保险人的代位权基于法律规定当然取得，伴随着保险合同的订立而发生。另一方面，代位追偿权是法律赋予保险人的权利，强调的是法律上有效追偿权的产生，而不是纯经济角度可否实现的实际追偿数额。追偿权能否实现不能作为保险人决定是否赔偿的必要条件。

在财产保险中，致使保险标的发生损失的原因既属于保险责任，又属于第三者的责任时，依据保险法规定，当被保险人已从责任人取得全部赔偿的，保险人可免去赔偿责任；如果被保险人从责任人得到部分赔偿，保险人在支付赔偿金时，可以相应扣减被保险人从第三者处已取得的赔偿。如果被保险人首先向保险人提出索赔，保险人应当按照保险合同的规定支付赔偿金，但在被保险人取得赔款后，应将向第三者追偿的权利转移给保险人，由保险人代位行使追偿权。被保险人不能同时取得保险人和第三者的赔偿而获得双重或多于保险标的实际损失的补偿。

（2）权力代位的实施条件。权力转移的时间是在保险赔偿之后。保险事故发生后，保险人只有按合同规定对被保险人履行了赔偿义务之后，才有权取得对第三者的代位追偿权。代位追偿权是一种债权的转移，即被保险人与第三者之间特定的债权债务关系。在保险人赔付保险金之前，这种权利与保险人没有任何直接的关系。在事故发生后，在保险人支付保险赔偿金之前，被保险人既有权向保险人请求赔偿，也可以向第三者请求赔偿。一旦被保险人获得保险赔偿金后，对第三者相应的追偿权就转移给了保险人。在保险实务中，保险人常常在支付保险金给被保险人时，要求其在追偿权委托书上签名，实际上这就是追偿权转移给保险人的书面凭证，但即使没有此凭证，也不妨碍保险人对第三者的代位追偿权。

保险人的代位追偿权以其实际支付的保险赔偿额为限。保险人在代位追偿中追偿的金额是受到一定限制的，是以其对被保险人赔付的金额为限。如果保险人从第三者处追偿的金额大于其对被保险人的赔偿，则超出部分应归被保险人所有。如果被保险人获得的保险赔偿金额小于第三者对其造成的实际损失时，有权就未取得赔偿部分继续对第三者请求赔偿。保险代位原则的规定不仅在于防止被保险人取得双重赔付而获得额外利益，保障保险人的利益，而且也在于防止保险人通过代位追偿权而获得额外利益，损害被保险人的利益。

被保险人不能损害保险人的代位追偿权。被保险人与第三者之间的债权关系如何，对保险人能否顺利履行和实现其代位追偿权是非常重要的。如果被保险人一方面在保险人处得到赔偿，另一方面私下与第三者责任人达成协议，免去第三者的赔偿义务，则会妨害保险人代位追偿权的行使。因此，在保险实务中要防止被保险人损害保险人的代位追偿权。

我国《保险法》第四十六条规定："保险事故发生后，保险人未赔偿保险金之前，被保险人放弃对第三者请求赔偿的权利的，保险人不承担赔偿保险金责任。保险人向被保险人赔偿保险金后，被保险人未经保险人同意放弃对第三者请求赔偿的权利的，该行为无效。由于被保险人的过错致使保险人不能行使代位请求赔偿的权利的，保险人可以相应扣减保险赔偿金。"这条规定，目的在于保护保险人行使代位权力。

（3）权力代位的例外。

1）人身保险。由于人身保险大多数为给付性合同，不适用补偿原则，相应地也就不适用代位原则。再者，人的生命和身体是无价的，其价值难以估计和衡量，当人身事故发生后，投保方从多处获得赔付并不能说其通过保险而得利。所以在给付性的人身保险中，当保险事故发生后，投保方既可向保险公司索赔，也可追究第三者责任人的经济赔偿责任，两方权利不受影响。保险公司在支付了死亡或残疾保险金后，并不能再向第三者责任人进行追偿。

但在涉及给付医疗费用的险种中，医疗费用的支出是可确定的数额，存在多重获利的可能，该类合同具有补偿性。因此，被保险人因第三者行为而发生死亡、伤残或者疾病等保险事故的，由此产生的医疗费用支出，在保险人向被保险人或者受益人给付保险金后，享有向第三者追偿的权利。

2）当追偿的对象为被保险人的家庭成员时。被保险人和其家庭成员在经济上为一个整体，当发生保险事故后，如果保险人一方面对被保险人进行补偿，另一方面又向其家庭成员进行追偿，从其整个家庭来说仍然没有得到任何补偿，这样就失去了保险的意义。所以各国保险法规定，当保险事故的第三者责任人为被保险人的家庭成员或其组成人员时，保险人赔偿了保险金后不得行使代位追偿权。我国《保险法》第四十七条规定，除被保险人的家庭成员或者其组成人员故意造成的保险事故外，保险人不得对被保险人的家庭成员或者其组成人员行使代位请求赔偿的权利。

4．物上代位

物上代位是指发生了保险事故时，保险人在支付了全部或部分保险金以后，即可取得保险标的物的全部或部分的所有权。此规定主要为了防止被保险人在获得保险赔偿金后，又可能通过获得保险标的的残值、保险标的的失而复得而得到额外利益。我国《保险法》规定：保险事故发生后，保险人已支付了全部保险金额，并且保险金额等于保险价值的，受损保险标的的全部权利归于保险人；保险金额低于保险价值的，保险人按照保险金额与保险价值的比例取得受损保险标的的部分权利。

物上代位的前提条件是：对保险标的作推定全损的处理。保险标的发生事故后，认为实际全损已经不可避免，或者为避免发生实际全损所需支付的费用将超过保险价值，按全损予以赔偿。以下几种情况可推定全损（Constructive Total Loss）：保险标的遭受保险事故尚未达到完全损毁或完全灭失的状态，但实际全损已不可避免；对保险标的进行修复或施救的费用将超过保险价值；保险标的失踪达一定时间，保险人按照全损处理。

物上代位在海上保险中通常以委付方式进行，所谓委付（Abandonment）是指被保险人在发生保险事故造成保险标的的推定全损时，请求保险人按保险金额全数予以赔付，并将保险标的的一切权利和义务转移给保险人的行为。委付成立的条件是必须由被保险人向保险人提出；应是保险标的的全部；不得附有条件；必须经过保险人的同意。委付一经成立，对保险双方均产生约束力。

5．代位求偿与委付的比较

代位求偿与委付两者都体现了损失赔偿原则。在损害补偿合同中，被保险人所得的赔偿不得超过其对保险标的的保险利益，即不能因一项财产的损失而从被保险人和第三者责任方获得双份的补偿，这是实行代位求偿权的依据；而委付作为处理保险标的损失的一种方法，当标的虽未达到全损程度，但有部分损失的可能，或其修复费用将超过本身价值时，被保险人为取得全部保险赔偿，可将其标的的残余利益或标的物上的一切权利转移给保险人。两者在一些具体的方面存在着很大的区别：

（1）次序不同。代位求偿权的产生必须在保险人履行赔偿义务之后。被保险人只有在得到全部赔偿之后，才能把向第三者追偿的权利转让给保险人，如果保险人没有全部赔偿被保险人的损失，则不能够行使代位求偿权，因而赔偿在先而权利的取得在后；而委付则是被保险人先向保险人发出委付通知，经保险人同意后才生效，委付一经成立，保险人对保险标的物的权利义务必须同时接受，因而取得权利在先而赔偿在后。

（2）选择权不同。代位求偿的选择权在被保险人，被保险人可以选择是否将对第三者的追偿权转让给保险人，保险人必须在全部赔偿了损失后才能取得代位求偿权；而委付的选择权在保险人，被保险人提出委付后，保险人可以接受也可以拒绝，只有经过保险人同意，委付才生效。所以保险人在接受委付前，会慎重考虑并做详细调查，因为一旦委付成立，保险人就同时接受了标的物的权利和义务。

（3）对超额索赔或利益的归宿不同。在代位求偿中，保险人享有的利益，不能超过赔付给被保险人的金额，如果从第三者责任方追偿到的金额大于赔偿给被保险人的金额，超出的部分应返还给被保险人；而在委付中，由于标的物的产权转移，有时保险人在处理标的物时得到的利益超过赔偿的金额，也应属保险人所有。如对第三者有损害请示权，其索赔金额超过给付金额的，同样也归保险人所有。另外，特别注意的一点是，代位求偿权仅在财产保险中适用，人身保险中并不存在代位求偿问题，因为人身保险合同是给付性合同，而非补偿性合同。

【案例分析】大货车与解放车相撞后的损失确定

1998 年 8 月 23 日，某运输公司向当地一家保险公司为其名下的东风大货车足额投保了车损险和 10 万元的第三者责任险。同年 10 月 3 日，该车在外地与一解放货车相撞，致使两车均有损毁，经事故发生地交警部门责任认定，解放车驾驶员张某违反《道路交通事故处理办法》第六、七条，应负此次事故的全部责任，东风车一方无责任。10 月 4 日运输公司即向保险公司报案，8 日运输公司到承保公司协商车辆的修理事宜，保险公司同意回承保所在地修理。9 日，事故发生地的物价部门受交警大队委托，对东风车的损失进行了评估（未解体），认定该车车损 51 400 元。12 日东风车回到承保当地，经保险公司及修理厂通过对该车解体后定损为 62 300 元。

由于解放车车主以无力偿还债务为由，不执行调解认定的经济赔偿责任。东风车一方向事故发生地的法院提起诉讼，1999 年 2 月 5 日，法院作出一审判决，东风车一方胜诉，但同时法院认定物价部门核定的车损 51 400 元作为解放车赔偿东风车的经济数额。3 月 12 日保险公司依照法院判决以及机动车辆保险合同，赔付东风车一方 51 400 元，同时取得了被保险人的权益转让书。9 月 2 日，运输公司向当地法院起诉，要求保险公司对于保险公司定损的 62 300 元与物价部门定损的 51 400 元之间一万余元的差额进行追加赔偿。

争议：承保东风车的保险公司认为：法院的判决具有法律效力，是保险公司履行赔偿义务的必要前提条件之一，而法院判决将使保险公司支付的实际赔付金额 62 300 元与法律上确认可获得的 51 400 元之间存在 1 万余元的差额无法行驶追偿权，因此不同意按照实际损失 62 300 元赔偿，而按照法院裁定的 51 400 元赔偿。此外，保险人还认为被保险人既然已接受了 51 400 元的保险赔款，并已出具了权益转让书，就意味着被保险人同意按照 51 400 元结案，因此无权再次追加索赔。而被保险人认为自己的实际损失是经保险公司核定的，按照法院一审判决 51 400 元赔偿，自己将遭受 1 万余元的差额损失，不合理也不公平。

分析：保险人应当按照 62 300 元的实际核定损失进行赔偿。理由如下：

（1）被保险人无过错行为：① 被保险人报案及时，未超过规定的 48 小时内报案的义务规定；② 事故车回到承保当地修理事先征求了保险人的同意；③ 被保险人两次提出补足差额的索赔请求，未超出《保险法》对于财产险两年索赔有效期的规定。④《机动车辆保险条款》(1995 版) 第十九条规定："由于被保险人放弃对第三方的请求赔偿的权利或过错致使保险人不能行使代为追偿权利的，保险人不承担赔偿责任或相应扣减保险赔偿金。"但在此案中被保险人并不存在放弃追偿的主观故意或过错行为。在责任方拒不履行偿还债务的情况下，被保险人及时向当地法院提起诉讼，保留了法律上的追偿权。因此，保险公司不能以自己的追偿权受到损害为由而将责任和损失差额部分由被保险人自行承担。

(2) 按照《保险法》第二章第二十五条规定："保险人自收到赔偿或者给付保险金的请求和有关证明、资料之日起 60 日内，对其赔偿或者给付保险金的数额不能确定的，应当根据已有证明和资料可以确定的最低数额先予支付；保险人最终确定赔偿或者给付保险金的数额后，应当支付相应的差额"，在此案中双方在损失认定数额上有分歧，但在两个数额之中，51 400 元为低，这一数额是可以确定的，因此，在此案中，被保险人接收了 51 400 元赔款可以理解为："根据已有证明和资料可以确定的最低数额先予支付。"而不应当认为接收了赔款就意味着被保险人将 51 400 元认同为最终赔偿数目，即有了接受事实，而意味着放弃了二次索赔权。

(3) 现行《机动车辆保险条款》第二十二条规定："保险车辆发生基本险条款第一条列明的保险责任范围内的损失应当由第三方负责赔偿的，被保险人应当向第三方索赔。如果第三方不予支付，被保险人应提起诉讼，经法院立案后，保险人根据被保险人提出的书面赔偿请求，应按照保险合同予以部分或全部赔偿，但被保险人必须将向第三方追偿的权利部分或全部转让给保险人，并协助保险人向第三方追偿。"在实务操作中，保险车辆发生基本险条款第一条列明的保险责任范围内的损失是第三方造成的，应由第三方负责赔偿时，被保险人必须向第三方索赔。被保险人在索赔过程中，如遇第三方不予支付的情况，应向人民法院提起诉讼。经人民法院立案后，被保险人书面请求保险人先予赔偿的，同时应向保险人提供人民法院的立案证明。保险人可按保险条款有关规定和保险合同载明的条件先行赔付。本案已有了第三方不予支付的事实，并且被保险人已向法院提起了诉讼，并经法院立案，要素符合代位追偿案件成立的前提条件，鉴于以上两项条款的规定综合来看，应当对于"全部或部分赔偿"做出有利于被保险人的解释，即全部予以赔偿。

(4) 财产保险体现的是补偿原则。从实践操作来说，整车定损的损失一般小于车辆分拆后的详细的损失，因为有些部件不经解体是难以准确断定损失大小的，从保险公司解体车后定损与物价部门整车定损来看，保险公司核定的损失从理论上应该更符合实际，本车足额投保，不存在部分损失比例赔偿的问题，因此，在保额限度以内，保险公司应当本着实事求是的补偿原则，按照62 300元实际损失予以赔偿，在履行了赔偿义务的同时获得代位追偿权，而被保险人有义务协助保险人开展追偿活动。正确理解追偿权的内涵，在实务中加以把握，对于贯彻落实《保险法》，维护被保险人的合法权益具有现实意义。

（二）分摊原则

1．重复保险与分摊原则

重复保险（Double Insurance）是指投保人以同一保险标的、同一保险利益、同一保险危险，同时向两个或两个以上保险人投保，且保险金额总和超过保险标的的价值。具体来说，重复保险必须具备下列条件：

（1）同一保险标的及同一保险利益。重复保险要求以同一保险标的及同一保险利益进行保险，保险标的如果不相同，显然不属于重复保险；而保险标的相同，但保险利益不相同，亦不构成重复保险。例如，对同一房屋，甲以所有人的利益投保火灾保险，乙以抵押权人的利益也投保火灾保险，甲、乙的保险利益不相同，两人对同一房屋的保险不属于重复保险。所谓同一保险利益，含有同一被保险人之意，如被保险人不同，则不存在重复保险的问题。

（2）同一保险期间。如果是同一保险标的及同一保险利益，但保险期间不同，也无重复保险问题。例如，保险合同期满又办理续保，这不构成重复保险。但保险期间的重复，并不以全部期间重复为必要，其中部分期间重复，也可构成重复保险。

（3）同一保险风险。如果以同一保险标的及同一保险利益同时投保不同的风险，也不构成重复保险。例如，同一家庭财产可同时投保火灾保险和盗窃险。

（4）与数个保险人订立数个保险合同，且保险金额总和超过保险标的的价值。如果只与一个保险人订立一个保险合同，保险金额超过保险标的的价值，称为超额保险。而与数个保险人订立数个保险合同，但保险金额总和不超过保险标的的价值，则为共同保险。只有既与数个保险人订立数个保险合同，保险金额总和又超过保险标的的价值，才构成重复保险。

投保人投保同一种危险，且保险金额总和超过保险标的的价值，这就有可能使得被保险人在保险事故发生时，就同一标的损失从不同保险人处获得超额赔款，这就违背了损失补偿原则。为了防止被保险人由于重复保险而获得额外利益，故确立了重复保险分摊原则，由各保险人按相应的责任，共同公平地分摊损失赔款，使被保险人所获得的赔款总额与其实际损失相等。可见，重复保险分摊原则也是由损失补偿原则派生的，是损失补偿原则的补充和体现，同样也只适用于财产保险等补偿性保险合同，但不适用于人身保险。

重复保险原则上是不允许的，但事实上却是存在着。其原因通常是由于投保人或被保险人的疏忽，或者为寻求更大的安全感，当然也有为谋取超额赔款而故意进行重复保险。对于重复保险，各国保险立法都规定，投保人有义务将重复保险的有关情况告知各保险人。我国《保险法》第四十条也规定：“重复保险的投保人应当将重复保险的有关情况通知各保险人。”投保人不履行该项义务，其后果与违反告知义务相似，保险人有权解除保险合同或宣告保险合同无效。

2．分摊原则的含义

分摊原则是指在重复保险的情况下，当保险事故发生时，各保险人应采取适当的分摊方法分配赔偿责任，使被保险人既能得到充分的补偿，又不会超过其实际损失而获得额外的利益。在重复保险的情况下，当保险事故发生之后，若被保险人通过向不同的保险人就同一损失索赔，则可能获得超额赔款，这显然是违背损失补偿原则的。为了防止被保险人由于重复保险而获得额外利益，便确定了分摊原则。当各保险人按相应的责任分摊损失时，被保险人所获得的赔款总额就与其实际损失相等，从而与损失补偿原则相一致。

3．重复保险的损失分摊方式

（1）比例责任分摊方式

比例责任分摊方式（Prorate Contribution），是指各保险人按照各自保单中承保的保险金额与总保险金额的比例承担保险责任。

$$各保险人承担的赔款=损失金额\times\frac{该保险人的保险金额}{各保险人保险金额的总和}\times100\%$$

通过该种方式分摊赔偿责任，使赔偿总和等于被保险人的实际损失。比例责任分摊方式在各国的保险实务中运用较多，我国也是采用此种分摊方式。

例如，某公司以其具有的价值 100 万元的物品，分别向 A、B、C 三家财产保险公司投保，三家保险公司承保的金额分别为 40 万元、60 万元、100 万元。当发生保险事故时，保险标的遭受损失为 80 万元，则该公司所获得的保险赔付金额总额为 80 万元。三家保险公司按比例责任分摊方式赔偿金额各自为 16 万元、24 万元、40 万元。

（2）独立责任分摊方式

独立责任分摊方式（Independent Liability Method），又称限额责任分摊方式，是按照各保险人在无他保情况下单独应负的赔偿金额与各保险人单独责任之和的比例承担保险责任，即按各保险人单独赔付时应承担的最高责任比例来分摊损失赔偿责任的方法。

$$各保险人承担的赔款=损失金额\times\frac{该保险人的赔偿限额}{各保险人的赔偿限额的总和}\times100\%$$

独立责任分摊方式和比例责任分摊方式都是各保险人按照一定的比例进行

分摊的，但各自分摊的基础不同。独立责任分摊方式是以赔偿比例为基础，而比例责任分摊方式是以承保金额比例为基础。

在上述例子中，若其他条件相同，但保险赔偿按独立责任分摊时，则三家保险公司的赔偿金额各自为17.78万元、26.67万元、35.55万元。

（3）顺序责任分摊方式

顺序责任分摊方式是根据各保险人出立保单的顺序来确定赔偿责任的，即先由第一个出立保单的保险人在其保险金额限度内赔偿，再由第二个保险人对超过第一个保险人保险金额的损失部分在其保险金额限度内赔偿，依此类推，直至将被保险人的损失全部赔偿的方法。如上例中，以此方式赔偿时，先由A保险公司赔偿40万，然后由B保险公司再赔偿40万，C公司就不承担赔偿责任了。

此外，还有连带责任分摊和平均分摊方式。

【计算】

某企业将价值为120万元的财产同时在甲、乙两家保险公司投保财产保险综合险，甲公司保险金额50万元，乙公司保险金额100万元。期内发生火灾，损失60万元。请用上述三种分摊方法，分别计算甲、乙两家公司应分摊的赔款额。

分析：

① 比例责任分摊方式：

$$\text{甲公司应承担的赔款}=60\text{万元}\times\frac{50}{50+100}=20\text{万元}$$

$$\text{乙公司应承担的赔款}=60\text{万元}\times\frac{100}{50+100}=40\text{万元}$$

② 限额责任分摊方式：

$$\text{甲公司应承担的赔款}=60\text{万元}\times\frac{50}{50+60}=27.27\text{万元}$$

$$\text{乙公司应承担的赔款}=60\text{万元}\times\frac{60}{50+60}=37.53\text{万元}$$

③ 顺序责任分摊方式：

甲公司应赔偿50万元；

乙公司应赔偿10万元。

【计算】

某业主将其所有的一幢价值60万元的房子同时向甲乙两家保险公司投保一年期的火灾保险。甲保险公司保险金额为50万元，乙保险公司保险金额为30万元。假定在此保险有效期内，房子发生火灾损失40万元，则甲乙两家保险公司应如何分摊赔偿责任？

分析：

① 比例责任分摊方式：

$$甲保险公司承担的赔款=40\text{ 万元}\times\frac{50}{50+30}=25\text{ 万元}$$

$$乙保险公司承担的赔款=40\text{ 万元}\times\frac{30}{50+30}=15\text{ 万元}$$

② 限额责任分摊方式：

$$甲保险公司承担的赔款=40\text{ 万元}\times\frac{40}{40+30}=22.857\text{ 万元}$$

$$乙保险公司承担的赔款=40\text{ 万元}\times\frac{30}{40+30}=17.143\text{ 万元}$$

③ 顺序责任分摊方式：

甲保险公司承担的赔款 40 万元；

乙保险公司不用给付赔款。

第四部分　近因原则

近因原则是用来判断保险事故与保险标的损失之间的因果关系，从而确定保险赔偿责任的一项基本原则。在保险经营实务中是处理赔案必须遵循的重要原则之一。在保险实践中，对保险标的的损害是否进行赔偿是由损害事故发生的原因是否属于保险责任来判断的。而保险标的的损害并不总是由单一原因造成，其表现形式也是多种多样的，有的是多种原因同时发生，有的是多种原因不间断连续发生，有的是多种原因时断时续发生。近因原则即要求从中找出哪些属于保险责任、哪些不属于保险责任，并据此确定是否进行赔偿。

一、近因原则的含义

（一）近因的含义

近因（Proximate Cause），是指引起保险标的损失的最直接、最有效、起决定作用的原因，而并非是时间上、空间上最近的原因。近因定义最早的论述是 1881 年英国劳伦斯诉意外保险公司（Laurence V. Accidental Insurance Co. ltd）一案的判决："我们必须考虑最近的原因，而不可能将损失的原因追溯至肇事者的出生，因为此人不出生就不会发生这一事件。"法院从解决争端的角度出发提出"只考虑最近的原因"的原则，尽管仍是种朴素简单的认识，但毕竟在保险人负责的损失和属于保险免责范围内的损失之间划下一道分界线，即只有损失的"最近的原因"

属于保险责任，保险人才予以赔偿。在1907年，英国法庭对近因所下的定义是："近因是指引起一连串事件，并由此导致案件结果的能动的、起决定作用的原因。"在1924年又进一步说明："近因是指处于支配地位或者起决定作用的原因，即使在时间上它并不是最近的。"

在保险中，当保险标的遭受损害时，被保险人能否得到保险赔偿或取得保险金，取决于损害事故发生的原因是否属于保险责任。当保险事故的发生是由多种原因造成时，必须判定促成损失结果的最有效的或起决定作用的原因。

（二）近因原则的含义

近因原则的含义是：凡引起保险事故发生，造成保险标的损失的近因属于保险责任，保险人承担赔偿责任；若近因属于除外责任，保险人不负赔偿责任。英国《1906年海上保险法》最早把近因用法律条文的形式固定下来，形成原则性的东西。它规定："依照本法规定，除保险单另有约定外，保险人对于由所承保的危险近因造成的损失，负赔偿责任，但对于不是由所承保的危险近因造成的损失，概不负责。"

我国保险理论界对近因原则是求同存异。《保险大辞典》（辽宁人民出版社）认为：近因是指"直接促成结果的原因"，即效果上最直接的原因，不一定是时间上的最近。《中国保险辞典》（中国城市出版社）认为："近因是造成保险财产损失的最直接的原因……判断损失是否由承保风险造成，被保险人是否有权根据保险单提出索赔，必须找出损失的近因"。《中国保险百科全书》（中国百科全书出版社）则认为："近因，是指直接促成结果的原因，效果上有支配力或有效的原因，并非指在时间上最接近损失的原因"。

二、近因原则的判定

近因原则在理论上讲简单明了，但在实际中的运用却存在相当的困难，即如何从众多复杂的原因中判断出引起损失的近因。对近因的分析和判断，成为掌握和运用近因原则的关键。

（一）认定近因的基本方法

认定近因的关键是确定危险因素与损失之间的因果关系。对此，有两种基本方法：一种是从原因推断结果，即从最初的事件出发，按逻辑推理直至最终损失的发生，最初事件就是最后事件的近因。如大树遭雷击而折断，并压坏了房屋，屋中的电器因房屋的倒塌而毁坏，那么，电器损失的近因是雷击，而不是房屋倒塌。第二种方法是从结果推断原因，即从损失开始，从后往前推，追溯到最初事件，没有中断，则最初事件就是近因。如上例中，电器毁坏是损失，它由房屋倒塌被压坏，房屋倒塌是由于大树的压迫，大树是因为雷击而折断，因此，在此系列事件中，因果相连，则雷击为近因。

（二）近因的认定和保险责任的确定

在保险理赔中，对于引起保险标的损失的原因，我们可以从以下几种情况来认定近因，确定保险责任。

1．单一原因发生的情形

如果事故发生所导致损失的原因只有一个，则该原因为损失近因。当该近因属于承保危险，保险人应对损失负赔偿责任；如果该近因是除外责任，保险人则不予赔偿。如某人的车辆因车辆本身设备原因发生自燃而导致损失时，自燃为近因，若其只投保了机动车辆保险的基本险，则自燃不属于保险责任，保险人不承担赔偿责任；若其在投保了基本险的同时，附加了自燃险，则保险人应予以赔偿。

2．多种原因同时发生的情形

如果损失的发生同时存在多种原因，首先看多种原因中是否存在除外原因，造成的结果是否可以分解。如果同时存在导致损失的多种原因均为保险责任，则保险人应承担全部损失赔偿责任；反之，若同时发生的导致损失的多种原因均为除外责任，则保险人不承担任何损失赔偿。当同时发生导致损失的多种原因中既有保险责任又有除外责任的，则应分析损失结果是否易于分解。如果在多种原因中有除外危险和承保危险，而损失结果可以分解，则保险人只对承保危险所导致的损失承担赔偿责任。如果损失的结果不能分解，则除外危险就认定为近因，保险人可不负赔偿责任。如汽车由于发动机故障导致自燃，同时，遭遇冰雹袭击，后因及时施救，车辆未全损。该车辆若投保了机动车辆险，自燃为除外责任，但未附加自燃险，则在自燃的损失与外界冰雹的砸伤易于分解时，保险人只承担冰雹造成的损失，否则保险人不负赔偿责任。

3．多种原因连续发生的情形

如果多种原因连续发生导致损失，并且前因和后因之间存在未中断的因果关系，则最先发生并造成了一连串事故的原因就是近因。在此情形下，保险人的责任依情况确定：若连续发生导致损失的多种原因均为保险责任，则保险人承担全部保险责任。如果连续发生导致损失的多种原因均属于除外责任，则保险人不承担赔偿责任。若连续发生导致损失的多种原因不全属于保险责任，最先发生的原因即近因属于保险责任，而其后发生的原因中，既有除外责任又有保险责任的，当后因是前因的必然结果时，保险人也负赔偿责任。如某汽车投保了机动车辆第三者责任险，汽车行驶过程中，轮胎压飞石子，石子击中路人眼睛，造成失明，一连串事故具有因果关系，则轮胎压飞石子为近因。汽车在正常行驶过程中，发生意外致使第三者遭受人身伤亡的，属于第三者责任保险的保险责任，保险人依合同应予以赔偿。若最先发生的原因即近因属于除外责任，其后发生的具有因果关系的原因，即使属于保险责任，保险人也不承担赔偿责任。如战争导致火灾发生，若被保险人未投保战争险，受损财产并不能因火灾发生而得到保险人的赔偿，这是因为战争是财产损失的近因，而又为除外责任。在该情形下有一著名的案例，即莱兰船舶公司对诺威奇保险公司诉讼案。1918 年，第一次世界大战期间，被保险人的一艘轮船被德国潜艇用鱼雷击中，但仍然拼力驶向哈佛港，由于港务当局害怕该船会在码头泊位上沉没而堵塞港口，拒绝其靠港。该船最终只好驶离港口，在航行途中，船底触礁而沉没。该船只投保了一般的船舶保险，而未附加战争险，保险公司予以拒赔。法庭诉讼的最终的判决是：近因为战争，保险公司胜诉。虽然在时间上看致损的最近原因为触礁，但船只在中了鱼雷之后始终没有脱离险情，触礁也是由于险情未解除而导致。被保船只被鱼雷击中为战争所致，不属于船舶保险的保险责任，保险人不负赔偿责任。

4．一连串原因间断发生的情形

当发生并导致损失的原因有多个，并且在一连串发生的原因中有间断情形，即有新的独立的原因插入，使原有的因果关系断裂，并导致损失，则新插入的独立原因是近因。若近因属于保险责任范围内的事故，则保险人应负赔偿责任；若近因不属于保险责任范围，则保险人不负赔偿责任。如果有除外责任的规定，并且若新原因为除外责任，在新原因发生之前发生承保危险导致的损失，保险人应予以赔偿。如某人投保人身意外伤害险，发生交通事故并使下肢伤残，但在康复过程中，突发心脏病，导致死亡。其中，心脏病突发为独立的新插入的原因，在人身意外伤害保险中，不属于保险责任范围，但其为死亡近因，因此保险人对被保险人死亡不承担赔偿责任。但对其因交通事故造成的伤残，保险人应承担保险金的支付责任。

三、近因原则的应用

近因是指造成保险标的损失的最主要、最有效的原因。近因原则是保险理赔过程中必须遵循的原则，按照这一原则，被保险人的损失是直接由于保险责任范围内的事故造成的，保险人才给予赔偿。当出现不同情况时，近因原则有不同的运用：

（1）单一原因造成的损失。如果这个原因就是保险人承担的风险，那么这个原因就是近因，保险人应负赔偿责任；反之，则不负责。例如某建筑物投保财产保险基本险。如因火灾而受损，火灾即为近因，属保险责任，应赔；如因地震而受损，地震即为近因，不属保险责任，不赔。

【案例分析】 同难兄弟为何不同获赔？

某日，某公司为了丰富员工生活，专门安排一辆大巴，组织员工进行省内旅游。能从繁杂的工作中抽身出来轻松一下，员工们心情都特别舒畅。车在高速公路上飞速行驶时，突然从后面飞驶而来一辆大货车（后经交警裁定：大货车为违章快速超车）。公司大巴来不及避让，两车严重碰撞。公司员工张强和王成双双受了重伤，立即被送入附近医院急救。

张强因颅脑受到重度损伤，且失血过多，抢救无效，于两小时后身亡。王成在车祸中丧失了一条大腿，在急救中因急性心肌梗塞，于第二天死亡。

在事发前不久，公司为全体员工购买了人身意外伤害保险，每人的保险金额为人民币 10 万元。事故发生后，该公司立即就此事向保险公司报案。保险公司接到报案后立即着手调查，了解到：张强一向身体健康，而王成则患心脏病多年。

最后，根据《人身意外伤害保险条款》及《人身意外伤害保险伤残给付标准》，保险公司作出如下核定及给付：核定车祸属意外事故；核定张强死亡的近因是车祸，属保险责任，给付张强死亡保险金人民币 10 万元；核定王成丧失了一条大腿的近因是车祸，属保险责任，给付王成人民币 5 万元意外伤残保险金；核定王成死亡的近因是急性心肌梗塞，不属保险责任，不予给付死亡保险。

分析：张强的死亡是车祸，属单一原因的近因，属于保险责任，保险公司应负赔偿责任。

王成死亡的近因是心肌梗塞，因意外伤害（车祸）与心肌梗塞（疾病）没有内在联系，心肌梗塞并非由意外伤害所造成，故属于新介入的独立原因。这个新的独立的原因为非保险危险，即使发生在被保危险之后，由非保险危险所致的损失，保险公司无赔偿责任。

（2）多个原因造成的损失。这种情况下要作具体分析：

① 多种原因同时并存发生，即损失由多种原因造成，且这些原因几乎同时发生，无法区分时间上的先后顺序。

如果多种原因同时发生，若所有的原因都在保险责任范围之内，该项损失的近因肯定是保险事故，则保险人应负责；反之，若都不是保险范围内的，则不用承担；若这些原因中有属于保险范围内的，也有保险范围外的，则保险人只负责范围之内的损失。如果损失金额无法分别计算，保险人可以完全不负责，或者是保险人与被保险人协商赔付。

【案例分析】遭受同样损失，却面临不同赔偿

某企业运输两批货物，第一批投保了水渍险，第二批投保了水渍险并加保了淡水雨淋险，两批货物在运输中均遭海水浸泡和雨淋而受损。显然，两批货物损失的近因都是海水浸泡和雨淋，但对第一批货物而言，由于损失结果难以划分，而其只投保了水渍险，因而得不到保险人的赔偿；而对第二批货物而言，虽然损失的结果也难以划分，但由于损失的原因都属于保险风险，所以保险人应予以赔偿。

② 多种原因连续发生，这时候可认为最初的原因为近因。如果连续发生的原因都是保险风险，则对保险事故造成的一切损失，保险人都要负责；如果连续发生的原因中，不可保风险在前，保险风险在后，而且保险风险是不可保风险的结果，保险人可以不负赔偿责任；若保险风险发生在前，而不可保风险在后，而且不可保风险是保险风险的结果，则保险人应对损失负责。

【案例分析】保险人对烟草的损失是否负有赔偿之责？

一艘装有皮革与烟草的船舶遭遇海难，大量的海水侵入使皮革腐烂，海水虽未直接浸泡包装烟草的捆包，但由于腐烂皮革的恶臭气味，致使烟草变质而使被保险人受损。那么，保险人对烟草的损失是否负有赔偿之责？

据上述情况可知，海难中海水侵入是损失的近因，对皮革的腐烂与烟草的变质并无两样，因而，海难与烟草的损失之间存在着必然的不可分割的因果关系，因此，保险人理应也对烟草的损失给予赔偿。

【案例分析】暴风引发的仓库燃火案

某企业投保财产基本险（暴风属于除外责任），保险期限内的某日因暴风吹倒了电线杆，电线短路引起火花，火花引燃其仓库，导致库存财产损失。本案中，从暴风到火灾引起损失之间，是一连串发生的、因果关系连续的原因，虽然与库存财产损失最接近的原因是保险风险——火灾，但它发生在除外风险——暴风之后，且是除外风险的必然结果，所以库存财产损失的近因是暴风而非火灾，保险人不承担赔偿责任。

③ 多种原因间断发生时，则视各种原因是否属保险风险而决定赔付与否。如果其中有保险风险，保险人仅对保险风险造成的损失予以赔偿，对不可保风险造成的损失就不予赔偿。

【案例分析】游泳池意外伤害案

李某在游泳池内被从高处跳水的王某撞昏，溺死于水池底。由于李某生前投保了一份健康保险，保额 5 万元，而游泳馆也为每位游客保了一份意外伤害保险，保险金额 2 万元。事后王某承担民事损害赔偿责任 10 万元。问题是：① 因未指定受益人，李某的家人能领取多少保险金？② 对王某的 10 万元赔款应如何处理？说明理由。

分析：① 李某死亡的近因属于意外伤害，属于意外伤害保险的保险责任，因此李某的家人只能领到 2 万元的保险金。② 对王某的 10 万元赔款应全部归李某的家人所有，因为人身保险不适用于补偿原则。

【案例分析】谁是夺命真凶？

1988 年，成明的单位为其投保了一年期“团体人身意外伤害保险”，保险金额 5 000 元。1988 年 12 月 3 日，成明下楼时不慎摔倒，致使右手上臂肌肉破裂。后由于伤口感染，导致右肩关节结核扩散至颅内及肾，送医院治疗两个月无效而死亡。事后保险人经过调查发现，被保险人成明有结核病史，且动过手术，体内存留有结核杆菌。

分析：本案被保险人成明死亡的主要的、直接的、必然的原因是其体内存在结核杆菌，而摔伤仅是其死亡的间接的、偶然的原因或远因。因此，保险人对本案被保险人可不负保险赔偿责任。

模块小结

一、知识结构

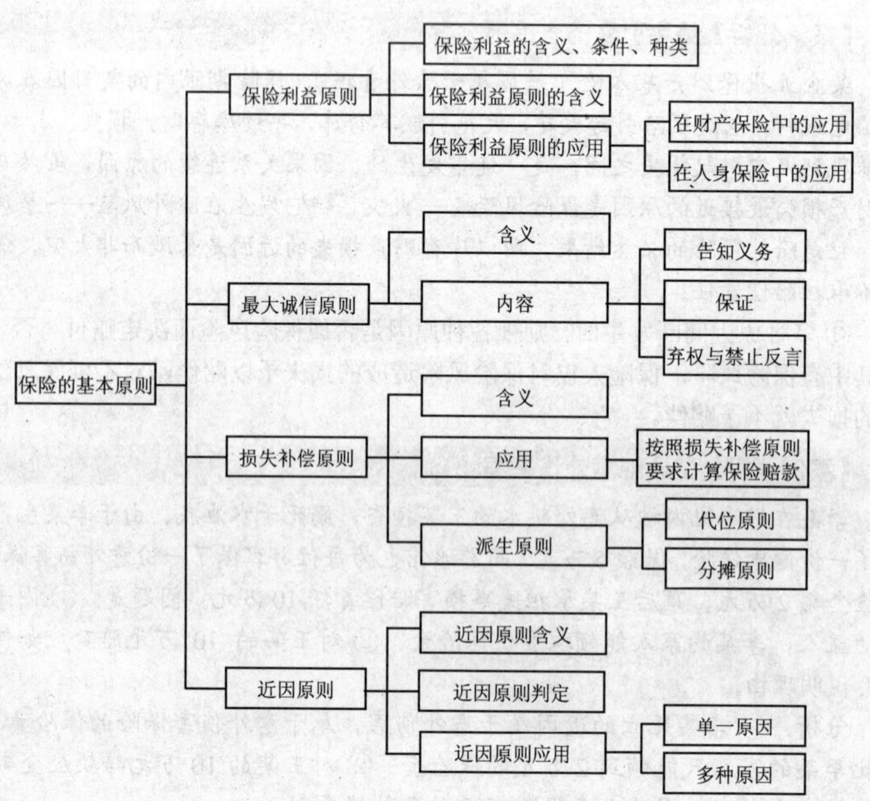

二、考核标准

知识考核标准：

● 掌握保险利益原则的含义、具体规定、意义、构成条件及其在财产保险和人身保险应用中的区别等；

● 掌握最大诚信原则的含义、内容以及违反最大诚信原则的形式和法律后果等；

● 掌握近因原则的含义和保险法关于近因原则的相关规定；

● 掌握损失补偿原则的含义、基本内容、例外情况和派生原则等。

能力考核标准：

● 能确认保险利益，并能用保险利益原则分析相关案例；

● 能用最大诚信原则分析相关案例；

● 能正确判定风险事件的近因；

● 能按照损失补偿原则要求计算保险赔款（第一损失计算、比例计算、定值保险计算、重复保险分摊计算等）。

三、思考、实训

（一）思考题

1．试述保险利益原则的含义及其确立要件。

2．财产保险与人身保险的保险利益怎样确定？

3．什么是近因？认定近因的方法有哪些？

4．损失补偿原则的含义及限制条件是什么？

5．什么是权力代位？构成权力代位的要件有哪些？

6．重复保险与分摊原则的含义是什么？分摊方式有哪几种？

（二）实训题

项目一：案例分析

1．赵某于1996年5月22日为其公公B投保10年期简易人身险5份，保额8 055元，指定受益人是B的孙子C，现年11岁。保险费按月从赵某的工资中扣缴。1998年元月，赵某与被保险人的儿子A因感情破裂离婚，离婚时经法院判决，C由A抚养。离婚后赵仍自愿按月从自己的工资中扣缴这笔保险费，从未间断过。1999年1月20日，被保险人B因病死亡。同年3月，赵某向保险公司申请给付保险金8 055元。与此同时，A也提出被保险人是他的父亲，指定受益人又是由他抚养的，应由他作为监护人领取这笔保险金。赵某则认为投保人是她，交费人也是她，而且她是受益人C的母亲，也是合法的监护人，这笔保险金应由她领取。

而保险公司认为，赵某为 B 投保时虽然有保险利益，但离婚后不再是 B 的家庭成员，已失去保险利益，故保险单随婚姻解除而失效，应按无效保单处理。

请问：保险公司的主张是否正确？为什么？

2．刘某系某装饰公司职员，40 岁，1995 年 4 月，刘某感到右腹疼痛，经医院检查，确诊为肝癌，遂病休治疗。1995 年 7 月，经某保险公司业务代办员的宣传，装饰公司决定为全公司职员投保团体人身保险，每人保额 5 000 元。公司在提交被保险人名单时，在健康状况一栏中说明了刘某因肝癌病休的情况。保险代办员接到装饰公司提交的投保单和被保险人的名单后未经严格审查，即办理了承保手续，签发了保险单，保险期限自 1995 年 7 月 1 日零时至 1996 年 6 月 30 日 24 时止。1995 年 10 月 30 日，刘某因肝癌死亡，刘某的妻子持保险凭证向保险公司请求给付保险金 5 000 元。其理由是，保险条款第四条规定，被保险人在保险期限内因意外伤害或疾病死亡，保险公司给付保险金全数。刘某在保险期内因肝癌死亡理应得到赔偿。保险公司对刘某的死因进行了核实，提出拒付。其理由是：依照保险条款第一条规定，只有身体健康、能够正常参加劳动的人才能参加本保险。在办理投保手续时，刘某已患肝癌数月，并病休在家，显然不符合投保条件，只是由于保险代办员的疏忽，承保时未将刘某剔除，故保险合同对刘某无效。

请问：保险公司的拒付理由是否成立？

3．某工厂向保险公司集体投保团体人身意外伤害保险，保险期限自 1999 年 3 月 5 日零时至 2000 年 3 月 4 日 24 时，保险金额为每人 5 000 元。该厂干部赵明指定其妻为受益人。1999 年 3 月 28 日，赵明在马路上骑车时，被一货车撞到，造成锁骨骨折和左肋骨骨折，随即住院治疗。赵明被货车撞伤后，经交通监理机关裁决，货车方应负全部责任，由货车方赔偿 1 000 元结案。由于赵明投了团体人身意外伤害保险，保险公司仍应根据保险条款给付保险金。鉴于赵明尚在治疗过程中，保险公司待其治疗结束后视其残废程度给付保险金。赵明在治疗过程中于 1999 年 5 月 16 日死于医院。医院于 5 月 18 日对尸体进行了解剖鉴定，结论为："死亡的直接原因是急性心肌梗塞"。赵明死后，赵明妻子，即赵明生前指定的受益人，依据条款中关于"因意外事故以致死亡的，给付保险金全数"的规定，要求保险公司给付保险金 5 000 元。保险公司认为，被保险人赵明死因不是意外伤害而是急性心肌梗塞，而急性心肌梗塞属于疾病。意外伤害造成的后果只是锁骨骨折和左肋骨骨折，按规定，锁骨和肋骨骨折后如有显著畸形，应分别给付保险金额的 10%，即应给付保险金额的 20%，合计 1 000 元保险金。

请问：保险公司的意见是否正确？为什么？

4．1999 年 7 月 5 日，某市居民刘某家失窃，盗窃分子盗走了其 18 寸北京牌彩电一台，价值 1 500 余元。案发后三个月，刘某得到了保险公司的全额赔款。到 2000 年 4 月 8 日，在该市公安局举办的被盗财物认领会上，刘某意外地发现了自己失窃的彩电，经邻居及所在地派出所出具证明，他又领回了这台彩电，但发现损坏了一个机件，经修理后恢复正常，修理费花了85元。彩电被盗复得后，刘某并未通知保险公司，当地群众向保险公司反映了这一情况，于是保险公司工作人员前往刘家，决定收回彩电或让刘某退回赔款，但被刘某拒绝。

请问：保险公司的决定是否正确？为什么？

实训目的：通过实训使学生能确认保险利益，并能用保险利益原则分析相关案例；能用最大诚信原则分析相关案例；能正确判定风险事件的近因。

实训场所：上课教室。

实训结果：案例分析报告。

考核标准：根据实训所得结果写出实训报告评定成绩。

项目二：某人将一批财产向A、B两家保险公司投保，保额分别为6万元和4万元。如果保险财产发生保险事故损失5万元，因保单上未约定分摊方法，按我国《保险法》规定，A、B两家保险公司应分别赔付多少？（要求写出所采用的分摊方式及计算公式）

实训目的：通过实训使学生能按照损失补偿原则要求计算保险赔款（第一损失计算、比例计算、定值保险计算、重复保险分摊计算等）。

实训场所：上课教室。

考核标准：根据计算结果评定成绩。

模块三 保险合同

知识目标	1. 了解保险合同的定义、特征、种类以及保险合同订立的基本原则等； 2. 熟悉保险合同主体、客体、内容等构成要素； 3. 熟悉保险合同的形式及效力； 4. 掌握保险合同的订立、生效、履行、变更、终止和争议处理。
能力目标	1. 能正确解释合同涉及的专业术语； 2. 会签订、变更和终止保险合同。

引例

2001 年 8 月 26 日，胡某在某人寿保险公司马鞍山支公司（下称马鞍山支公司）购买主险平安鸿祥险及附加一年期住院安心险，被保险人何某。保险单载明投保年限为保险期间 20 年，交费年限 20 年，保险金额 30 000 元，保险费 1 509 元。住院安心栏内未载明。保险单背面敬告投保人栏载明：附加险在其主险交费期内，若停止交费或经本公司审核不再收取续期附加险保费的，附加短险的责任终止。保险合同成立后，被保险人何某于 2001 年 10 月 24 日，2002 年 9 月 28 日，2003 年 1 月 7 日，2003 年 5 月 18 日因支气管肺炎住院治疗，马鞍山支公司分别支付了住院安心险的保险金。2003 年 6 月 27 日，马鞍山支公司向胡某发出续期核保决定通知书，告知投保人胡某：被保险人何某因支气管肺炎，曾四次住院系肠膜淋巴结炎，属住院安心险的责任免除，因此不予承保，该决议自 2003 年 8 月 26 日生效，并告知投保人如果不接受该通知书，本次投保将做实效处理。2003 年 7 月 14 日胡某以邮政快递方式向马鞍山支公司发出关于拒绝承诺续期核保决定通知书内容的函。2003 年 8 月 26 日，投保人胡某交纳 2003 年 8 月至 2004 年 8 月保险费时马鞍山支公司拒收。胡某向马鞍山花山区人民法院起诉，要求马鞍山支公司继续履行住院安心保险合同之义务。马鞍山支公司认为住院安心保险的保险期间为一年，保险期间届满后保险人的保险责任终止。投保人申请续保属于合同邀约，保险人有权决定是否继续与投保人订立新的保险合同，在投保人拒绝将被保险人已有疾病作为责任免除范围的条件下，保险人拒绝继续订立新的保险合同不违反诚实信用原则。马鞍山人民法院认为：住院安心保险合同系附期限的合同，该合同至期限届满而失效。投保人在主险存在的情况下可以逐年选择是否继续投保，保险人也可以逐年选择是否接受继续投保，这时双方重新订立保险合同的邀约和承诺行为应当由当事人自愿设立。所以判决驳回胡某要求马鞍山公司继续履行住院安心保险合同的诉讼请求。

第一部分 保险合同概述

一、保险合同的含义

合同是平等主体的自然人、法人、其他组织之间设立、变更、终止、民事权利义务关系的协议。这种协议明确了双方当事人相互的权利和义务的法律行为，因而它是建立、变更和消灭经济法关系或民法关系的法律事实。

保险合同也称保险契约。根据《中华人民共和国保险法》第十条的规定：“保险合同是投保人与保险人约定保险权利义务关系的协议。”协议中规定投保人按照保险合同负有支付保险费的义务，保险人在保险标的发生约定事故或约定期限到达时，应承担经济损失补偿责任或履行给付保险金义务。由此保险合同包括三个含义：一是合同的性质，保险合同属于协议；二是当事人，保险合同的当事人是投保人和保险人；三是合同内容，即明确了保险权利义务关系。

二、保险合同的特性

（一）保险合同的一般法律特性

保险合同属于合同的一种，具有一般合同所共有的法律特性。

（1）保险合同的当事人必须具有民事行为能力。精神病人、未成年人之间达成的协议通常不能算作具有约束力的合同。

（2）保险合同是当事人双方表示一致的行为，而不是单方的法律行为。任何一方不能把自己的意志强加给另一方，任何单位或个人对当事人的意思表示不能进行非法干预。

（3）保险合同必须合法，才能得到法律的保护，违反合同义务的当事人应承担法律责任。

（二）保险合同的特殊性

虽然保险合同具有合同的一般法律特征，但保险合同又是一种特殊类型的合同，它具有自身的特殊性。

（1）保险合同是保障合同。

这是相对于偿付性合同而言的。保险人以保险合同为依据向被保险人提供保障服务，即当约定的保险事故发生造成保险标的损害或当被保险人死亡、伤残、疾病或达到约定年龄或期限时，保险人向被保险人或受益人进行经济损失补偿或给付保险金。当然，保险人的保障承诺是与投保人缴纳的保险费对等的。另外，保障不等于交纳了保费后就能获得保险金的赔偿或给付，保障只是一种承诺，承诺对合同约定的保险事故中发生的损失进行赔付，让投保人或被保险人得到精神和物质上的安全感，减少忧虑和不安。

（2）保险合同是双务合同。

这是相对于单务合同而言的。合同有单务合同和双务合同之分。在单务合同中，当事人一方只享有权利，不负有义务；而另一方仅负有义务，不享有权利，如赠与合同等。而双务合同则是当事人双方都享有权利和承担义务，一方的权利即为对方的义务，保险合同属于双务合同。保险合同的投保人负有按约定给付保险费的义务，其权利是发生保险事故后获得赔偿或给付；保险人则有收取保险费的权利，其义务是当保险事故发生时赔偿或给付保险金。但保险合同与一般的双务合同有所不同，一般的双务合同，如在买卖合同中，买方给付货款之后，卖方应依合同规定给付货物，不存在其他任何条件。但在保险合同中，保险人在投保人给付保险费之后，只有在保险事故发生后才履行保险金给付义务。

在国外，英美法系的有些学者认为保险合同是一种单务合同。理由是在保险合同成立时，仅有投保人一方负有给付保险费的义务；保险合同成立后，保险人一方承诺在保险事故发生后给付保险金，而不能强制投保人有任何义务，因此是单务合同。

（3）保险合同是射幸合同。

这是相对于相互性合同而言的。射幸是碰运气、机会性的意思。射幸合同是指合同当事人一方行为的履行有赖于偶然事件的发生的协议。保险合同是射幸合同，即并不是所有缴纳保险费的投保人或被保险人都可获得赔偿或给付。根据大数法则和概率论，只有少数被保险人能获得赔偿或给付。因此，就个体而言，保险合同也被称为“碰运气合同”，即射幸合同。但就总体而言，投保人支付的全部纯保费和获得的全部赔款应该大体上是相等的。保险合同的射幸性是由危险事故的不确定性决定的，这在财产保险合同中表现得尤为明显，而在人寿保险中，因为保险人给付保险金的义务是确定的，只是存在时间差的问题，故其具有储蓄性，射幸性较弱。

保险合同虽是一种射幸合同，但它与赌博有着本质的区别。因为这种射幸性是对单个保险合同而言的。就保险业承保的全部保险合同来看，保险费总额与保险金总额的计算以精确的数理知识即大树法则为基础，原则上收入与支出保持平衡。因此，从总体上来看，保险合同不存在偶然性。

（4）保险合同是附合合同。

附合合同又称为格式合同。这是相对于协商合同而言的。一般买卖合同由双方当事人共同协商拟定合同条款，但保险合同则不同，合同条款由保险人拟定，投保人或被保险人只能接受或拒绝该条款，不能就条款内容进行修改或变更。如果有必要修改或变更保险单的某项内容，也只准采用保险人事先准备好的附加条款或附属保险单，而不能依自己的意思自由规定保险合同的内容。可见，在保险合同中，保险人与被保险人相比处于明显的优势。正因为这样，一旦合同双方对保险合同条款的某些词义理解有分歧，法院通常会作出有利于被保险人的解释。

（5）保险合同是对人合同。

这是相对于对物合同而言的。保险合同是一种基于个人性质（无论是自然人还是法人）的合同，这一性质称为属人性。这主要体现在财产保险合同中，即保险合同保障的是遭受损失的人，而不是遭受损失的财产。如果保险合同的可保利益寄存于特定标的物，在标的物所有权发生转移后，原所有人对标的物不再有可保利益，受让人虽然因取得标的物而具有可保利益，但与保险人之间并没有保险合同，所以，此时原保险合同应视为终止。

（6）保险合同是最大诚信合同。

合同的订立及履行要遵守诚实信用原则。保险合同的诚信度要比一般的合同高，故称之为最大诚信合同。诚实信用原则要求投保人对订立和履行保险合同过程中的一切重要事实和情况作出真实可靠的陈述，不能有任何隐瞒和虚假。

对保险合同的最大诚信要求，在最早的海上保险中就已存在。海上保险的标的是在海上运输的财产，危险性较大，而且远在海外，保险人在承保前无法进行实地勘查，只能根据投保人提供的情况予以承保，这就要求当事人具有超过一般交易合同的最大诚信。

三、保险合同的分类

依据分类标准的不同，保险合同有以下几种类型：

（一）财产保险合同和人身保险合同

按保险合同的标的不同划分，保险合同可分为财产保险合同和人身保险合同。

财产保险合同是以财产及其有关利益为保险标的的保险合同。它又可分为财产损失保险合同、运输工具保险合同、货物运输保险合同、农业保险合同、责任保险合同、信用保险合同、保证保险合同和海上保险合同等。

人身保险合同是以人的寿命和身体为保险标的的保险合同。它又可分为寿险合同、意外伤害保险合同和健康保险合同等。

（二）补偿性保险合同和给付性保险合同

按保险合同的保障性质划分，保险合同可分为补偿性保险合同和给付性保险合同。

补偿性保险合同是指保险人的责任以补偿被保险人的经济损失为限，其补偿金额既不能超过实际损失，也不能超过保险金额，更不能超过保险利益。通常财产保险合同和医疗保险合同属于此类合同。

给付性保险合同是指保险金额由双方事先约定，在保险事故发生或约定的期限届满时，保险人按合同规定的标准金额给付的合同。人身保险合同一般属于此类合同。

（三）足额保险合同、不足额保险合同和超额保险合同

按保险金额与保险价值的关系划分，保险合同可分为足额保险合同、不足额保险合同和超额保险合同。

这种分类只适用于财产保险。足额保险合同又称为全额保险合同，是指保险金额与保险价值完全相等的保险合同。订立足额保险合同后，当保险标的因保险事故的发生而遭受损失时，保险人按保险价值赔偿。如果保险标的遭受部分损失，保险人按实际损失进行赔偿。

不足额保险合同是指保险金额低于保险价值的保险合同。订立不足额保险合同后，当保险标的因保险事故的发生而遭受全部损失时，保险人按保险金额进行赔偿，其与保险价值的差额部分，由被保险人自己承担。如果保险标的遭受部分损失，由保险人按保险金额与保险价值的比例承担赔偿责任。

超额保险合同是指保险金额高于保险价值的保险合同。因为财产保险合同是损失补偿合同，根据损失补偿原则，财产保险的保险金额不得超过保险价值，超过保险价值的，超过的部分无效。

（四）定值保险合同和不定值保险合同

按保险价值是否在订立合同时确定划分，可分为定值保险合同和不定值保险合同。

定值保险合同是指保险合同的当事人事先约定保险标的的价值，并在保单中载明的保险合同。在定值保险合同中，当发生保险事故时，保险人和被保险人不需要再对保险标的进行估价，而是直接按保险合同订立时约定的价值以及保险标的的实际损失与保险金额的比例来确定应当赔偿的数额。海洋货物运输保险大都采用定值保险合同。此外，船舶保险和保险标的价值不易确定的财产保险有时也采用此种合同。

不定值保险合同是指保险合同当事人事先不约定保险标的的价值，仅约定保险金额，在保险事故发生后再确定保险标的的实际价值的保险合同。在不定值保险合同中，仅仅载明保险金额，并以此作为赔偿的最高限额，至于保险标的的实际价值则处于不确定的状态。不定值保险合同有以下特点：一是以保险事故发生时的当地市场价格作为确定保险价值的依据。二是当保险价值与保险金额一致时，产生了足额保险；当保险金额大于保险价值时，产生了超额保险；当保险金额小于保险价值时，产生了不足额保险。

（五）单一保险合同、集合保险合同和总括保险合同

按保险标的数量多少划分，可分为单一保险合同、集合保险合同和总括保险合同。

单一保险合同是以一个人或单一物体为保险标的的保险合同。在保险合同中，以单一保险合同居多，如以一栋房屋投保火灾险，以一辆汽车投保车辆险等。

集合保险合同是指以多数特定的人或多数特定的物为保险标的的保险合同。如某运输公司以其全部 50 辆车作为标的投保汽车保险。某雇主以其所有雇员为被保险人订立一份团体意外伤害保险合同等。

总括性保险合同是指把一定范围内的各项财产（保险标的）作为一个整体参加保险的保险合同，即将同一被保险人的同一地点的各项财产不是分别办理投保手续，而是概括为一个整体，确定一个总的保险金额，保险事故发生后，不论是哪一项或哪几项财产遭受损失，都在总的保险金额内承担赔偿责任的保险合同。在总括保险合同中，对所承保的保险标的只是以财产性质、存放地点、保险利益及保险金额等因素进行固定，而不以特定的保险标的为限。如某企业以一仓库内存放的货物为保险标的投保，并确定总的保险金额，至于货物平时的进出并不影响合同效力，若发生保险事故，保险人便在保险金额内赔偿。再如，某外贸公司每年有多批次货物运输出口，所以在年初时与保险人签订一个总括货物运输保险合同，确定货物的性质和总保险金额即可，这样每批次出运货物都能自动获得保障。

（六）特定风险保险合同和综合风险保险合同

按责任范围大小划分，可分为特定风险保险合同和综合风险保险合同。

特定风险保险合同是指承保一种或某几种风险责任的保险合同。该合同通常以列举风险的方式拟定。如果仅承保一种风险，则称为单一风险保险合同，如地震险和战争险等；如果承保数种风险，则称为多种风险保险合同，如火灾保险、车辆保险等。

综合风险保险合同是指保险人承保除“除外责任”以外的一切风险的保险合

同。这种保险合同一般不明确列举所承保的风险，而是以除外责任的方式来确定不承保的风险，一次界定承保风险的范围。由于该类合同对多种不同的风险事故都承担保险赔偿责任，所以又称为“一揽子保险”。

（七）原保险合同和再保险合同

按订立合同的主体不同划分，可分为原保险合同和再保险合同。

原保险合同是指投保人直接与保险人订立的保险合同。如果保险标的发生损失，由保险人直接向被保险人或受益人承担赔偿或给付责任。

再保险合同是支援保险人为了转移已承保风险责任的全部或一部分而与再保险人签订的保险合同。一旦发生保险事故，再保险人负责赔偿按规定分摊的保险赔款给原保险人，再保险人不与投保人或被保险人发生关系。因此，再保险合同全部是补偿性合同。

因此，原保险合同与再保险合同的区别为：① 合同主体不同。原保险合同的主体是投保人和保险人；再保险合同的主体是风险分出人（原保险人）和风险分入人（再保险人）。② 合同标的不同。原保险合同的标的是财产或人身；再保险合同的标的是承保的风险责任。③ 合同的性质不同。原保险合同的性质是补偿性或给付性；再保险合同的性质是责任分摊性。

四、保险合同的形式

保险合同一般采取书面形式，并载明当事人双方约定的合同内容。保险合同的形式主要有以下几种：

（一）投保单

投保单又称要保单，是投保人向保险人申请订立保险合同的书面文件，是投保人进行保险要约的书面形式，由投保人如实填写。在投保单中列明订立保险合同所必需的项目，供保险人考虑是否接受承保。投保单是保险人赖以承保的依据，如果投保人填写不实，将影响保险合同的效力，当保险事故发生时，投保人或被保险人的索赔要求有可能得不到满足。其内容一般包括投保人和被保险人的地址、保险标的、坐落地点、投保险别、保险金额、保险期间、保险费率等，但也因险种而异。

【小资料】

填写投保书是您向保险公司发出的投保申请，也是保险公司审核您是否符合投保条件的基本依据。填写投保书时要注意：

（1）投保单的填写必须真实，不能隐瞒和不如实告知。如实告知包括一些保险公司所关心的重要事项，如被保险人的健康状况、既往病史、职业等，有些保险公司还要求投保人报告财务状况和健康状况。

（2）对于以死亡为给付保险金条件的合同，一定要被保险人签名同意。

（3）代理人可能会代您填写投保单中的某些内容，但投保单上注明需客户签字处，一定要您亲笔签名，投保单若有更正之处，您要在那里签名或盖章。

（4）您的住址、邮编、电话等要填写清楚，方便保险公司迅速联系到您。

（5）交费方式的选择。您可以在银行自动转账、保险公司上门收取、亲自到保险公司缴付三种方式之间选择一种，作为续期保费的交付方式。如果要选择银行自动转账账户的收费方式，必须签署《委托银行转账授权书》。

（6）交费类别的选择。您可以在月缴、季缴、半年缴、年缴、一次性缴费等之间选择一个合适的交费类别。

（7）年龄的计算。在保险合同中年龄的计算是以被保险人的实际存活年数为准的，这和我们平时的算法是不同的。举个例子说：1963 年 7 月 16 日出生的被保险人，在 2000 年 5 月 16 日时，按我们的习惯是（100–63）=37 周岁，但在保险合同中，因为他实际只存活了 36 年零 10 个月，不足 37 年，所以只能算 36 岁。

（8）受益人的选择。建议您指定受益人，如果不指定受益人，保险金是作为被保险人的遗产处理的，要首先偿还被保险人的债务和缴纳遗产税，这就削弱了人寿保险的保障和避税功能。

（二）保险单

保险单是保险人与投保人之间订立的正式保险合同的书面文件，一般由保险人签发给投保人。保险单将保险合同的全部内容详尽列明，包括双方当事人的权利义务以及应承担的风险责任。保险单的主要内容包括保险项目、保险责任、责任免除以及附注条件等。保险单的正面一般采用表格形式，其填写内容包括：投保人和被保险人的姓名，保险标的的详细说明；其背面是保险条款，具体包括：保险人和被保险人的权利和义务、保险责任、责任免除、保险期限、保费与退费、索赔与理赔、争议处理等。保险单是保险合同双方当事人确定权利义务关系以及在保险事故发生后被保险人索赔、保险人理赔的主要依据。

（三）保险凭证

保险凭证又称为小保单，是保险人向投保人签发的证明保险合同已经成立的书面凭证，是一种简化了的保险单。其法律效力与保险单相同，只是内容较为简单。实践中，保险凭证没有列明的内容，则应以同类保险单载明的详细内容为准，如果保险单与保险凭证的内容有抵触或保险凭证另有特约条款时，则应以保险凭证为准。

保险凭证一般在以下情况下使用：一是在团体人身保险中，同意签发一份正式保险单，而对团体中的每一个被保险人只签发一张保险凭证，以证明其参加了该保险。二是在投保人提出一些特殊要求而保险人所提供的保险单无法满足时，签发保险凭证，作一些特别约定。三是保险人开设新险种的初期，保险人与投保人通常直接协商确定保险合同内容，就不使用标准的保险单而使用保险凭证。

【小资料】

表 3-1 是人身保险中的一种保险凭证格式。

表 3-1 学生（幼儿）平安保险凭证

被保险人姓名		性别		出生时间	
学校（幼儿园）名称		学校（幼儿园） 年级 班			
家庭地址					
投保人姓名		联系电话			
投 保 时 间	保 险 金 额	保险费	保险公司签章		
年 月 日					
年 月 日					
年 月 日					

说明：（1）被保险人指学生、幼儿；投保人泛指家长。
（2）学生、幼儿参加保险，须经保险公司同意并签章。
（3）此证由被保险人或投保人妥善保管，出险索赔时向保险公司提供。

（四）暂保单

暂保单是在保险单或保险凭证未出具之前，保险人或保险代理人向投保人签发的临时保险凭证，也称为临时保单。暂保单与正式保险单具有同等的法律效力，但正式保单一旦签发，暂保单就自动失去法律效力，其最长有效期只有 30 天。保险人也可以提前终止暂保单效力，但必须提前通知投保人。暂保单通常在以下情况下使用：一是保险分支机构争取到大额的保险业务，需要上级保险公司或总公司审批，在审批前可以由保险人先开出暂保单。二是保险代理人争取到保险业务单尚未向保险人办妥正式保单之前，可先开出暂保单。三是保险双方当事人就合同的有关内容尚未谈妥前，可先开出暂保单。

（五）批单

批单是保险人应投保人或被保险人的要求出具的修订或更改保单内容的证明文件。批单是变更保险合同最常见的书面形式，须载明变更的条款内容，由保险人签章后附贴于保险单证上。批单通常在两种情况下使用：一是对已印制好的标准保单所作的部分修正，这种修正并不改变保单的基本保险条件，只是缩小或扩大保险责任范围；二是在保险合同订立后的有效期内，对某些保险项目进行更改和调整。保险合同订立后，在有效期内双方当事人都有权通过协议更改和修正保险合同的内容。如果投保人需要更改保险合同的内容，须向保险人提出申请，经保险人同意后出具批单。批单可在原保单或保险凭证上批注，也可另外出具一张变更合同内容的附贴便条。凡经批改过的内容，以批单为准；多次批改，应以最后批改为准。批单一经签发，就自动成为保单的一个重要组成部分。

五、保险合同的基本原则

（一）保险活动的基本原则

1．遵守法律和行政法规的原则

法律和行政法规是国家为维护社会经济、生活的合理秩序而制定的，任何人在进行民事、经济活动时，都必须遵守法律法规的规定。违反法律的规定，将受到法律的制裁。我国《民法通则》第六条规定：民事活动必须遵守法律。保险活动为民事活动的一种，当事人应当遵守法律。

从事保险活动应当合法，不仅要遵守法律、行政法规，还不得违反社会公共利益。违反社会公共利益，也视为违法。因此，从事保险活动，不得违反法律和行政法规，也不得违反社会公共利益。

2．境内投保原则

《保险法》第七条规定：“在中华人民共和国境内的法人和其他组织需要办理境内保险的，应当向中华人民共和国境内的保险公司投保。”

该条法律约束的对象是法人或其他组织，前提是需要办理境内保险的情况下，要求向境内的保险公司投保。三个“境内”是该条的关键所在。实行境内投保原则，一方面有利于保障投保人，保险标的一旦受损，可以及时得到赔付，迅速获得保险保障；另一方面可以保护和发展中国的保险市场，扩大保险需求，刺激保险消费，促进民族保险业的繁荣。

3．专业经营原则

《保险法》第六条规定：“经营商业保险业务，必须是依照本法设立的保险公司。其他单位和个人不得经营商业保险业务。”这条规定的含义是：未经法定部门批准的任何单位和个人不得经营商业保险业务，经营商业保险业务的保险公司除法律另有规定外，不得兼营其他业务。

《保险法》第九十二条规定：“同一保险人不得同时兼营财产保险业务和人身保险业务；但是经营财产保险业务的保险公司经保险监督管理机构核定，可以经营短期健康保险业务和意外伤害保险业务。保险公司的业务范围由保险监督管理机构依法核定。保险公司只能在被核定的业务范围内从事保险经营活动。保险公司不得兼营本法及其他法律、行政法规规定以外的业务。”这一规定要求保险公司必须实行分业经营。以财产保险为业务范围的保险公司，经保险监督管理机构核定后，可以经营短期健康保险业务和意外伤害保险业务，不得从事人身保险的其他业务；以人身保险为业务范围的保险公司，不得从事财产保险业务。除法律、法规另有规定外，任何形式的保险公司，不得同时经营财产保险业务和人身保险业务。

专业经营原则是国际上保险立法的一个重要原则，这一原则是保险的特殊性决定的。国际上对保险公司的开业、经营的法律规定比一般的商业公司严格得多。这是因为保险公司是负债经营，是广大保户的债务人。一旦经营不善，出现亏损，乃至破产，将会给广大保户带来巨大的经济损失，直接损害了国家、企业及社会公众的切身利益，甚至会酿成社会动荡的恶果。另外，保险具有很强的专业性和技术性，为规范它们的行为，保证保险市场的健康发展，必须坚持保险专业经营的原则，使保险业按照自己特有的规律健康发展。

4．公平竞争原则

《保险法》第八条规定：“保险公司开展业务，应当遵循公平竞争的原则，不得从事不正当的竞争。”公平竞争原则不是保险法的特殊原则，而是民法原则之一，也是商品经济的基本原则。市场经济是鼓励竞争的，只有通过竞争才能调动积极性，并使财、物得到充分利用，达到以市场调节经济的作用。在竞争机制的作用下优胜劣汰，整个社会经济才会充满活力。但竞争作用的正常发挥，需要一种公平交易的秩序，即需要形成公平的竞争。所谓公平的竞争是指竞争主体间在价格公平、手段合法、条件平等的前提下展开的竞争。只有公平竞争，才能使价值规律充分发挥作用。

保险公司及其业务人员，应当在我国法律允许的范围内，在相同的条件下开展保险业务竞争。保险市场刚起步时，缺乏良好的法制环境和有效的监管措施，造成了保险市场秩序的某些混乱情况。《保险法》将公平竞争用法律的形式确定下来，就是要强调保险市场行为的规范化、法制化。

保险公司在从事保险活动中，不仅要遵守《保险法》规定的公平竞争义务，而且还应当遵守《反不正当竞争法》，自觉维护公平竞争，反对不公平竞争。为鼓励和保护公平竞争，制止不公平竞争行为，保护市场交易的合法权益，我国 1993 年 9 月 2 日颁布了《中华人民共和国反不正当竞争法》，具体规定了一系列应当禁止的不正当竞争行为。

公平竞争原则不仅适用于保险人，也适用于保险中介人。虽然保险中介人不享有权利，不承担义务，不是合同主体，但他们却代表着保险人一方或投保人一方的利益，他们是连接保险人和投保人或被保险人的中间环节，是保险市场的要素之一，是公平竞争原则最直接的适用者、执行者。他们的营销行为是否规范，直接关系到保险市场的秩序。

（二）保险合同订立的基本原则

我国《保险法》第十一条规定，“投保人和保险人订立保险合同，应当遵循公平互利、协商一致、自愿订立的原则，不得损害社会公共利益。除法律、行政法规规定必须保险的以外，保险公司和其他单位不得强制他人订立保险合同。”

该条规定了保险合同的订立必须遵循四项原则，即公平互利原则、协商一致原则、自愿原则、不得损害社会公共利益原则。

1. 公平互利原则

公平互利原则是市场经济活动中等价交换原则在法律中的体现，是市场经济法律的基本原则之一。所谓公平就是等价和平等；所谓互利就是在公平的基础上取得各自的利益。遵循公平互利原则也就是要求订立保险合同应当公平和兼顾双方利益，保险合同双方当事人在法律上地位一律平等，在订立合同时不得采取不正当竞争手段，牟取不正当利益；保险合同双方当事人权利义务对等，在合同中应当公平合理地确定双方当事人的权利义务，做到互惠互利。

【案例分析】关于“霸王条款”的保险纠纷

2004 年 10 月 25 日，安溪法院一审审结一起涉及保险合同“霸王条款”纠纷案，判令某保险公司泉州分公司支付给被保险人林某重大疾病保险金 4 万元及逾期付款违约金。

法院审理查明：2000 年 1 月 24 日，投保人林某与某保险公司安溪县支公司订立康宁终身保险合同，约定年保费 1 760 元，基本保额 2 万元，如发生合同约定重大疾病时，保险公司将按基本保额的两倍给付重大疾病保险金。合同订立后，林某依约支付了两年的保险费。2001 年 10 月，林某突发心脏病，经诊断为“冠心病”。住院后，医院为林某施行了支架置入术。此次手术、住院，林某花去医疗费 7.87 余万元。出院后，林某依约要求保险公司理赔。但保险公司却认为，林某所做手术不属于保险合同约定的“冠状动脉旁路术”，拒不支付保险金，无奈之下，林某向安溪法院提起诉讼。法院审理查明：经医学鉴定，林某所患疾病属于严重的心血管疾病，限于病人的身体条件，不能做“冠状动脉旁路手术”，只能施行“冠状动脉支架置入术”。且该手术比“冠状动脉旁路手术”在医学技术上更具有先进性。

分析：林某所患疾病应属于保险合同列明的重大疾病的范围，保险合同将只有施行“冠状动脉旁路手术”的疾病才界定为重大疾病，对投保人来说显然是不公平的，也与订立保险合同应遵循的公平互利原则相违背，因此，该保险公司的“霸王条款”无效。安溪法院为此作出上述一审判决。宣判后，某保险公司泉州分公司没有上诉，并自动履行了理赔义务。

2. 协商一致原则

遵循协商一致原则要求订立合同时，双方应当通过协商的方式，在自愿的基础上充分表达自己的愿望和要求，最终就合同的内容达成一致，从而签订保险合同。这就要求双方均应尊重对方的利益，不得把自己的意志强加于对方。

3. 自愿原则

自愿原则是保险活动当事人在从事保险活动时应当充分表达真实的意思，根据自己的意愿在法律和行政法规允许的范围内订立、变更和终止保险法律关系的原则。任何人不得威胁、强迫、欺骗他人从事或参与保险活动。保险行为是合同行为，保险活动是围绕着保险合同进行的。合同自由是合同法的基本原则，也是市场经济运作的基本原则。没有合同自由，就没有真正的市场经济。

当然，自愿原则只适用于自愿保险，如果是法定保险或者强制保险，则不适用自愿原则。所谓强制保险又称法定保险，是指由法律规定必须参加的保险，强制保险通常是对少数危险较广、影响人民利益较大的保险标的而实施的。强制保险必须在法律、行政法规规定的范围内方得实施，也就是说只有法律、行政法规规定，才可以实施强制保险，法律、行政法规未作规定的，都应是自愿保险的范畴，由投保人自行决定是否参加，保险公司和其他单位不得强制他人订立保险合同。为此该条第二款明确规定，除法律、行政法规规定必须保险的以外，保险公司和其他单位不得强制他人订立保险合同。

4. 不得损害社会公共利益原则

遵循不得损害社会公共利益原则要求在订立保险合同时，双方当事人应当遵守国家的法律，尊重社会公德，承担社会责任，不得做出违背社会公共利益的约定，保险合同的标的本身也必须合法，即保险标的不能是非法所得或者非法占有，也不能是国家禁止流转的物品，否则所订立的保险合同不仅无效，而且当事人还要承担由此而来的法律后果。

当然，订立保险合同也是一种民事法律行为，我国民法中有关民事活动的基本原则都适用于保险合同的订立，例如合法性原则、诚实信用原则等。

【案例分析】

1998年4月，刘某等四人应聘到某公司，公司在待遇方面提出如果职工坚持要求办理社会保险的话，则从职工工资中每月扣除300元。刘某等人觉得还是多拿点工资好，至于办不办社会保险，也没什么关系。于是双方签订了三年的劳动合同，在合同中规定每月工资 2 000 元，对社会保险事宜公司不予负责。1999 年 12 月，劳动保障部门在进行检查中发现该单位没有依法为签订劳动合同的职工办理社会保险，遂对其下达限期整改指令书，要求该公司为刘某等办理参加社会保险手续。该公司则认为，公司不负责社会保险是经双方协商同意，在劳动合同中已明确约定的。后经劳动保障部门工作人员对其宣讲国家有关社会保险的法律法规和政策规定，双方依法修改了合同内容并为刘某等办理了参加社会保险的手续。

分析：该案中双方虽然在自愿、协商一致的基础上，签订了劳动合同，但是由于合同中有关社会保险约定的内容违反了国家现行法律、行政法规的规定，从而导致双方合同中约定的部分条款无效，应当依法予以纠正。国家制定了一系列法律法规保障职工依法参加社会保险。《劳动法》明确规定，“用人单位和劳动者必须依法参加社会保险，缴纳社会保险费。”《社会保险费征缴暂行条例》第四条规定，“缴费单位、缴费个人应当按时足额缴纳社会保险费。”并且明确规定了缴费单位的义务：向当地社会保险经办机构办理社会保险登记，参加社会保险；按月向社会保险经办机构申报应缴纳的社会保险费数额并在规定的期限内缴纳，履行代扣代缴义务等。根据国家法律法规的规定，社会保险是国家强制保险，为职工办理社会保险是用人单位的法定义务。因此，刘某所在单位有义务为其办理社会保险。而本案中，双方约定公司不负责为刘某等办理社会保险，虽然是双方在自愿基础上的约定，但是约定内容与法律、法规的规定相抵触，自愿签订并不能改变其违法性质，因此该条款是无效条款，对合同双方没有法律约束力，并且应当依法予以纠正。

启示：用人单位和劳动者在建立劳动关系时应当依法签订劳动合同。合同的依法订立，一是要遵循平等自愿、协商一致的原则；二是合同的内容要合法，不能与国家法律、行政法规的规定相抵触。

第二部分 保险合同的要素

任何合同法律关系都包括主体、客体和内容三个不可缺少的要素。保险合同同样是由这三个要素组成的。保险合同的主体包括当事人、关系人和辅助人。保险合同的客体是保险利益。保险合同的内容是合同中具体的当事人双方的权利义务事项，是合同主体之间享有权利、承担义务的基础。

一、保险合同的主体

合同的主体是指在合同中享有权利、承担义务的人。合同的主体包括三个层次：当事人、关系人和辅助人。当事人是指直接参与签订合同的双方；关系人是指不直接参与签订合同，但在合同中规定享有权利和承担义务的各方；辅助人是指合同签订和履行过程中起辅助作用的人。

保险合同主体中的当事人为保险人和投保人；关系人为被保险人和保单所有人；辅助人为代理人、经纪人和公估人。

（一）保险合同的当事人

1．保险人

保险人（Insurer）又称承保人，是指与投保人订立保险合同，并承担赔偿或给付保险金责任的保险公司。保险人是保险业务的经营人，也是保险合同的一方当事人。保险人作为保险合同的一方主体，在保险合同中享有收取保险费的权利，同时约定当发生保险事故时，承担损失赔偿或给付保险金的责任。保险人通常是经营保险的各种组织。我国《保险法》规定保险人应具备的条件有：保险人必须是依照法定条件和程序设立的保险公司；保险公司的组织形式应是股份保险公司和国有独资保险公司；保险公司应按照分业经营的原则，在保险监督管理部门核定的业务范围内从事保险活动并接受监督。但从世界各国法律中规定的保险公司组织形式看，除了以上两种组织形式外，还有相互保险公司、保险合作社和个人保险组织。

2．投保人

投保人（Applicant）又称要保人，是指与保险人订立保险合同，并按照保险合同负有支付保险费义务的人，其对保险标的具有保险利益，是保险合同的一方当事人。自然人和法人均可以作为投保人。在保险实践中，投保人通常应具备以下两个条件：

（1）应当具有完全的民事行为能力。根据《中华人民共和国宪法》的规定，年满 18 周岁的公民具有完全行为能力。未取得法人资格的组织不能成为投保人，无民事行为能力或限制民事行为能力的自然人也不能订立保险合同。

（2）投保人必须对保险标的具有保险利益。保险利益是指投保人对保险标的具有法律上承认的利益。这是《保险法》对投保人的特殊法律要求。投保人如果不具有保险利益，则不能与保险人订立保险合同，即使订立保险合同也是无效合同，不产生法律效力。各国保险法律条款中都对保险利益作出了明确的法律规定。投保人既可以为自己的利益投保，也可以为他人利益投保。投保人为他人利益投保时必须征得他人同意，才能确定保险利益的存在。

（二）保险合同的关系人

1．被保险人

被保险人（Insured）是指其财产或人身受保险合同保障，享有保险金请求权的人。法律对被保险人的资格没有严格限定。被保险人可以是自然人，也可以是法人。投保人为自己的利益而与保险人订立保险合同时，投保人即为被保险人；投保人为他人利益而订立保险合同时，必须对被保险人具有保险利益，或征得被保险人的同意。投保人与被保险人不是同一人时，投保人是合同当事人，被保险人则是保险合同的关系人。

被保险人应具备的条件：

（1）被保险人是保险事故发生时直接遭受损失或人身伤亡的人。保险事故一旦发生，被保险人的利益必然受到损害。这一点在财产保险与人身保险中体现得并不相同。在财产保险中，被保险人应是财产的所有人或相关的权利人，在保险合同中体现为与保险标的有关的所有人或经济权利人。因此当保险标的发生损失时，其必然遭受损害。而人身保险中，被保险人是以自己的生命或身体为保险标的的人，因此自身就是保险标的，当保险标的发生损失，必然遭受伤害。

（2）被保险人是享有保险金请求权的人。被保险人因保险事故发生，遭受经济损失，应享有赔偿请求权，以弥补经济损失。这一点在财产保险与人身保险实务中两者体现得不同。财产保险中，保险事故发生引起的往往只是损害财产，被保险人常常安然无恙，被保险人自己行使保险金请求权；若被保险人不幸在保险事故中遇难，保险金请求权由其法定继承人继承。在人身保险中，生存保险的保险金请求权属于被保险人自己，死亡保险的保险金请求权由其受益人行使，未指定受益人的，由被保险人的法定继承人行使。

2．受益人

受益人（Beneficiary）是指人身保险合同中由被保险人或投保人指定的享有保险金请求权的人，即为指定领受保险金的人，故又称保险金受领人。

受益人必须具备下列条件：

（1）受益人是享受保险金请求权的人。受益人享受保险合同的利益，领取保险金，但他并非保险合同当事人，且不负交付保险费的义务。

（2）受益人是由投保人或被保险人在保险合同中指定的人。保险合同生效后，投保人或被保险人可以中途撤销或变更受益人，无需征得保险人的同意，但必须通知保险人，由保险人在保险单上作出批改后才能生效。如果投保人与被保险人不是同一人，投保人变更或撤销受益人时，需征得被保险人同意。如果投保人或被保险人没有在保险合同中指明受益人，则由被保险人的法定继承人作为受益人。

受益人只在人身保险合同中存在，而且一般对受益人没有特殊规定。受益人可以是自然人、法人或者其他组织。对自然人也没有民事权利能力和民事行为能力的限制，所以胎儿也可以作为受益人。但是已经死亡的自然人和因解散、破产等原因已不存在的法人不得作为受益人。

受益人与投保人、被保险人之间的关系有以下五种情况：

（1）三者同属一个人。比如养老保险金中，自己作为投保人为自己订立保险合同，并由自己领取保险金。

（2）三人分属三个人。如儿子为父亲投保以死亡为给付保险金条件的保险，指定母亲为受益人。当父亲发生保险事故致死时，由母亲领取保险金。儿子作为投保人，父亲作为被保险人，而母亲则为受益人。

（3）投保人与受益人为同一人，被保险人为另一人。如丈夫为妻子投保以死亡为给付保险金条件的保险，当发生事故时，丈夫为受益人。

（4）投保人与被保险人为同一人，受益人为另一人。如丈夫为自己投保以死亡为给付保险金条件的保险，妻子为受益人。

（5）投保人是一人，被保险人和受益人是另一人。如丈夫为妻子投保以生存为给付保险金条件的保险，并且由妻子领取保险金。

受益人主要有以下几种规定：

（1）一般受益人是由被保险人和投保人指定，但投保人指定受益人时必须征得被保险人的同意。当被保险人无民事行为能力时，可以由监护人指定受益人。

（2）被保险人可以指定一人或多人为受益人。当受益人发生变更时，被保险人要书面通知保险人，并且只有在被保险人死亡时受益人才享有保险金请求权，领取保险金。

（3）受益人从保险人处领取的保险金，任何人不得动用，不得用于抵偿被保险人的生前债务。

（4）在保险合同中没有指定受益人，受益人先于被保险人死亡，受益人依法丧失受益权或者放弃受益权而没有指定其他受益人的，保险金作为被保险人的遗产，由保险人向被保险人的继承人履行给付保险金。

（5）当保险事故发生后，受益人有向保险人提供其所能提供的与确认保险事故的性质、原因、损失程度等有关的证明和资料的义务。受益人享有向保险人申请保险金请求权的权利。

（三）保险合同的辅助人

保险业务具有较强的专业性和技术性，因而保险合同在订立、履行过程中除当事人、关系人外，还需要辅助人。从保险合同的签订、执行直至终止，需要多方面的协助。这些协助保险合同签订、执行的人就是保险合同的辅助人。保险合同的辅助人主要有保险代理人、保险经纪人、保险公估人等，所有这些人，因其本身与保险合同无直接的利害关系，因此，又把这些人总称为保险中介人。

1．保险代理人

《中华人民共和国保险法》第一百二十五条规定：“保险代理人是根据保险人的委托，向保险人收取代理手续费，并在保险人授权范围内代为办理保险业务的单位或个人。”也就是说，保险代理人是保险人的代理人，其佣金或手续费由保险人承担。保险代理人办理保险业务时，不得滥用代理权，不得超出代理权限的范围。但是因其超越代理行为所造成的后果、损失，保险人应先承担民事责任，然后保险人再向代理人追究其赔偿责任。所以我国要求保险代理人必须参加保险代理人资格考试并获得《保险代理人资格证书》。一旦发现保险代理人在代理保险业务时有违法行为，政府有权撤销其《保险代理人资格证书》。保险人也可以解除代理合同。

保险代理人主要有以下特征：

（1）保险代理人的行为都被视为保险人的行为。保险代理关系属于委托代理关系，其权限范围受制于保险人的授权。保险代理人只能在授权范围内从事保险业务活动，由此产生的一切法律后果由保险人承担。因此，凡是在授权范围内，保险代理人所知晓的情况，都假定为保险人也知晓，保险人不得以投保人未直接向保险人履行如实告知义务而拒绝保险补偿或给付保险金。

（2）保险代理关系是一种劳务关系。保险代理人从事保险业务活动的目的，是为了通过保险代理业务活动获得劳动报酬。获得劳动报酬是任何性质的保险代理人从事保险代理活动的基本动机。因此，保险代理关系是劳务关系，必须在代理合同中注明代理权限范围以及代理手续费的提取标准等。

依据我国《保险法》对保险代理人的分类，保险代理人主要有专业代理人、兼业代理人和个人代理人三种。

专业代理人即保险代理人公司，其组织形式为有限责任公司。在我国设立保险代理人公司必须符合以下条件：最低实收资本为人民币 50 万元，且各人资本之和不得超过 30%；有至少 30 名持有保险代理人资格证书的代理人员；有符合任职资格的董事长和总经理；有符合要求的营业场所。

兼业代理人是指受保险人委托，在从事自身业务的同时，指定专人代办保险业务的单位。兼业代理人必须具备以下条件：具有所在单位法人授权书；有专人从事保险代理业务；有符合规定的营业场所。

个人代理人是指根据保险人委托，向保险人收取手续费，并在保险人授权的范围内办理保险业务的个人。个人代理人必须持有保险监管部门颁发的《保险代理人资格证书》和保险公司颁发的保险代理证。个人代理人业务范围限于推销保险单和代理收取保险费。

对不同性质的保险代理人的授权，必须符合《保险法》和国家保险监管机关的规定。代理人应遵守法规以及代理合同的约定，合法从事保险代理业务。

【小资料】

保险代理人制度由友邦保险公司 1992 年引入中国，继而成为中国保险业 10 多年来高速发展的原动力之一。1992 年，美国友邦保险公司落户上海，带来了寿险营销个人代理制。到 1994 年底，友邦保险公司共招收保险营销员近 5 000 人，业务量超过 1 亿元人民币。1995 年美国友邦又获准在广州开展寿险业务，发展势头也相当惊人，当年公司营销队伍就发展到 8 000 人，新单标准保费收入近 3.88 亿元人民币。美国友邦保险公司这种个人寿险营销制度，引起国内保险公司纷纷效仿，在极短的时间内这一制度被快速复制，带动了中国寿险业超常规发展，保费收入快速超过财产保险（简称“产险”，也称“非寿险”），改变了产险和寿险（人们习惯将人身保险称做“寿险”）的市场格局。从 1996 年以来，中国寿险市场保费收入以平均每年 40% 的速度增长，这主要归功于寿险的个人营销。尽管近年来银行代理保险的发展突飞猛进，但统计显示，个人代理销售仍处于市场主导地位。2002 年，个人代理销售的保费收入仍占全部寿险保费收入的 80%以上。2004 年，全国的寿险代理人大军已扩充到了 150 多万人。寿险的发展直接带动了保险业的发展，因此，有人曾这样直言不讳地描述了寿险个人营销制度对行业发展的贡献：“没有个人营销，就没有中国保险业的今天!”同时，寿险个人营销为社会提供了大量的就业岗位，并对保险知识的普及和传播，起到了积极的推动作用。

资料来源：中国保险服务网，http://www.cisc.com.cn

2．保险经纪人

保险经纪人是投保人的代理人，是独立于保险人的保险中介人，是站在投保方立场为其代办投保、续保、交付保险费、索赔以及保险档案管理等手续的人。保险经纪人一般没有约束保险人的权利。

与保险代理人相比，保险经纪人具有如下特点：

（1）保险经纪人是投保人或被保险人利益的代表者。保险经纪人是受投保人的委托，为投保人提供防灾、防损或风险评估、风险管理咨询服务，安排保险方案，办理投保手续，并在出险后为投保人或受益人代办检验、索赔的机构。

（2）由于保险合同是一种附和合同，其条款与费率都是保险公司单方面预先制订的，被保险人只需附和，合同即可成立。这种状况就要求从事保险经纪业务的人必须是保险方面的专家，经过一定的专业训练，凭借其专业知识，对保险条款的精通，对理赔手续的熟悉，以及对保险公司信誉、实力、专业化程度的了解，根据客户的具体情况，与保险公司进行诸如条款、费率方面的谈判和磋商，以使客户花费最少的保费而获取最大的保障。

（3）作为独立的专业机构和投保人的代理人，法律规定因保险经纪人在办理保险业务中的过错，给投保人、被保险人造成损失的，由保险经纪人承担赔偿责任，所以保险经纪人承担的风险较大。世界各国一般都强制保险经纪人为其可能产生的这种职业伤害责任购买职业伤害责任保险并缴存保证金，以使保险经纪人因其业务失误产生的民事赔偿责任得到保障。

（4）各国对保险经纪人的监管都比较严格。除提供职业伤害责任保险外，还要求保险经纪人每年向主管机关进行登记，在有资格的银行开设“保险经纪人”账户，并且每年须向主管机关提交经过专业审计的账目。保险经纪人为了达到监管政策规定的要求，一般说来，各种费用支出较多，经营成本也比保险代理人高出许多。

3．保险公估人

保险公估人是指依照法律规定设立，受保险人或投保人、被保险人委托办理保险标的的查勘、鉴定、检验、估价与赔款的理算，并向委托人收取酬金的公司。我国的保险公估人是经中国保险监督管理委员会批准，依照《保险公估人管理规定》设立的有限责任公司。

保险公估人主要有以下特征：

（1）保险公估人是一个中介服务机构。

保险公估人既不属于保险人一方，也不属于被保险人一方，而是连接保险人和被保险人的中介服务机构，是独立于其他部门之外，面向社会服务的经济实体。保险公估人、保险代理人、保险经纪人共同组成完整的保险中介市场。

（2）保险公估人贯穿于保险业务的始终。

保险公估人除了从事大众所熟悉的保险理赔业务外，还从事保险标的承保时的价值和风险评估、鉴定、估算以及保险标的损失后的勘验和损失计算。其业务贯穿于保险业务的始终。

（3）保险公估人的服务是有偿的。

由于保险公估人是一种经济组织，其存在和发展要求获得经济效益，因而它对保险合同当事人及其他委托方的服务不是免费的，而是要收取一定的合理费用，实行有偿服务。

二、保险合同的客体

保险合同的客体是保险合同当事人的权利和义务共同指向的对象。保险合同如果没有客体，就丧失了存在的意义。根据《保险法》第 11 条的规定，保险的对象是保险标的，但保险合同的订立和履行并不能保障保险标的的本身不受损失，而只是保障投保人、被保险人在保险事故发生后，在该保险标的上得到法律承认的利益（保险利益）不受损失。因此，保险标的本身不是保险合同的客体，只有依附其上的保险利益才是保险合同的客体。

保险标的可以是物，也可以是权力、责任、信用和人的身体、寿命等。财产保险的保险标的是各项财产本身或与财产有关的经济利益；人身保险的保险标的是人的劳动能力、健康、人的生命；责任保险的保险标的是因发生保险事故而产生的法律赔偿责任；保证保险的标的是为权利人受到的损失提供的保证等。

财产保险合同的保险利益取决于投保人对保险标的所具有的为法律所承认的经济利益，如所有权、占有权、抵押权等关系，保险利益的大小根据保险标的的经济价值的大小而定；人身保险合同的保险利益则取决于投保人与保险标的的人身关系或经济利害关系，如父母、配偶、债务人等，保险利益的大小由双方约定。

三、保险合同的内容

我国《保险法》第十九条规定，保险合同应当包括下列事项：保险人的名称和住所；投保人、被保险人名称和住所，以及人身保险的受益人的名称和住所，保险标的，保险责任和责任免除，保险期间和保险责任开始时间，保险价值，保险金额，保险费以及支付办法；保险金赔偿或者给付办法，违约责任和争议处理，订立合同的时间等。

（一）保险双方当事人和关系人的名称和住所

明确保险双方当事人的名称和住所是履行保险合同的前提。这里所提到的保险双方当事人和关系人主要包括保险人、投保人、被保险人和受益人。保险单是保险人事先拟定的，都印有保险人的名称和地点。保单上应填明投保人的名称和住所，但是在货物运输保险合同中，投保人在填写其名称的同时，可标明“或其指定”字样，该保险单可由投保人背书转让。此外，运输货物保险合同的保险单还可以采用无记名式，随保险标的的转移而转移给第三人。保险合同中还应列明被保险人和受益人的名称和住所。

（二）保险标的

保险标的是指在保险合同中载明的保障对象。保险标的是合同的重要内容，任何一个险种都是以相应的保险标的作为其名称的，如机动车辆保险就是以机动车为保险标的的。明确保险标的，保险人可以明确保险责任的范围，有利于保险人判断承保的风险程度，有利于判断投保人对保险标的是否具有保险利益，当发生保险事故时也便于核实损失，为计算赔偿金额提供依据。

（三）保险责任和责任免除

保险责任是指保险合同中载明的保险事故发生后保险人所应承担的经济赔偿或给付保险金的责任。保险责任也称风险责任条款，具体规定了保险人所承担的风险范围。保险人并不是承担保险标的的所有风险，只是对于与投保人约定的特定风险承担责任。保险责任因保险标的的不同而不同，每个险种都有特定的风险责任范围，保险条款中应予以列明。

责任免除又称除外责任，是保险人不承担赔偿或给付保险金责任的条款，是对保险责任风险的限制。除外责任的明示，使投保人明确保险责任风险范围。一般而言，责任免除可以分为三个层次：

（1）不保风险，即除外的损失原因。道德风险、战争风险、核辐射风险等属于不保风险。

（2）不赔损失，即除外的损失。正常磨损、自然消耗、间接损失等属于不赔损失。

（3）不保标的，即除外的标的。价值难以确定的、易丢失、风险责任大、无法鉴定的标的，如古玩、字画、珍宝等属于不保标的。

【小资料】

某保险公司财产保险合同格式中的责任范围和除外责任如下：

一、责任范围

在本保险期限内，若本保险单明细表中列明的保险财产因以下列明的风险造成的直接物质损坏或灭失（以下简称“损失”），本公司同意按照本保险单的规定负责赔偿。

（1）火灾；

（2）爆炸，但不包括锅炉爆炸；

（3）雷电；

（4）飓风、台风、龙卷风；

（5）风暴、暴雨、洪水，但不包括正常水位变化、海水倒灌及水库、运河、堤坝在正常水位线以下的排水和渗漏，亦不包括由于风暴、暴雨或洪水造成存放在露天或使用芦席、篷布、茅草、油毛毡、塑料膜或尼龙等作罩棚或覆盖的保险财产的损失；

（6）冰雹；

（7）地崩、山崩、雪崩；

（8）火山爆发；

（9）地面下陷下沉，但不包括由于打桩、地下作业及挖掘作业引起的地面下陷下沉；

（10）飞机坠毁、飞机部件或飞行物体坠落；

（11）水箱、水管爆裂，但不包括由于锈蚀引起水箱、水管爆裂。

二、除外责任

本公司对下列各事项不负责赔偿：

（1）被保险人及其代表的故意行为或重大过失引起的任何损失和费用；

（2）地震、海啸引起的损失和费用；

（3）贬值、丧失市场或使用价值等其他后果损失；

（4）战争、类似战争行为、敌对行为、武装冲突、恐怖活动、谋反、政变、罢工、暴动、民众骚乱引起的损失和费用；

（5）政府命令或任何公共当局的没收、征用、销毁或毁坏；

（6）核裂变、核聚变、核武器、核材料、核辐射以及放射性污染引起的任何损失和费用；

（7）大气、土地、水污染及其他各种污染引起的任何损失和费用，但不包括由于本保险单第二条责任范围列明的风险造成的污染引起的损失；

（8）本保险单明细表或有关条款中规定的应由被保险人自行负担的免赔额；

（9）其他不属于本保险单第二条责任范围列明的风险引起的损失。

（四）保险期限和保险责任开始时间

保险期限明确了保险人承担保险责任的起讫时间，是计算保险费的依据，是保险人和被保险人享有权利和承担义务的法律有效期间。保险合同是承担风险的合同，风险的本质特征是不确定性，因此，明确规定保险合同的期限是必要的。保险人仅对保险期限内发生的保险事故承担保险赔偿或给付保险金义务。保险期限的计算通常有三种方式。

1．按时间计算

根据保险标的保障的时间计算，以年为计算单位，一年期满后续订新约。企业财产保险一般为 1 年期；人寿保险合同存续时间长，一般为 5 年、10 年、15 年、20 年甚至终身期限。

2．按某一事件的始末计算

如货物运输保险合同通常采用运输的航程来计算保险期限；建筑工程保险合同是以工程劳动日起至工程竣工、验收日止计算保险日期。

3．按照农作物生长期计算

如农业保险中的种植物保险。

保险责任开始时间是保险责任期限的起始时间，一般由合同双方约定，以年、月、日、时在合同中注明。在我国保险实务中，采用“零时起保”制，即开始承担保险责任之日的零时为具体开始时间。如家庭财产保险规定：保险期限为 1 年，保险责任从起保当日零时起，到保险期满日的 24 时止。

（五）保险价值

保险价值是指保险标的在某一特定时期内以金钱估计的价值总额，是确定保险金额和确定损失赔偿的依据。简而言之，保险价值就是保险标的的经济价值。

保险价值的概念属于财产保险。因为财产保险标的的价值可以确定，是可以用金钱衡量的。人身保险的保险标的是人的生命和身体，而人的生命和身体的价值无法用金钱衡量，是无价的，在保险合同中只约定保险金额，当约定的保险事故发生时，保险人以保险合同约定的金额给付。人身保险合同属于定额保险合同，人身保险合同中不存在保险价值问题。

（六）保险金额

保险金额简称“保额”，是指保险人承担赔偿或者给付保险金的最高限额。保险金额是投保人转嫁风险的资产规模，是计算保险费的基础，直接关系到合同双方主体的权利义务。保险金额确定的基础是保险价值。保险金额一旦确定，保险人以此额度作为计算保险费的基础，同时作为补偿给付的最高限额。投保人以此缴纳保险费，同时作为保险索赔和获得保险经济保障的最高额度。保险金额对于正确计算保险费、进行保险偿付、稳定合同关系，都具有十分重要的意义。

保险利益、保险价值、支付能力、费率水平和保障程度都会影响保险金额的确定。投保人的风险偏好程度也会影响保险金额确定。在保险实践中，确定保险金额时应注意的是：

1．保险金额不得超过保险价值

在财产保险中，以保险财产标的估价核定保险金额。保险金额与保险价值两者之间会产生如下关系：

（1）保险金额与保险价值相等时，是足额保险，表明保险标的估价适当，保险保障充分。

（2）保险金额小于保险价值时，是不足额保险，表明保险标的估价低或者投保人自留一部分风险，节省保费支出，但保障的程度也欠充分，从而被保险人当保险财产遭受损失时不能得到充分保障。在保险实务中，保险金额低于保险价值的，除合同另有约定外，保险人按照保险金额与保险价值的比例承担赔偿责任。

（3）保险金额大于保险价值时，是超额保险。超额保险只会多缴保险费，而不会扩大保障程度。因为实务中，超过保险价值的，超过部分无效。当保险标的遭受损失时，保险人只按照实际损失承担赔偿责任。因此，超过保险价值部分的保险金额得不到赔偿，对投保人而言无任何保险意义。

在人身保险合同中，不存在保险价值概念。保险金额是在订立保险合同时，由投保人和保险人双方协商确定，一般依据投保人的保险需要，被保险人的年龄、健康状况，最重要的是支付保险费的经济能力等因素确定。

2．保险金额不能超过保险利益

保险利益是决定保险金额的基础。保险赔偿以被保险人所具有的保险利益为前提条件。被保险人索赔时，对损失的标的具有保险利益，索赔金额以其对损失财产所具有的保险利益为限。若发生保险事故时，被保险人对保险标的已不具有保险利益，保险人则不予赔偿。从价值量看，当保险标的全部属于投保人所有时，投保人对保险标的拥有完全的保险利益。若投保人只拥有部分保险标的所有权，与之对应的只拥有部分保险利益。保险人依据部分保险利益确定赔款金额。

（七）保险费及其支付

保险费是指被保险人参加保险时，根据其投保时所订的保险费率，向保险人交付的费用。当保险财产遭受灾害和意外事故造成全部或部分损失，或人身保险中人身发生意外时，保险人均要付给保险金。保险费由保险金额、保险费率和保险期限构成。保险费的数额同保险金额的大小、保险费率的高低和保险期限的长短成正比，即保险金额越大，保险费率越高，保险期限越长，则保险费也就越多。交纳保险费是被保险人的义务。如被保险人不按期交纳保险费，在自愿保险中，则保险合同失效。在强制保险中，就要附加一定数额的滞纳金。

保险费的支付方式可以分为分期支付和趸交支付。缴纳时间由双方当事人协商确定。

（八）保险金赔偿或给付办法

保险金赔偿或给付是指当保险人对被保险人因保险事故发生造成损失进行经济赔偿和保险金给付的行为。货币支付是采用最多的一种方法，它适用于绝大多数保险合同，甚至是某些保险险种的唯一支付方式，如责任保险、信用保险等。此外保险金赔偿或给付办法还有恢复原状、重置等。

有些保险合同规定了免赔额（率），只是为了减少小额赔付手续，避免麻烦，或者为了控制保险人责任。

（九）违约责任和争议处理

违约责任是合同当事人未履行合同义务所应当承担的法律后果。有关违约责任的内容，当事人可以自行约定，也可以直接载明按照法律的有关规定处理。保险合同订立后即产生相应的法律效力，双方当事人应按照合同规定的内容，完全履行合同。否则，违约方将承担相应的法律后果和违约责任。明确违约责任，在一定程度上可以防止违约行为的发生。

一般保险合同均有争议处理条款，规定争议时的处理方式。保险合同发生争议时，应首先通过友好协商解决。协商不成时，采用仲裁和诉讼的方式解决。

【小资料】

财产保险中对争议的处理办法:

被保险人与保险公司之间的一切有关该保险的争议应通过友好协商解决。如果协商不成，可申请仲裁或向法院提出诉讼。除事先另有协议外，仲裁或诉讼应在被告方所在地进行。

（十）订立保险合同的时间

订立保险合同的时间通常是指合同的订约时间。订约时间对于核实保险利益的存在与否，对双方当事人的权利、义务、法律主张、时间、效力等具有重要意义。

四、保险合同当事人的义务

（一）投保人的主要义务

投保人主要应依据最大诚信原则，履行自己所承诺和保证事宜。投保人的义务主要体现在以下五个方面。

1．如实告知义务

保险合同的最大诚信原则规定，投保人有义务如实回答保险人对保险标的情况的有关询问，并把保险标的的重要情况及时地告知保险人。如实告知义务包括两种情况：一是在保险合同订立前，投保人应当将保险标的存在的主要危险情况，如实告知保险人；二是在合同有效期间，如果保险标的的风险增大，投保人应当将有关情况如实告知保险人。

2．交付保险费义务

《保险法》规定，保险合同成立后，投保人应按合同约定数额、方式，在合同约定的时间、地点向保险人交纳保险费。值得一提的是，负担交付保险费义务的人是投保人而非被保险人。在财产保险合同中，投保人与被保险人往往是同一个人。而在人身保险合同中，投保人与被保险人往往不是同一个人。不管投保人为谁的利益投保，投保人都应当履行交纳保险费的义务。否则保险人可以解除保险合同，并有权要求补交自保险合同成立之日起至保险合同解除期间的保险费。

3．保险事故发生后及时通知义务

《保险法》规定，在保险事故发生后，投保人、被保险人或者受益人有义务及时通知保险人。也就是说，投保方应在保险事故发生后立即通知保险人，即使客观原因导致其不能立即通知，也应在一个合理的时间内通知保险人。因为投保人、被保险人或受益人及时通知才有利于保险人迅速调查事实真相，不致拖延时间而丧失证据，影响责任的确定。

4．提供有关单证义务

保险事故发生后，投保方（包括投保人、被保险人或受益人）在向保险人

索赔时，必须提供能确认保险责任范围，保险期限，保险事故的性质、原因、损失程度的证明和资料，包括保险单、批单、检验报告、证明材料等。这些证明和资料是保险人判断责任范围和赔偿金额的依据，有利于保险人更好履行赔偿和给付义务。

5．防灾防损和施救义务

《保险法》第二十五条规定，被保险人应当遵守国家有关消防、安全、生产操作、劳动保护等方面的规定，维护保险标的的安全。根据合同的约定，保险人可以对保险标的的安全状况进行检查，及时向投保人、被保险人提出消除不安全因素和隐患的书面建议。投保人、被保险人未按照约定履行其对保险标的安全应尽责任的，保险人有权要求增加保险费或者解除合同。保险事故发生时，被保险人有责任尽力采取必要的措施，防止或者减少损失。

（二）保险人的主要义务

1．及时签发保险单证

我国《保险法》规定："保险合同成立后，保险人应当及时向投保人签发保险单或者其他保险凭证，并在保险单或者其他保险凭证中载明当事人双方约定的合同内容。"保险合同成立后，及时签发保险单证是保险人的法定义务。

2．承担保险责任

承担保险责任是保险人依照法律规定和合同约定所应承担的最重要的基本义务。保险人承担保险责任的范围通常包括保险赔偿、施救费用、法律诉讼费用和检验费用。保险人在收到被保险人或收益人的索赔申请之后，必须及时进行核定，履行赔偿义务。

3．对客户资料进行保密

保险人或者再保险接受人在办理保险业务中，对投保人、被保险人或者再保险分出人的业务和财产情况负有保密义务。为投保人、被保险人或者再保险分出人保密是保险人或者再保险接受人的一项法定义务。

第三部分　保险合同的订立、变更与终止

一、保险合同的订立与生效

（一）保险合同订立的程序

合同的订立，必须经过要约和承诺两个阶段。保险合同的订立也是如此，通

常由投保人向保险人提出保险申请，经与保险人协商，保险人同意承保而订立保险合同。在一般情况下，投保人就是要约人，保险人即是承诺人。

（1）填写投保单。

保险人为了业务上的需要，印好各种单证备用。投保人提出保险要求，向保险人索取单证并如实、完整地填写其想得到相应保险险种的投保单。

（2）将投保单交给保险人。

投保人在认可保险人设计的保险费率和保险条款的前提下，将填好的投保单交给保险人，便构成了要约。

（3）保险人承诺后合同成立。

保险人经过对投保人填写的投保单进行必要的审核，没有其他疑问的，通常表示接受并在投保单上签章，构成承诺，合同成立。保险人应当及时向投保人签发保险单或者其他保险凭证，并在保险单或者其他保险凭证中载明当事人双方约定的合同内容。

（二）保险合同的成立与生效

1. 保险合同成立的要件

保险合同不仅是一项民事行为，而且是一项合同行为，因而保险合同不仅受保险法的调整，还应当受民法和合同法的调整，所以保险合同的成立一定要符合民事法律行为的要件和合同的成立要件。我国《保险法》第十二条规定："投保人提出保险要求,经保险人同意承保,并就合同的条款达成协议,保险合同成立。"依照这一规定，保险合同的成立一般有三个要件：一是投保人提出保险要求；二是保险人同意承保；三是保险人与投保人就合同的条款达成协议。这三个要件，实质上仍是合同法所规定的要约和承诺过程。因此，保险合同原则上应当在当事人通过要约和承诺的方式达成意思一致时即告成立。

2. 保险合同的生效

保险合同的"生效"与"成立"是两个不同的概念。保险合同的成立，是指合同当事人就保险合同的主要条款达成一致协议。保险合同的生效，是指合同条款对当事人双方已发生法律上的效力，要求当事人双方恪守合同，全面履行合同规定的义务。保险合同的成立与生效的关系有两种：一是合同一经成立即生效，双方便开始享有权利，承担义务；二是合同成立后不立即生效，而是等到合同生效的附条件成立或附期限到达后才生效。

二、保险合同的变更

《保险法》第二十一条规定："在保险合同有效期内，投保人和保险人经协商同意，可以变更保险合同的有关内容。变更保险合同的，应当由保险人在原保险单或者其他保险凭证上批注或者附贴批单，或者由投保人和保险人订立变更的书面协议。”

保险合同依法成立，即具有法律上的约束力。当事人双方都应当遵守并全面履行合同所规定的义务，未经对方当事人同意，任何一方不得擅自变更保险合同。由于保险合同的期限比较长，有的甚至长达几年、几十年，保险合同存续期间，保险标的的风险、投保人的交费能力及保险合同的外部环境等可能发生变化，因此，变更合同在很多情况下又是非常必要的。为此，我国保险法对保险合同变更的条件和形式要求作出了明确规定。变更保险合同的根本条件，是双方当事人“协商同意”，也就是说，保险人和投保人都不得单方面改变合同内容。

（一）保险合同主体变更

保险合同主体变更是保险人、投保人、被保险人和受益人的变更。

一般而言，保险合同中保险人不会变更。只有当保险公司破产、解散、合并和分立等原因，导致保险人所承担的全部保险合同责任转移给其他保险人。在保险实务中，主体变更主要是投保人、被保险人和受益人等投保方的变动。

（二）保险合同内容变更

保险合同内容变更是指在主体不变时，改变合同中约定的事项，主要是权利义务的变更，即合同条款、标的数量、品种、价值、存放地点、保险期限、保险金额、保险责任范围等的变更。保险合同内容变更的情况是保险实务中经常出现的，各国保险立法对此都有规定。保险合同订立后，投保人可以提出变更合同内容的要求，但必须经保险人同意，办理变更书面手续，合同仍然有效。保险合同内容变更一般由投保人提出，经保险人同意，在合同中加以变更批注，其法律效力对双方均有约束力。保险合同内容变更应采用书面形式。批单是变更保险合同时最常用的书面单证。保险合同变更需经保险人签章，并附贴在原保险单或保险凭证上。保险人依据变更后的保单按规定增收或减免保险费。

（三）保险合同的客体变更

保险合同客体的变更是指保险合同的标的物发生变更。在保险合同中客体的变更主要是通过保险条款来体现的。

三、保险合同的终止

保险合同的终止是保险合同成立后因法定的或约定的事由发生，法律效力完全消灭的法律事实。导致保险合同终止的原因有以下几个方面：

1. 自然终止

自然终止是指已生效的保险合同因发生法定或约定事由导致合同的法律效

力当然地发生不复存在的情况。这些情况通常包括：

（1）保险合同期限届满。

（2）合同生效后承保的风险消失。

（3）保险标的因非保险事故的发生而完全灭失。

（4）合同生效后，投保人未按规定的程序将合同转让，由于投保人或被保险人已失去保险利益，使保险合同自转让之日起原有的法律效力不再存在。

2．因履约导致终止

因保险合同得到履行而终止是指在保险合同的有效期内，约定的保险事故已发生，保险人按照保险合同承担了给付全部保险金的责任，保险合同即告结束。

按照赔偿或给付金额是否累加，履约终止可分为以下两种不同的情况：

第一种情况是在普通的保险合同中，无论一次还是多次赔偿或给付保险金，只要保险人历次赔偿或给付的保险金总数达到保险合同约定的保险金额时，而保险期限尚未届满，保险合同均终止。

【案例分析】因履约导致终止的保险案件一

王某投保人身意外伤害险，保险金额 10 万元。他在保险期内不幸遭受三次意外事故：第一次事故中，造成他一目失明，保险公司按合同约定支付保险金 5 万元；第二次事故中，他被折断一指，保险公司又按合同约定支付保险金 1 万元；第三次事故中，他丧失左腿。问：保险人应如何履行给付责任？

分析：被保险人王某在第三次事故中丧失左腿。如无前面两次事故则保险公司应支付保险金 5 万元。但在本案中，保险人总共已支付保险金 6 万元，而保险金额为 10 万元。根据“无论一次还是多次赔偿或给付保险金，只要保险人历次赔偿或给付的保险金总数达到保险合同约定的保险金额时，而保险期限尚未届满，保险合同均终止。”的原则，保险人在第三次事故发生后只要支付保险金 4 万元保险合同就终止。因此，保险人只给付 4 万元保险金，而且保险合同终止。

第二种情况是在机动车辆保险和船舶保险合同中，保险人在保险有效期间赔付的保险金不进行累加，只有当某一次保险事故的赔偿金额达到保险金额时保险合同才终止。否则，无论一次还是多次赔偿保险金，只要保险人每次赔偿的保险金数目少于保险合同约定的保险金额，并且保险期限尚未届满，保险合同继续有效且保险金额不变。

【案例分析】因履约导致终止的保险案件二

某车主投保机动车辆保险，保额为 40 万元。在保险期内先后发生数次保险事故，第一次车辆受损 15 万元，第二次受损 20 万元，第三次受损 8 万元，第四次受损45万元，第五次受损6万元。在前三次保险事故发生并获得赔偿后，投保人补充到了40万元的保额。问：保险人应如何赔偿？

分析：因为机动车辆保险的历次赔偿金额不累加，只有当某一次保险事故的赔偿金额达到保险金额时保险合同才终止。在本案中，保险人在第一次事故后赔偿15万元，在第二次事故后赔偿20万元。这两次的赔偿金额均未达到保险金额，不进行累加，所以在第三次事故后赔偿8万元。但第四次保险事故损失45万元，超出了保险金额，保险人赔偿40万元后保险合同终止。保险人对第五次事故损失不再承担赔偿责任。

3．因解除导致终止

（1）解除的含义与条件

保险合同的解除是在保险合同期限尚未届满前，合同一方当事人依照法律或约定行使解除权，提前终止合同效力的法律行为。

保险合同的解除应当符合法律规定：必须在可以解除的范围内行使解除权；必须存在解除的事由；必须以法律规定的方式解除；必须在时效期间内行使解除权。

（2）解除的形式

保险合同的解除，一般分为法定解除和意定解除两种形式。

法定解除是指当法律规定的事项出现时，保险合同当事人一方可依法对保险合同行使解除权。

意定解除，又称协议注销终止，是指保险合同双方当事人依合同约定，在合同有效期内发生约定情况时可随时注销保险合同。

【案例分析】关于附加险的保险纠纷

2002年7月10日，林某（男，29岁）以本人为被保险人向保险公司投保递增养老年金险20 000元，附加住院医疗险5 000元。

2003年1月10～28日，林某因脑出血、左额叶动静脉畸形入院治疗，花费9 794元，保险公司赔付医疗费用5 000元；同年10月10～14日，林某又以同一病因住院，住院费用计15 985元，保险公司又足额赔付5 000元，同时决定终止附加住院医疗险。

林某对于终止附约的决定极为不满，认为既然附加险的保险费与主险的保险费一并交付，那么主险的保险责任未终止，附加险就自然有效，保险公司无权单方面解约，要求保险公司继续承保附加住院医疗险。问：保险公司可否单方面解约，终止林某的附加住院医疗险？

分析：

（1）从该《附加住院医疗保险条款》的规定来看，该险种为一年期短期险，且保险公司并没有承诺保证续保；至于附加险缴费期限同主险，只是对保费支付期间的限定，而不能理解为保证续保。

因此，保险公司有权在每年附加险合同届满前，根据被保险人的健康状况及投保规则由核保人重新作出核保决定，可将既往病症（如本案林某的脑血管畸形）及相关疾病列为保险公司责任免除范围，若不符合投保规则的承保条件，则应予以拒保，由此终止该附加险合同。

（2）从保险原理的角度来看，就短期险而言，保证续保与非保证续保在计算费率时有明显的区别。

1）保证续保条款不论同一疾病是否反复发作均可在续期时予以承保，但保险公司一定保留根据每年理赔经验调整费率的权利。

2）非保证续保条款，如本案的附加住院医疗险，在计算费率时只考虑检选人群在一年内的保险责任，未把一年后因同一疾病及相关疾病反复发作所引起的住院诊疗费用考虑在内，这就要求保险公司在不提高保费情况下对投保人群在续保时进行重新检选。故本案在首期保险期限届满时，就应依据上述原则对林某之附加住院医疗险重新作出核保决定，而实际上保险公司没有做。

3）但上述处理原则在实务中应严格把握适用条件，只有在不符合投保规则之承保条件时才能拒保，特约免责的疾病也宜限定在慢性反复发作的疾病范围。

鉴于以上分析，可以得出如下结论：

保险公司应该在给付第 2 个 5 000 元赔付金的保险期满后，对林某进行核保，确认是否应该拒保或续保，而不是给付 5 000 元保险金就立即终止该附加住院医疗保险合同。

依据保险的原理，只有在投保主险的基础上才能投保附加险，但不等于说，只要主险有效，附加险就一定有效。附加险一般保险期限是短期的，以 1 年居多。如果在保险条款中没有特殊规定，保险公司有权在附加险期满后，对用原保单内容进行调整，如保险费、条款内容增加或减少等，其中也包括对要求续保的被保险人进行核保，是否让其续保。这是符合保险的基本原则之一：最大诚信原则的。

不过一旦附加险合法有效，即使是保险公司的失误（如不核保就给续保，但发现不能续保等），保险公司也没有理由终止该附加险，直至该附加险已保险期满。因为保险合同也是合同，就要遵循合同法，在合同期间，当事人一方拒绝就合同事宜进行调整，另一方就没有理由对合同单方面变更，甚至终止等行为。

四、保险合同的争议及其处理

（一）保险合同的解释

保险合同的解释，是保险合同内容发生争议时，由法院和仲裁机构对保险合同的内容予以确定和说明。我国《合同法》第一百二十五条规定：“当事人对合同条款的理解有争议的，应当按照合同所使用的词句、合同的有关条款、合同的目的、交易习惯以及诚实信用原则，确定该条款的真实意思。”在实际工作中，由于保险本身的特殊性、专业性和复杂性以及合同条款的局限性，难免会因为双方对合同条款的认识、解释不同而产生争议。

保险合同的解释原则和方法不同于一般合同解释，在保险活动或司法实践中，应遵循以下原则：

1．文义解释原则

文义解释是指按保险合同条款用语的文字及特定含义或使用方式解释保险合同条款的内容，尊重条款所用词句，不能超出也不能缩小保险合同所用词语的含义。文义解释是解释保险合同条款的最主要的方法。文义解释必须要求被解释的合同字句本身具有单一明确的含义。如果有关术语本来就只具有唯一的一种意思，或者联系上下文只能具有某种特定含义，或者根据商业习惯通常仅指某种意思，那就必须按照文字本意进行解释，如火灾、暴雨、暴风等。

2．真实意图解释原则

意图解释是指在保险合同的条款文义不清或者有歧义时，通过逻辑分析及其背景材料等判断合同当事人订约当时的真实意图，来解释保险合同条款的方式。保险合同的真实内容是当事人协商后形成的意思表示一致。因此，解释时必须要尊重双方的真实意图。意图解释只适用于合同条款文义不清，用词混乱和含糊的情况，和当事人对同一条款所表达的实际意思理解有分歧的情况。意图解释是在无法用文义解释方式时的辅助性解释方法，如果文字表达清楚，不存在含糊不清，则必须按照字义解释，而不能运用意图解释方式，任意推测。

3．解释有利于非起草人原则

我国《保险法》第三十一条规定：“对于保险合同的条款，保险人与投保人、被保险人或者受益人有争议时，人民法院或者仲裁机构应当作有利于被保险人和受益人的解释。”目前世界各国在解释保险合同时，均采用此原则。采用不利解释原则，即对保险合同作不利于保险人的解释，其原因在于：

（1）保险合同是格式合同，其条款是由保险人事先拟订的，充分考虑了保险人的自身利益，而极少反映投保人、被保险人或受益人的意思，在订立保险合同时，投保人要么全部接受，要么不接受。对于格式合同适用的解释原则，我国《合同法》第四十一条规定：“对格式条款的理解发生争议的，应当按照通常理解予以解释。对格式条款有两种以上解释的，应当作出不利于提供格式条款一方的解释。格式条款和非格式条款不一致的，应当采用非格式条款。”

（2）保险合同内容复杂，并且其中有很多普通人不易理解的专业术语。投保人受专业知识和时间的限制，往往不可能对保险条款予以细致研究。

（3）保险人因其对保险具有的专业优势，使其对保险的熟悉程度远远超过被保险人和受益人。

这些原因使被保险人在订立保险合同的过程中明显处于弱势地位。因此，为了保护投保人、被保险人或者受益人的利益，平衡投保人、被保险人或者受益人与保险人双方的利益，避免保险人拟订的保险条款含义模糊，损害投保人、被保险人或者受益人的利益，立法上规定了不利于保险人解释的原则，给予投保人、被保险人或者受益人司法救济。但不利解释原则的适用应当是有条件和范围限制的：一是不利解释原则仅适用于保险合同条款所用文字语义不清或有歧义而致使当事人意图不明的情况。当保险合同的语义明晰时，即使当事人对合同内容有争议，也不得适用不利解释原则而曲解合同内容；二是不利解释原则是为了保护处于弱势的普通被保险人的利益而设立的，它只能适用于普通被保险人。

【小资料】

2004 年 4 月 14 日颁发了《推进人身保险条款通俗化工作指导意见》（保监发[2004]33 号）：

为了切实保护人身保险消费者（以下简称消费者）的权益，促进保险业更好地服务于国民经济和社会发展，现对人身保险条款通俗化工作提出如下指导意见：

（1）寿险公司制订人身保险条款时，应在符合有关法律法规的前提下，积极推进条款通俗化工作，使人身保险条款语言流畅、语句通顺、文字浅显易懂、内容完整，便于消费者理解产品特点并根据自身需要选择适当的产品。

（2）寿险公司在制订人身保险条款时，应从方便消费者理解的角度出发，合理安排人身保险条款顺序、设计版面、格式及字体，并通过增加目录、索引、提示等，方便消费者阅读。

（3）寿险公司在制订人身保险条款时，应尽量减少生僻术语的使用，对于条款中必须使用的专业术语，应在条款释义中以浅显的非专业语言进行解释。

（4）寿险公司在制订人身保险条款时，可以按照不同产品有针对性地进行可读性测试。寿险公司在做可读性测试时，应在该产品的目标销售地区选择该产品潜在的目标客户群进行测试。进行测试时，选择的被测试人群应为非保险专业人士，选择的具体被测试人员应具有代表性，确定的测试样本人数应足以得出可靠的测试结果。

（5）寿险公司在对销售人员进行培训时，应将人身保险条款作为产品培训的主要教材，并要求销售人员在展业过程中出示相关产品条款，供目标客户阅读。

（6）寿险公司在客户回访过程中，应提醒消费者认真阅读人身保险条款，了解消费者是否准确理解条款主要内容及合同双方的权利与义务，并进行风险提示。

（7）寿险公司应建立条款自查制度，从各种渠道搜集整理已销售产品在条款方面存在的问题，总结经验，进一步做好条款通俗化工作。

（8）为推进人身保险条款通俗化工作，各寿险公司可以成立条款通俗化专项工作组。公司主要负责人、法律责任人、精算责任人，以及产品开发、核保核赔、客户服务、销售管理等部门负责人应成为该工作组的主要成员。条款通俗化专项工作组应讨论确定本公司推进条款通俗化工作的具体实施方案及工作计划，稳步推进条款通俗化工作。

4．尊重保险惯例的原则

保险业务有其特殊性，是一种专业性极强的业务。在长期的业务经营活动中，保险业产生了许多专业用语和行业习惯用语，这些用语的含义常常有别于一般的生活用语，并为世界各国保险经营者所接受和承认，成为国际保险市场上的通行用语。为此，在解释保险合同时，对某些条款所用词句，不仅要考虑该词句的一般含义，而且还要考虑其在保险合同中的特殊含义。

5．附加条款优于标准合同条款原则

在保险标准合同中，基本条款是事先印就的。如被保险人要求变更，可以用下列几种方法：贴上已印就的附加条款的纸条，打字或书写有关内容。在这几种文字形式发生矛盾时，书写的内容的效力优于打字的内容；打字的内容又优于贴上的附加条款；贴上的附加条款又优于保险单上原来印就的条款。

（二）保险合同中的争议处理

保险合同在执行过程中如果发生争议，按照惯例，可采取协商和解、仲裁和司法诉讼三种方式来处理。

1．协商和解

发生争议后，由保险公司和被保险人进行磋商，双方都做些让步，在彼此都可以接受的基础上达成和解协议，从而解决纠纷。协商和解又有两种做法：

一是自行和解。这是解决争议最基本，也是最可行的一种方法，即没有第三者介入，由双方当事人直接协商，以达成和解的目的。自行和解关键是要双方自愿，以平等的姿态，相互谅解，找到彼此都能接受的方案。

二是调解。为促使双方当事人达成和解，找第三者从中调停，这个“第三者”既可以是双方都信赖，实践经验丰富，深谙保险业务和法律知识的人，也可以是法院。前者参与的调解称为“一般调解”，调解人的裁定或判断，对双方当事人没有约束力，任何一方或双方既可以接受，也可以不接受。后者参与的调解则称为

“司法调解”，它也以双方当事人的意见为依据，但一经双方当事人同意制订好调解协议书后，对双方当事人都具有约束力，不能以各种借口拒不执行，否则法院可以强制执行。

协商和解节省时间、精力和费用，双方当事人坐下来，平心静气地找分歧，寻找共同利益所在，在比较友好的气氛中解决问题，今后仍可继续保持业务往来，因此这是解决争议的最好途径。

2．仲裁

仲裁也叫“公断”，是当事人发生纠纷后或发生纠纷前，达成书面协议，自愿把他们之间的争议交给仲裁人作出裁决或公断，使得纠纷得以解决的一种方式。这种方式被国家以法律形式规定下来，成为一种由国家强制力保证执行的法律制度。

仲裁的特点是当事人可以协商确定仲裁事项，选择自己信任的仲裁机构和仲裁员，仲裁员往往是由保险行业的专家、学者担任，以裁判的身份出现，能迅速从纷繁复杂的线索中理出头绪，抓住问题的要害，有利于争议公平合理地解决。

仲裁庭一般由两名仲裁员组成，双方当事人各指定一人为仲裁员，然后这两名仲裁员推选一人为首席仲裁员。仲裁不公开进行，可避免外界干扰，如当事人要求，裁决可以不写事实和理由，从而保护当事人的秘密，而且还有利于当事人之间建立信任和睦的关系。仲裁依法独立进行，不受行政机关、社会团体和个人的非法干涉。仲裁机构受理案件，不受地域和级别限制，原则上任何仲裁委员会可以接受全国各地的仲裁申请并受理、裁决。

我国的仲裁实行一审终结制，程序简便，时间短，费用低。当事人一方或双方如不服仲裁裁决，可在收到仲裁决定书之日起 15 天内向人民法院起诉。逾期不起诉的，仲裁决定书即发生法律效力，当事人应依照规定的期限自动履行。一方逾期不履行的，另一方可向法院申请强制执行。

信誉可以说是保险公司生存发展的“生命线”，因此无论投保人还是保险公司都应重视仲裁。全国已在多个试点城市建立了仲裁委员会，发生保险纠纷时，当事人可向他们咨询。

3．司法诉讼

当投保人和保险公司之间的纠纷不能用协商和解与仲裁解决时，可采取诉讼的方法。绝大多数关于保险合同纠纷的诉讼都是民事诉讼。

诉讼与仲裁不同，并不需要当事人双方的一致同意。只要一方当事人向有管辖权的法院起诉，另一方必须应诉，当事人也无权选择法官。民事诉讼的过程，可分为起诉、审判和执行三个阶段。

模块小结

一、知识结构

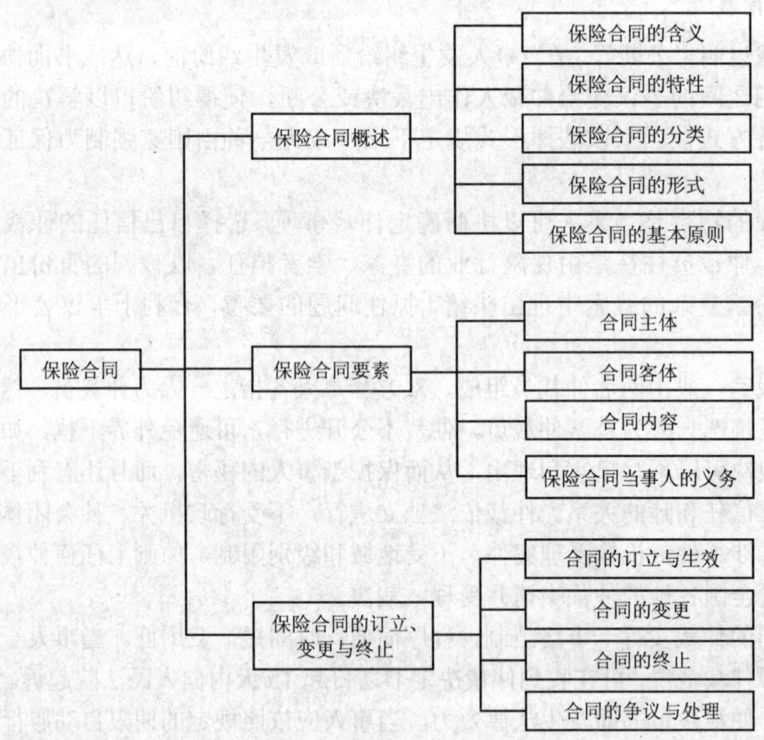

二、考核标准

知识考核标准：

- 掌握保险合同的定义、特征以及种类；
- 掌握保险合同主体、客体、内容等构成要素；
- 熟悉保险合同的形式及效力；
- 熟悉保险合同关系的运行。

能力考核标准：

- 能正确解读保险合同并解释合同涉及的专业术语；
- 能处理保险合同的签订、变更和终止。

三、思考、实训

（一）思考题

1．保险合同的特点有哪些？

2．投保人必须具备哪些条件？

3．试比较保险合同的终止与中止。

4．保险合同在什么情况下需要变更？

5．保险合同的要素包括哪些内容？

（二）实训题

项目一：案例分析。

1．31 岁的何维川是华阳起重机租赁有限责任公司（下称华阳公司）的吊车驾驶员。去年 11 月 25 日，何被派到一个建筑工地，在吊一根电线杆的时候，钢绳断裂，电线杆砸在吊车的驾驶室上面，何维川当场被砸晕过去，后经医院抢救无效死亡。该公司负责人王春萍介绍，就在何维川出事前的 11 月 22 日，公司为何维川等 9 名职工投保团体人身险，缴纳保险费 2 160 元。次日，平安保险重庆分公司业务员朱波将转账支票交回分公司财务部，并开出保险费暂时收据。平安保险公司财务部在当月 28 日将银行进账单（回单）传真给何维川所在的公司。何维川出事时，华阳公司打电话给保险公司，通知其派人来现场。然而，当月 28 日，保险业务员朱波来到华阳公司，送去拒保通知书并退回保险费。“我们拒绝签收了。”王春萍说，钱都缴了，就等保单下来了，保险公司却说没有投保成功，还退钱，拒绝承担责任，这不有点耍赖么！由于王春萍拒绝签收，朱波只好将拒保通知单及所退保险费带走。同年 11 月 30 日，平安保险重庆分公司将保险费通过银行转账划进了华阳公司。此后，王春萍等多次找保险公司协商，均未得到满意答复。平安保险重庆分公司的业管部经理表示，由于没有下发保单和合同，所以承保责任没有生效，因此平安保险不会为何维川的意外理赔。你认为保险公司的做法是否正确？

2．2006 年 3 月王某在一家保险公司投保了第三者责任险，2007 年 3 月到期。2007 年 1 月 7 日又在第二家保险公司投保交通险、第三者责任险、车损险、车上人员险等。现发生交通事故，责任全是王某造成的，怎样索赔？能同时向两家保险公司索赔吗？第二家保险公司提出：在第一家保险公司投的保险未到期，要拒绝对其赔偿，请问保险公司可以这样拒赔吗？

3．2005 年 4 月 29 日，某公司为全体职工投保了团体人身意外伤害保险，保险公司收取了保险费并当即签发了保险单，但是在保险单上列明的保险期间是 2001 年 4 月 30 日起至 2005 年 5 月 1 日。2005 年 4 月 30 日，该公司组织职工登山活动，职工何某登山时不慎坠崖身亡。事故发生后，何某的亲属对保险公司提出索赔申请，保险公司拒赔。你认为保险公司拒赔是否有理？为什么？

4．2003 年 2 月，宋某将自己一间两层木质结构的老屋以 4 万元的保险金额向保险公司投保，保险期为一年。保险单正面注明："本公司收到上述保险费，同意依照背面所载家庭财产保险条款的规定承担责任。"该保险单背面保险金额项中规定："由被保险人根据保险财产实际价值自行确定，保险方不负核实责任。"赔偿处理项中规定："保险财产遭受责任范围内的损失时，本公司根据保险财产的实际损失，并按照当天的实际价值计算赔款，但最高赔偿不超过保险金额。"宋某接受了保险单上的上述条款，签订了保险合同。合同订立后的同年 9 月 5 日，因宋某家发生火灾，宋某投保房屋全部烧毁。出险后，保险公司确定受损房屋的建筑面积，按照当地价格综合分析后，共赔偿 2.73 万元。而宋某认为，自己投保了 4 万元，应赔 4 万元。你认为保险公司应该给予的赔偿金是多少？

实训目的：通过实训使学生能正确掌握保险合同的内容。

实训场所：上课教室。

实训成果：案例分析报告。

考核标准：根据实训报告评定成绩。要求正确掌握保险合同的有效性。

项目二：2007 年 2 月 4 日何某为其妻子向中国人寿保险公司投保了一份健康保险合同，保险合同规定，如果何某的妻子身故，则保险公司向何某给付身故保险金。在这份保险合同中，保险人、投保人、被保险人、受益人分别是谁？保险合同标的与客体是什么？

实训目的：通过实训使学生熟悉保险合同的主体和客体。

实训场所：上课教室。

实训成果：分析报告。

考核标准：根据分析报告评定成绩。要求能正确区分保险人、投保人、被保险人、受益人，保险合同标的与客体。

模块四　财 产 保 险

知识目标	1. 掌握财产保险及其特征、种类等； 2. 熟悉火灾保险的特点、主要险种； 3. 熟悉运输保险，包括运输保险的特征、运输工具保险、货物运输保险等； 4. 了解工程保险的特征、种类等； 5. 了解责任保险的特征、种类等； 6. 了解农业保险。
能力目标	1. 会设计企业财产保险和家庭财产保险投保方案； 2. 会设计机动车辆投保方案并计算车险赔款； 3. 能正确解释工程保险涉及的专业术语； 4. 能正确解释责任保险涉及的专业术语； 5. 能正确解释农业保险涉及的专业术语。

引例

2004 年 8 月 12 日，浙江台州遭受“云娜”台风正面袭击，损失惨重。2004 年 6 月，浙江黄岩树脂化工有限公司向中华联合财产保险公司台州中心分公司投保财产保险综合险。投保的固定资产和存货保险金额共计为 982 余万元，保险费合计 3.9 万多元。财产保险综合险条款约定，由于台风等原因造成保险财产损失，保险公司负赔偿责任。2004 年 8 月 12 日，“云娜”横扫黄岩，该公司损失 221 万多元。当年 9 月 14 日，保险公司向树脂公司预付赔偿款人民币 30 万元，但此后不再继续赔付。当年 12 月，树脂公司以违约为由将保险公司告上法庭。法院审理认为，树脂公司与保险公司的财产保险合同成立。在合同有效期间，保险标的物发生了合同约定的保险事故，据审核，可以认定“云娜”台风造成树脂公司 17 项物资受损的事实。按照保险条款的约定，保险公司应赔付总计 193.87 万元给树脂公司。至此，浙江省第一宗因台风引起的大额保险理赔纠纷案审结。

资料来源：中华保险网

第一部分　财产保险概述

一、财产保险的含义

财产保险是指以各种财产物资和有关利益为保险标的，以补偿投保人或被保险人的经济损失为基本目的的一种社会化经济补偿制度。财产保险可以从狭义和广义两个角度来理解。狭义的财产保险主要是以有形物质财产为标的的保险；广义的财产保险是以物质财产及其相关利益和损害赔偿责任作为保险标的的保险。

早期的财产保险标的只限于实体物质，即有形物质，如房屋、机器、货物等，所以又称产物保险。随着社会的发展和科技的进步，法律制度的日渐完善，财产保险的标的扩大到无形财产，即与财产有关的利益、责任和信用，如预期利润、运费、机动车辆第三者责任、产品责任等。

财产保险是保险学科的一个重要组成部分。财产保险概念的内涵可以从以下几个方面来把握：

（一）财产保险的保险标的

财产保险将物质财产或有关利益作为保险标的。财产保险的自然属性是为物质财产和经济利益提供保险保障，它的本质就是通过特殊的经营手段处理物质财产和经济利益所面临的风险集中与分散的问题。

（二）财产保险的保险标的的价值必须是可用货币衡量的

财产保险与慈善行为或社会救济不同，其保险标的的价值必须是可衡量的，而这一过程又是通过货币的价值尺度功能来实现的。也就是说，无法用货币衡量价值的财产或利益都不能成为财产保险的保险标的。

（三）财产保险的内容

财产保险的核心内容是对于可以用货币衡量或标定价值的财产和利益提供的风险保障。因此，财产保险的运作过程从设计财产保险产品到分析财产保险条款都必须紧密围绕“提供风险保障”进行，使财产保险产品的各项内容都为风险保障服务。

（四）财产保险所属范畴

财产保险属于商业活动的范畴，是商业保险业务的重要组成部分，是社会商业活动不可缺少的一个重要环节。

二、财产保险的特征

（一）财产保险的基本特征

1．保险标的覆盖面广

财产保险的保险标的为各种财产物资及有关利益，这既包括各种差异极大的财产物资，也包含着各种民事法律风险和商业信用风险等几乎除自然人的身体与生命之外的一切风险。需要注意的是财产保险的保险标的均可以用货币来衡量其价值，但人身保险领域的保险标的只限于自然人的身体与生命，且无法用货币量化。保险标的的形态以及保险标的价值规范的差异构成了财产保险区别于人身保险的第一个基本特征。

2．业务性质具有补偿性

被保险人通过与保险人签订财产保险合同实现了自己在有关财产物资和利益上的风险转嫁，当风险发生并导致利益受损时，保险人必须按合同规定履行赔偿义务；同时为避免投保时的道德风险，这种赔偿也仅限于利益损失范围内而不允许被保险人通过保险获得额外利益。因此，财产保险费率的制订，要以投保财产或有关利益的损失率为计算依据。财产保险基金的筹集与积累，也要以能够补偿所有保险客户的保险利益损失为前提。

3．经营内容复杂

（1）从投保环节来看，财产保险的投保对象和投保标的具有复杂性。参加财产保险的投保人可以是法人团体也可以是居民家庭或者个人。财产保险既有涉及单个保险客户的业务也有涉及多个保险客户和任何第三者的业务。就投保标的看，财产保险的投保标的从普通的财产物资到高科技产品或大型土木工程，从有实体的各种物资到无实体的法律、信用责任乃至政治、军事风险等。

（2）从承保过程看，财产保险承保过程程序多、环节多。这一过程涉及保前风险检查、保时严格核保，且还要十分重视保险期间的防灾防损和保险事故发生后的理赔查勘等。

（3）从风险管理的角度看，对每一笔财产保险业务，保险人客观上都需要进行风险评估、风险选择或风险限制，并用再保险的手段实现风险分散。相对于人身保险而言，直接的业务风险决定着财产保险公司的业务状况，而人身保险公司的风险则主要来自投资风险。因此，财产保险公司对承保环节的风险控制也就特别重视。

（4）从经营技术的角度看，财产保险业务的经营对保险人的保险知识和对投保对象相关的各种技术知识的掌握提出了极高的要求。财产保险的经营内容具有明显的复杂性，相应地，保险人就必须熟悉投保标的相关领域的技术知识。例如，经营汽车保险业务，就必须具备保险经营能力和汽车方面的专业知识。要想顺利经营责任保险的业务，就必须熟悉各种民事法律、法规以及相关的诉讼知识和技能，只有这样才不会在承保过程中陷于被动。

（5）单个保险关系具有不等性。这主要表现为保险双方在实际支付的经济价值上的不平等现象。一方面，保险人承保每一笔业务都是按确定费率标准计算并收取保险费的，这笔保险费通常是投保人投保标的实际价值的千分之几或百分之几，而一旦风险事故发生导致投保标的受损，保险人就必须按合同付出高于保险费许多的保险赔款，从这个角度看保险人付出的代价巨大，而被保险人恰恰是所获收益巨大；另一方面，在保险人所承保的业务中，遭受保险损失的客户毕竟是少数，在更多情况下，是保险人即使收取了保险费也不存在经济赔偿的问题，交易双方同样是不平等的。而在人身保险领域，则不存在这样的问题，绝大多数的人身保险业务体现的是保险人与被保险人的相互对应的经济关系。

（二）财产保险的比较特征

1. 保险标的不同

财产保险的保险标的是法人或自然人所拥有的各种物质财产和相关经济利益，其价值是可以用货币衡量的，风险事故发生后保险客户可以通过投保获得充分的补偿。人身保险的保险标的是自然人的身体与生命，且无法通过货币来计价，一旦客户遭到人身损害，之前的投保虽然能够使被保险人获得赔偿，但这种补偿是不充分的（医疗费用除外，因为其具备客观计价标准）。

2. 费率厘定的依据不同

财产保险的保费费率是根据保险对象所面临的各种风险大小及损失率的高低来确定的，采用的是大数法则原理。人身保险的保险标的是被保险人的生命或身体，其保险价值难以确定，因而人身保险的保险费率通常以经验生命表为主要依据，同时考虑利率水平和投资收益水平来确定。

3. 保险合同上存在诸多差异

① 从合同性质来看，财产保险合同几乎都为补偿性合同；而人身保险合同多为定额给付合同。② 就期限看，财产保险合同多为一年甚至一年以内的短期性质；而人身保险，除意外伤害保险外，大都属于长期性质，保单持续数年甚至数十年。③ 从被保险人获得补偿权益的角度看，财产保险遵循的是损失补偿原则，因此在保险事件发生以后，保险人必须按照保险合同规定履行赔偿义务，同时又不允许被保险人通过保险获得额外利益，因此，财产保险不仅适用权益转让原则，而且还适用重复保险损失分摊和损失折抵赔款等原则。而在人身保险中，则一般遵循被保险人依法受益原则，除医药费重复给付或赔偿不被允许外，被保险人获得多份合法赔偿金是允许成立的。多家保险情况下分摊给付保险金、第三者致被保险人伤残、死亡而向第三者代位追偿的问题在人身保险中都不存在。

4．经营过程中的风险管理存在差异

财产保险主要强调对物质及有关利益的管理，保险公司的风险主要集中在保险风险。由于投保标的事故发生不太规则，并缺乏稳定性，财产保险的费率厘定就无法依据有规律的损失概率来实现，其精确度就不如寿险。为此，财产保险公司通常会有较大的现金储备，且通过分保或再保险的方式来进一步分散风险。而人身保险对死亡率的计算较为精确，出现的风险事故也比较规则和稳定，保险金额也相对较少。因此，对人身保险公司而言，来自业务的风险并不是特别大，投资风险才真正决定着人身保险公司的财务状况，这也是人身保险公司更注重对投资环节的风险控制的原因。

5．防灾防损意识对于财产保险非常重要

人身保险中对风险的控制重在承保前和承保时，在承保期内无法控制风险；而财产保险需要承保前控制风险，更重要的是要重视承保期间内对风险的控制，这就使得防灾防损成为财产保险业务的一项重要内容。

三、财产保险的分类

（一）按业务内容分类

按业务内容来分，财产保险可分为财产损失保险、农业保险、责任保险、信用保证保险。

具体的业务结构可以用表 4-1 来表示。

表 4-1　财产保险业务结构

第 一 层 次	第 二 层 次	第 三 层 次	第四层次（险种）
财产损失保险（它是以承保保险客户的财产物资损失风险为内容的各种保险业务的统称，是财产保险业务的主要来源）	火灾保险	团体火灾保险	财产保险基本险等具体险种
		家庭财产险	普通家财险、还本家财险等
	运输保险	机动车辆险	车身险、第三者责任险等
		船舶保险	普通船舶险、渔船保险等
		航空保险	机身险、旅客责任险等
		货物运输险	航空货运险、水上货运险、公路货运险等
	工程保险	建安工程险	建筑工程险、安装工程险等
		科技工程险	航天保险、核电保险等
农业保险（也可归入财产损失险内，但标的性质特殊）	种植业保险	农作物保险	水稻、玉米、烤烟保险等
		林木保险	森林保险、果树保险等
		禽兽保险	猪、牛、马、鸡保险等
		水产养殖保险	对虾、养鱼、养猪保险等
责任保险（承保法律风险是随着法律制度的不断完善而发展起来的，是业务广泛的险别）	公众责任险	场所责任险	宾馆、展览馆、车库责任险等
		承包人责任险	建筑工程承包人责任险等
		承运人责任险	承运货物责任险
	产品责任险		各种产品责任保险
	雇主责任险		普通雇主责任险、各种附加险等
	职业责任险		医生、会计师、律师责任险等
信用保证保险（承保信用风险）	信用保险		出口信用险、个人信用险等
	保证保险		履约保证险、存款保证险等

（二）按保险价值的确定方式分类

按保险价值的确定方式来分，可分为定值保险和不定值保险。

定值保险是指保险标的的保险价值事先由双方约定并在保险合同中予以载明作为保险金额，作为保险事故发生后进行赔偿依据的保险。这类保险通常适用于那些价值变化大或不易确定价值的字画、古玩、海上运输物等物品。不定值保险是指在保险合同中仅载明保险标的的投保金额而不载明其保险价值，在保险事故发生时，根据发生时的保险价值对比保险金额予以赔偿的保险。在这类保险中，合同中的保险金额将是赔偿的最高限额，而保险价值则处于不确定的状态。

（三）按实施方式分类

按实施方式来分，可分为自愿保险和强制保险。

自愿保险是保险人和被保险人在自愿基础上签订保险合同而形成的一种保险，常见于家庭财产保险、企业财产保险等；强制保险又称为法定保险，是以国家的有关法律为依据而建立保险关系的一种保险，如机动车辆第三者责任保险等都是通过法律强制实行的。

（四）按保险标的的性质分类

按保险标的的性质来分，可分为积极型财产保险、消极型财产保险。

积极型财产保险，如车辆损失险、营业中断保险、保证保险、信用保险等是以已经存在的现实物质财产及其有关利益为保险标的的保险。消极型财产保险如第三者责任保险、产品责任保险等是以被保险人因过错行为造成第三者人身伤亡、财产损失，依法应负的民事损害赔偿责任为保险标的的保险。

第二部分　财产保险的特有原则

由于财产保险经营的特殊性，财产保险应遵循一些特殊原则。这些原则包括：补偿原则、代位求偿原则和分摊原则。

一、补偿原则

补偿原则又称损失补偿原则、赔偿原则，是财产保险的核心原则。补偿原则是指在财产保险合同中，当保险事故发生导致被保险人经济损失时，保险公司给予被保险人经济损失赔偿，使其恢复到遭受保险事故前经济状况的行为原则。

（一）含义

补偿原则包括两层含义：一是“有损失，有补偿”，二是“损失多少，补偿多少”。坚持补偿原则，一方面可以保障被保险人的利益；另一方面可以防止被保险人通过赔偿而得到额外利益，从而避免道德风险的发生。

（二）补偿原则的实施要点

补偿原则是建立在足额保险的基础上，如果是不足额保险，应该注意有所调整。我国《保险法》规定：“保险金额低于保险价值的，除合同另有约定外，保险人按照保险金额与保险价值的比例承担赔偿责任。”在实际保险活动中，由于保险利益的确定有一定的困难，在不定值保险的情况下，一般以实际损失、保险金额、保险利益三者中最小者为赔偿限额。

1．以实际损失为限

因为在实际的保险活动中，财产保险的标的经常发生变动，所以在市价下跌的情况下，以发生风险时重置同样的财产所需要的货币支出扣除折旧的实际现金来确定补偿金额（实际现金价值=重置价值–折旧）。

2．以保险金额为限

保险金额是保险人承担保险责任的最高限额，无论在什么情况下，保险人的经济补偿都不会超过保险金额。因为，保险金额是保险人收取保险费，承担保险责任的依据，如果超过保险金额，则扩大了保险责任，所收取的保险费不足以承担保险金额所确定的保险责任，从而使保险失去精算基础，保险费与保险责任失去平衡。在通货膨胀的情况下，被保险人的实际损失往往超过保险金额，但是由于通货膨胀使得保险人所收取的保险费也因此而贬值，所以保险人只能以保险金额作为补偿限额，而不可能以出险时保险标的的实际市场价值补偿被保险人的经济损失。

3．以保险利益为限

保险赔偿是以被保险人的保险利益为条件的。因此，在被保险人的保险利益发生变更减少时，则应以被保险人仍然存在的保险利益为限。如果发生风险时，被保险人已经丧失保险利益，则保险人不予补偿。

二、代位原则

代位原则是指保险人根据法律或保险合同约定，对被保险人所遭受的保险事故所致的损失予以赔偿后，依法取得向对财产损失负有责任的第三者进行追偿的权利或取得被保险人对保险标的的所有权。代位原则是补偿原则的派生原则之一，其意义在于使肇事方承担其应负的法律责任，并防止被保险人因损失而获取不当利益。

代位原则包括代位求偿权和物上代位权。

（一）代位求偿权

1．含义

我国《保险法》规定：“因第三者对保险标的损害而造成保险事故的，保险人自向被保险人赔偿保险金之日起，在赔偿金额范围内代位行使被保险人对第三者请求赔偿的权利。”即被保险人取得赔偿后，应将向第三方追偿的权利转移给保险人，由保险人代位行使追偿的权利。被保险人不能同时取得保险人和第三方的赔偿而获得双重或多于保险标的实际损失的补偿。

2．代位求偿原则的实施条件

保险代位求偿权是各国保险法律共同承认的一种债权转移制度。保险人行使代位求偿权的条件如下：

（1）保险标的的损失属于保险事故造成的，保险人应承担赔付责任。

（2）保险标的的损失同时是由第三方的责任所造成，被保险人有权依法向责任方请求赔偿，但要尚未依法提出请求而先依保险合同向保险人提出索赔。

（3）保险人履行了赔偿责任。

（4）保险人应在赔偿金额的限度内行使代位求偿权，如果依代位求偿权取得第三者的赔款金额超过保险人的赔偿金额，其超过赔偿金额的部分应归被保险人所有。

（5）被保险人有权就未取得保险人赔偿的部分向第三者请求赔偿。我国《保险法》第四十四条三款规定：“保险人依照第一款行使代位请求赔偿的权利，不影响被保险人就未取得赔偿的部分向第三者请求赔偿的权利。”

另外，我国《保险法》第四十六条规定，除被保险人的家庭成员或者其组成人员故意对保险标的进行损害而造成保险事故的，保险人不得对被保险人的家庭成员或者其组成人员行使代位请求赔偿的权利。

（二）物上代位权

物上代位是指当保险标的因受保险事故发生全损或推定全损时，保险人在全额赔付保险金之后，即可取得对该保险标的的所有权，即代位取得对该标的的权利与义务。我国《保险法》第四十三条规定：“保险事故发生后，保险人已支付了全部保险金额，并且保险金额等于保险价值的，受损保险标的的全部权利归于保险人。”

三、分摊原则

分摊原则也是补偿原则的派生原则，又被称为“重复保险的分摊原则”，即在重复保险的情况下，当发生保险事故时，根据保险补偿原则，损失应当在数家保险人之间进行分摊，被保险人所得总赔偿金额不得超过实际损失额。分摊原则在于防止被保险人利用重复保险，在保险人之间进行多次索赔，以获得高于实际损失额的赔偿金；也在于维护保险人应有的权利与义务公平的原则。

（一）重复保险的概念

重复保险是指投保人对同一保险标的、同一保险利益、同一保险事故分别向两个以上保险人订立保险合同的保险。重复保险的赔款金额总和不得超过保险价值。重复保险的投保人，应当将重复保险的有关情况通知各保险人。

（二）重复保险的分摊方法

1．比例责任制

比例责任制又称保险金额比例分摊制，是各保险人按各自单独承保的保险金额占总保险金额的比例来分摊保险事故损失的方式，其计算公式为

某保险人赔款额=（该保险人承保保险金额/各保险人承保保险金额总和）×损失金额

例：甲保险公司承保11万元，乙保险公司承保3万元，如果发生5万元损失，则

$$甲公司赔偿金额=\frac{11}{11+3}\times 5\text{万元}=3.929\text{万元}$$

$$乙公司赔偿金额=\frac{3}{11+3}\times 5\text{万元}=1.071\text{万元}$$

2．限额责任制

限额责任制也称赔款比例分摊制，是指在重复保险情况下，保险人承担的赔偿责任以单独承保时的赔款额作为分摊的比例而不是以保额为分摊的基础。其计算公式为

某保险人赔款额=（该保险人赔偿限额/各保险人赔偿限额总和）×损失金额

例：甲保险公司承保11万元，乙保险公司承保3万元，如果发生5万元损失，则

$$甲公司赔偿金额=\frac{5}{5+3}\times 5\text{万元}=3.125\text{万元}$$

$$乙公司赔偿金额=\frac{3}{5+3}\times 5\text{万元}=1.875\text{万元}$$

3．顺序责任制

顺序责任制即各保险人依承保的先后顺序进行分摊，先承保的先赔偿，当赔偿不足时，由其他保险人依次承担不足的部分。

例：乙公司先承保，甲公司后承保。乙公司承保3万元，甲公司承保11万元，如果发生5万元损失，则

乙公司赔偿金额=3万元

甲公司赔偿金额=2万元

此外，重复保险的分摊方法，按照我国《保险法》规定，除合同另有约定外，

各保险人之间按照其保险金额与保险金额总和的比例承担赔偿责任，即如果合同没有另行约定，按照比例责任制进行重复保险的分摊。

第三部分 财产保险的种类

一、企业财产保险与家庭财产保险

（一）企业财产保险

1．企业财产保险的保险标的

企业财产保险（Enterprise Property Insurance）是我国财产保险的主要险种，它以企业的固定资产和流动资产为保险标的，是以企业存放在固定地点的财产为对象的保险业务，即保险财产的存放地点相对固定且处于相对静止的状态。企业财产保险具有一般财产保险的性质，许多适用于其他财产保险的原则同样适用于企业财产保险。企业财产对应的险种见表 4-2。企业财产的标的分为可保财产、特约可保财产和不可保财产三类：

（1）可保财产。可保财产的内容主要包括：① 属于被保险人所有或与他人共有而由被保险人负责的财产；② 由被保险人经营管理或替他人保管的财产；③ 其他具有法律上承认的与被保险人有经济利害关系的财产。

（2）特约可保财产。下列财产非经被保险人与保险人特别约定，并在保险单上载明，不在保险标的范围以内：① 金银、珠宝、钻石、玉器、首饰、古币、古玩、古书、古画、邮票、艺术品、稀有金属等珍贵财物；② 堤堰、水闸、铁路、道路、涵洞、桥梁、码头；③ 矿井、矿坑内的设备和物资。

表 4-2 企业财产保险对应的险种

保险标的	对应财产险险种
企业的普通财产，如厂房、机器设备、办公设施和仓储物品	财产保险基本险、财产保险综合险、财产一切险
较为特殊的财产，如计算机、机器等	机器损坏保险、电脑保险、锅炉压力容器保险
因为保险事故造成的间接损失，如利润损失	利润损失保险（附加险）、机损利损险（附加险）

（3）不保财产。下列财产不在保险标的范围以内：① 土地、矿藏、矿井、矿坑、森林、水产资源以及未经收割或收割后尚未入库的农作物；② 货币、票证、有价证券、文件、账册、图表、技术资料、电脑资料、枪支弹药以及无法鉴定价值的财产；③ 违章建筑、危险建筑、非法占用的财产；④ 在运输过程中的物资；⑤ 领取执照并正常运行的机动车；⑥ 牲畜、禽类和其他饲养动物。

【小资料】

2006 年 3 月 17 日，由湖南省人民政府主办，张家界市人民政府承办 2006 中国俄罗斯年特别活动——俄罗斯空军张家界天门山特技飞行表演，将在荷花机场和天门山举行，活动期间，俄罗斯将派出目前世界上顶级重型战斗机表演队——“勇士”战机表演队以及 10 架飞机在张家界表演。5 架苏—27 排着整齐的三角阵形，呼啸着出现在张家界上空。在为期 3 天的活动中，俄罗斯飞行员除进行编队特技飞行、单机特技飞行、空中加油等表演外，还计划穿越天门山天门洞。此次活动组委会为天门洞投保 1 亿元人民币的企业财产保险。在“穿越天门”的过程中，天门洞可能有因飞机撞击而导致崩塌的危险，而赛场的观众及工作人员的生命也有可能因为飞机坠落造成意外伤害。为此，组委会还为现场观众、工作人员投保了每人 10 万元的现场公众责任保险。俄罗斯飞行员及飞机本身的保险均由其自行办理。不过应其要求，组委会为每架飞机投保了 1 000 万元的飞机第三者责任险，用于偿付表演过程中飞机发生意外造成的第三者人身或财产损失。此外，担心飞行过程中对景区设施造成损坏，天门山旅游公司投保了 6 500 万元的利润损失保险。

资料来源：重庆晚报，2006-03-17

2．企业财产保险的保险责任

我国企业财产保险分为财产保险基本险和财产保险综合险。

（1）企业财产保险基本险的保险责任范围。由于下列原因造成保险标的的损失，保险人应负责赔偿：火灾、雷击、爆炸、飞行物体及其他空中运行物体坠落；被保险人拥有财产所有权的自用的供电、供水、供气设备因保险事故遭受损坏；引起停电、停水、停气以致造成保险标的的直接损失；保险事故发生后，被保险人为防止或者减少保险标的损失所支付的必要的、合理的费用。

（2）企业财产保险综合险的保险责任范围。除企业财产保险基本险所列的保险责任外，还包括暴雨、洪水、台风、暴风、龙卷风、雪灾、雹灾、冰凌、泥石流、崖崩、突发性滑坡、地面突然塌陷等。

3．企业财产保险的除外责任

企业财产保险综合险的除外责任主要有：战争、敌对行为、军事行动、武装冲突、罢工、暴动；被保险人及其代表的故意行为或纵容所致；核反应、核子辐射和放射性污染；保险标的遭受保险事故引起的各种间接损失；地震所造成的一切损失；保险标的本身缺陷、保管不善导致的损毁；保险标的的变质、霉烂、受潮、虫咬、自然磨损、自然损耗、自燃、烘焙所造成的损失；堆放在露天或罩棚下的保险标的以及罩棚；由于暴风、暴雨造成的损失；由于行政行为或执法行为所致的损失；其他不属于保险责任范围内的损失和费用。

企业财产保险基本险的除外责任，除企业财产保险综合险所列明的除外责任外，还包括：暴雨、洪水、台风、暴风、龙卷风、雪灾、雹灾、冰凌、泥石流、崖崩、突发性滑坡、地面突然塌陷等。

4．企业财产保险保险金额的确定

基本险和综合险的保险价值和保险金额的确定方法相同。企业财产保险的保险价值和保险金额的确定方法，因资产的性质不同而异。

（1）固定资产保险金额的确定：

1）账面原值法。账面原值法就是依据建筑物在建造时的实际支出，购置的固定资产按照购买时所支付的实际费用确定保险金额。

2）加成法。加成法也称账面原位加成法。它是在固定资产账面原值基础上，依据市场价格情况，再加一定的成数，使其趋于重置价值。

3）重置价值法。这种方法就是依据承保时的市场价值，按照重新购置该项固定资产或建造该项资产所需的实际货币支出作为保险金额。

（2）流动资产保险金额的确定。流动资产（存货）的保险金额由被保险人按最近12个月任意月份的账面余额确定或由被保险人自行确定。流动资产的保险价值是出险时账面余额。

（3）账外财产和代保管财产的保险金额可以由被保险人自行估价或按重置价值确定。账外财产和代保管财产的保险价值是其出险时的重置价值或账面余额。

5．赔偿处理

赔偿处理是在企业财产遭受保险责任范围内的自然灾害意外事故时，保险人根据保险合同及有关法律规定受理被保险人索赔要求，进行现场勘查、责任审核、核实损失和给付赔款等工作，使受损企业及时得到经济补偿，从而保证生产、经营的持续进行。

（1）赔偿计算。保险标的发生保险责任范围内的损失，保险人按照保险金额与保险价值的比例承担赔偿责任，按以下方式计算赔偿金额：

1）全部损失。保险金额等于或高于保险价值时，其赔偿金额以不超过保险价值为限；保险金额低于保险价值时按保险金额赔偿。

2）部分损失。保险金额等于或高于保险价值时，其赔偿金额按实际损失计算；保险金额低于保险价值时，其赔偿金额按保险金额与保险价值比例计算。

例：若某保险公司承保某企业财产保险，其保险金额为4 800万元，在保险合同有效期内的某日发生了火灾，损失金额为600万元，出险时财产实际价值为6 000万元。试计算其赔偿金额，并指出该保险是超额保险还是不足额保险。

保险公司赔偿金额=损失金额×保险保障程度=600万元×4 800/6 000=480万元。因此该保险为不足额保险，采用比例赔偿方式。

（2）施救费用的补偿。保险事故发生后所产生的施救费用补偿方式，按照施

救、抢救、保护费用与保险标的损失分别计算，即单独计算施救费用补偿额，但以不越过保险金额为限。若受损标的按比例赔偿时，施救费用也应按照比例赔偿。

（3）残余物资的处理。残余物资指财产受损后尚有经济价值的残缺物资，即残值。一般来说，残值经协议作价后归被保险人，保险公司支付赔款时要扣除残值。

（二）家庭财产保险

家庭财产保险作为财产保险的一种，是在火灾保险的基础上发展而来的。家庭财产保险是使城乡居民的家庭财产，如房屋及其附属物、家庭日用品、衣服、行李、家具等，在遭受保险责任范围内的自然灾害或意外事故而造成损失后得到经济补偿的保险。

1．普通家庭财产保险

普通家庭财产保险是家庭财产保险的基本形式，它属于补偿性质的财产保险。与其相对应的是储金式家庭财产保险。

（1）适用范围。城乡居民、个体工商户、家庭手工业者及其家庭成员的自有财产，以及为他人代保管的财产和与他人共有的财产等，均可以投保家庭财产保险。

（2）保险标的。凡是城乡居民自有并存放或者坐落于保险合同所载明地点的下列财产，都可以作为保险标的：如房屋及其附属设备；家庭生活资料以及农村家庭的农具农副产品；个体工商户的营业用具、原材料和其他商品；代他人保管或者与他人共有的财产。

不保财产与财产保险基本险所列基本一致，包括：金银、珠宝、首饰、有价证券、邮票、古玩、字画、文件、账册、图表等。这些财产都是难以确定其价值或者不属于实际物资。对于违章建筑，因其违反了有关法律法规，因此也不能作为保险财产。处于危险之中的财产，因其发生风险事故的几率很大，也属于不保财产。

（3）保险责任。家庭财产保险的保险责任主要有：

1）火灾、爆炸。火灾指因偶然或者意外起火，失去控制、蔓延扩大，并造成保险财产损失的燃烧现象。除被保险人及其家庭成员引致的火灾外，无论是不慎失火，还是附近失火蔓延或者他人放火所致，保险公司均负赔偿责任。但应注意，日常生活中因烧、烤、烫、烙等致使服装、用具等焦化、变质等，以及被保险人因某种需要故意烧毁某物，则不能称为“火灾”。爆炸是一种物理化学现象。保险公司的责任是赔偿被爆炸物体本身的损失以及由此而引起的其他物体的损失，但是由物体本身的瑕疵等引起的爆炸则不属于保险责任。

2）雷电、冰雹、洪水、海啸风、泥石流等所致的保险财产的损失。

3）暴风、暴雨。只有因暴风、地震、地陷、崖崩、龙卷风等引起的损失保险公司负责赔偿。暴雨使房屋主要结构倒塌造成保险财产损失的，保险公司才承担赔偿责任。对暴风、暴雨损坏的玻璃、门窗等小额损失，保险公司一般都不负责任。

4）空中运行物体坠落以及外来建筑物和其他固定物体倒塌所致财产损失，保险公司负责赔偿；但是在没有发生火灾事故的情况下，房屋自行倒塌所致的损失，保险公司不负赔偿责任。

5）发生保险责任范围内的灾害事故时，发生的必要施救费用，保险公司负责补偿。但是被保险人为防止各种灾害事故所采取的预防措施而支付的预防费用，保险公司不予负责。

（4）除外责任。因下列原因造成保险财产的损失，保险公司不承担赔偿责任：战争、军事行动或暴力行动；核子辐射和污染；电机、电器、电器设备因使用过度、超电压、碰线、电弧、漏电、自身发热等原因造成的本身损毁；被保险人及其家庭成员、服务人员、寄居人员的故意行为；其他不属于家庭财产保险单列明的保险责任内的损失和费用。被保险人为预防灾害事故而事先支出的预防费用，保险公司原则上不予赔偿。

（5）保险金额。家庭财产保险的保险金额由投保人根据家庭财产中可保财产的实际价值自行确定，由保险人按照不定值的方式予以承保。最低保险金额为人民币 1 000 元。

保险金额的确定有单一总保险金额制和分项总保险金额制两种方式。单一总保险金额制是指保险人只要求投保人根据投保财产的实际价值确定保险财产的总保险金额，而不确定不同类别财产的保险金额。分项总保险金额制是指保险单列明的总保险金额为各项保险金额之和，对投保人来说，就是分项投保。分项越细，保险金额越接近财产的实际价值。它可以有两种操作方法：一种是投保人按照保险人提供的投保单分项列明投保财产名称及保险金额，然后加总作为总保险金额。例如保险条款上规定，保险财产为：① 房屋及其室内装修和设备；② 服装、床上用品、家具和家庭用具；③ 家用电器和文化娱乐用品；④ 大中型农具和存放于保险房屋内的粮食；⑤ 属于被保险人代他人保管，或与他人所共有的上述财产。这说明投保人投保时，应将欲投保财产，按上述五个项目分门别类，对号入座，按财产的实际价值确定保险金额，如确定① 项保险金额为 8 万元；② 项为 1 万元；③ 项为 2 万元；④ 项为零；⑤ 项为 1 万元，则保险总金额为 12 万元。发生保险事故时，保险人将按每个保险项目的保险金额进行赔偿，不能混同，这叫分项赔偿。另一种是根据不同家庭财产所适用的保险费率，分别计算不同类别家庭财产的保险金额，最后计算保险单的总保险金额。被保险人索赔时，应充分了解分项赔偿的特点，避免提出过高的索赔额。

【小资料】

房屋保险与家庭财产保险的区别如下：

主要有三个本质的不同。一是保障范围不同。房屋保险的保障范围是房屋的建筑结构；家庭财产保险的保障范围是室内财产，包括装修、家具、衣物等。二是保险标的面临的风险不同。房屋的建筑结构面临的主要风险是火灾、爆炸以及在保险范围内的自然灾害等；家庭财产除房屋建筑结构面临的风险外，还存在很大的盗窃风险、水管爆裂后的自身家庭财产损失和赔偿责任等风险。购买家庭财产保险的保户一般附加盗窃险和水管爆裂险。三是赔偿处理不同。房屋保险在出险时，保险公司将按比例赔偿；家财险一般不适用比例分摊，保险损失发生后，保险公司在保险金额的限度内，按实际损失金额赔付。因此，投保人在投保前，应仔细阅读保险条例，以免赔偿时发生不必要的纠纷。

2．储金式家庭财产保险

储金式家庭财产保险兼具经济补偿和到期还本的性质，是以被保险人的本金利息作为保险费，在保险期限届满时，退还被保险人本金。储金式家庭财产保险的保险责任、保险财产、保险办法等与普通家庭财产保险相同，只是保险金额的确定方式有别，其是以份数来确定保险金额。如以 1 000 元、2 000 元等为一份，投保多少由被保险人自行选择。

3．家庭财产保险的附加险

家庭财产险可附加多种保险责任，就我国的现状看主要有附加盗窃保险，它是对基本险的补充，只有投保了基本险，才能投保附加盗窃险。

（1）保险责任。凡存放于保险单所载明的保险地址的保险财产，因外来的、有明显痕迹的盗窃行为所致的损失以及存放于保险地址室内、院内、楼道内的自行车遭到全车失窃或者部分被盗损失，保险公司承担赔偿责任。

（2）除外责任。被保险人及其家庭成员、服务员、寄居人员的盗窃或者纵容他人盗窃所造成的损失，保险人不负赔偿责任。

4．家庭财产保险的理赔

家庭财产保险采取第一危险赔偿方式，与机动车辆保险采取的比例赔偿方式不同。第一危险赔偿方式指在保险金额限度以内的损失，被保险人可以得到全部赔偿；比例赔偿方式指按照保险金额和出险财产实际价值的比例进行赔偿。我们对这两种赔偿方式作一下比较（见表 4-3）。

表 4-3　第一危险赔偿方式与比例赔偿方式的比较

	第一危险赔偿方式	比例赔偿方式
保险金额<财产实际价值	按保险金额和实际损失中较小的金额赔偿	按（实际损失×保险金额/财产实际价值）的公式赔偿
保险金额≥财产实际价值	按实际损失赔偿	按实际损失赔偿

第一危险赔偿方式实际业务的处理过程是：首先保险人确定保险财产的损失是否属于保险责任范围，然后保险人按照保险财产的重置价值和年折旧率计算赔

偿（如房屋年折旧率为 2%，其他财产为 5%），以保险金额为最高限；或按照实际损失和损失当天的实际价值（即当天该地市场国家规定的商品牌价）计算赔偿，以保险金额为最高限。保险财产遭受损失后的残余部分，可以作价折旧给被保险人，并在赔款中扣除。

由于确定保险金额的方式不同，家庭财产保险的赔偿方式也不同：

（1）单一总保险金额制的赔款计算主要是使实际赔款控制在保险金额限度内。例如，某人投保家庭财产的保险金额为 20 000 元，发生保险责任范围的保险事故后，经剔除折旧因素并扣减残值，保险财产的实际损失为 26 000 元，由于保险金额为 20 000 元，保险人支付 20 000 元赔款后结案。

例：张某拥有 50 万元的家庭财产，向保险公司投保家庭财产保险，保险金额为 40 万元。在保险期间张某家中失火，请分析：

① 财产损失 10 万元时，保险公司应赔偿多少？

② 家庭财产损失 45 万元时，保险公司又应赔偿多少？

分析：① 因为第一危险赔偿方式是按保险金额范围内的损失均予以赔偿而发生。该保险金额范围内的损失（或第一危险）为 10 万元，所以保险公司应当赔偿 10 万元。

② 保险公司应当赔偿 40 万元。

该保险金额范围内的损失（或第一危险）为 40 万元。超过保险金额的部分为第二危险，保险公司不承担赔偿责任。

因为家庭财产保险采用的是第一损失保险而非不定值保险，所以不能采取比例赔偿的方式。也就是说，不论保险金额与全部财产价值的大小关系如何，只要损失金额小于保险金额，保险人就按实际损失赔偿。因此，当家庭财产损失 10 万元时，损失金额小于 40 万元的保险金额，保险公司应赔偿 10 万元；当损失金额大于保险金额时，保险人的赔款就是保险金额。因此，当家庭财产损失 45 万元时，损失金额大于 40 万元的保险金额，保险公司只赔偿 40 万元。

（2）分项总保险金额制方式下的赔款计算应该使实际赔款控制在分项保险金额和总保险金额限度内。例如，某家庭财产保险单列明的总保险金额为 20 000 元，其中家具保险金额 10 000 元，家用电器保险金额 7 000 元，衣物保险金额 3 000 元。发生保险责任范围的保险事故后，经剔除折旧因素并扣减残值，保险财产的实际损失为：家具 13 000 元、家用电器 9 000 元、衣物 2 000 元，总损失为 24 000 元。由于保险金额为 20 000 元，保险人实际赔款 19 000 元（10 000+7 000+2 000）。

二、工程保险

（一）工程保险的含义及其特点

1. 工程保险的含义

工程保险（Engineering Insurance）是指以各种工程项目为主要保险标的的保

险。保险人对一切工程项目在工程期间及工程结束以后的一定时期，因自然灾害和意外事故造成物质财产损失和第三者责任承担赔偿责任。

工程保险包括建筑工程险、安装工程险、机器损坏险、科技工程险等。与普通财产保险相比，工程保险具有自身的一些特点。

2．工程保险的特征

（1）工程保险承保的风险具有特殊性。工程保险承保的风险具有特殊性，其表现在：首先，工程保险既承保被保险人财产损失的风险，同时还承保被保险人的责任风险；其次，承保的风险标的中大部分处于裸露风险中，抵御风险的能力大大低于普通财产保险的标的；第三，工程在施工工程中始终处于一种动态的过程，各种风险因素错综复杂，使风险程度加大。

（2）工程保险的保障具有综合性。工程保险针对承保风险的特殊性提供的保障具有综合性。工程保险的主要责任范围，一般由物质损失部分和第三者责任部分构成。同时，工程保险还可以针对工程项目风险的具体情况提供运输过程中、工地外储存过程中、保证期过程中等各类风险的专门保障。

（3）工程保险的被保险人具有广泛性。普通财产保险的被保险人的情况较为单一；而由于工程建设过程中的复杂性，工程保险可能涉及的当事人和关系方较多，包括：业主、主承包商、分包商、设备供应商、设计商、技术顾问、工程监理等，他们均可能对工程项目拥有保险利益，成为被保险人。

（4）工程保险的保险期限具有不确定性。普通财产保险的保险期限是相对固定的，通常是一年；而工程保险的保险期限一般是根据工期确定的，往往是几年，甚至十几年。与普通财产保险不同的是，工程保险保险期限的起止点也不是确定的具体日期，而是根据保险单的规定和工程的具体情况确定的。为此，工程保险采用的是工期费率，而不是年度费率。

（5）工程保险的保险金额具有变动性。工程保险与普通财产保险不同的另一个特点是：财产保险的保险金额在保险期限内是相对固定不变的；而工程保险的保险金额，在保险期限内是随着工程建设的进度不断增长的。所以，在保险期限内的任何一个时点，保险金额是不同的。

（二）保险项目和保险金额

1．保险项目

（1）建筑工程保险的主要保险项目包括建筑主体工程、建筑物内的装修设备、配套的道路和桥梁、水电设施等土木建筑项目，存放在建筑工地的建筑材料、设备，临时的建筑工程也包括在内。安装工程的主要保险项目包括安装的机器设备等。

（2）工程用的机器设备、装置、附属工具和油料等。

（3）工程项目所有人在工地上的其他财产。

（4）场地清理费，指发生保险事故后为清理场地所支付的费用。

（5）第三者责任，因发生与承保工程直接相关的意外事故引起工地内及邻近区域的第三者人身伤亡、疾病或财产损失，依法应由被保险人承担的经济赔偿责任，以及有关诉讼费用等。

2．保险金额

（1）建筑工程的保险金额应为承保工程合同的总金额，其中包括设计费、材料设备费、施工费、运杂费、保险费、税款及其他有关费用。承保工程的合同金额在工程期内因物价波动、计划不周很可能发生变动，投保时可先按工程预算金额确定保险金额，完工后再按工程决算金额调整保险金额，保险费按调整后的保险金额重新结算。一些大型建筑工程往往有若干主体项目，可以分项投保。

如果安装工程作为建筑工程的一部分同时投保，其保险金额占整个工程项目的比重一般不超过20%。如果超过这一比重．则应当适用安装工程的保险费率，另行计算保险费。如果安装工程的保险金额超过工程项目的50%，则应当另行签订安装工程保险合同。安装工程的保险金额由设备价值、运费、安装费、税金等构成。

（2）工程机械设备的保险金额按照重置价值计算。

（3）对工程项目所有人在施工场所的原有财产加保的保险金额，根据投保人提供的详细清单，一一列明，逐一确定。

（4）场地清理费由保险双方当事人协商确定。对较大的工程项目一般应掌握在5%左右，对小项目应掌握在10%左右。

（5）第三者责任的保险金额，应当参照其他的责任保险，由保险双方当事人协商确定。

（三）保险责任和除外责任

1．保险责任

（1）列明的自然灾害，指地震、海啸、雷电、飓风、台风、龙卷风、风暴、暴雨、洪水、水灾、冻灾、冰雹、地面突然塌陷、崖崩、雪崩、火山爆发、地面下陷下沉及其他人力不可抗拒的破坏力强大的自然现象。

（2）列明的意外事故，指不可预料的以及被保险人无法控制并造成物质损失或人身伤亡的突发性事件，包括火灾和爆炸。

（3）因发生上述损失所产生的有关费用。

（4）因发生与承保工程直接相关的意外事故引起工地内及邻近区域的第三者人身伤亡、疾病或财产损失，依法应由被保险人承担的经济赔偿责任，以及有关诉讼费用等。

（5）除外责任以外的其他不可预料的自然灾害和意外事故。

安装工程的保险责任还包括超负荷、超电压、碰线、电弧、漏电、短路、大气放电及其他电器引起的事故造成除电器以外的保险财产的损失，电器本身的损失；安装技术不善所致保险财产的损失。

2．除外责任

工程保险的除外责任由两部分构成，一部分与财产保险的除外责任相同，另一类是工程保险特有的除外责任。

与财产保险的除外责任相同的有：被保险人的故意行为和重大过失引起的损失；战争、类似战争的行为、敌对行为；核辐射或者核污染所致损失；机器设备的自然磨损、自然损耗；文件、图表、账册、现金、有价证券的损失；罚金、延误、丧失合同及其他后果损失；货物盘点的短缺损失。

工程保险特有的除外责任有：设计错误引起的损失和费用；因原材料缺陷或工艺不当引起的保险财产本身的损失以及为置换、修理或矫正这些缺点错误所支付的费用；非外力引起的机械或电气装置的本身损失，或施工用机具、设备、机械装置失灵造成的本身损失；维修保养或正常检修的费用；领有公共运输行驶执照的，或已由其他保险予以保障的车辆、船舶和飞机的损失；全部停工或部分停工引起的损失、费用和责任；保险合同中规定的应由被保险人自行负担的免赔额；第三者责任保险条款中规定的除外责任。

安装工程除以上除外责任外，还包括：因设计错误、或者工艺不当引起的被保险财产本身损失和为纠正这些缺陷所支付的费用；超负荷、超电压、碰线、电弧、走电、短路、大气放电及其他电器引起的事故所导致的电器本身的损失。

（四）免赔规定和赔偿限额

建筑工程的免赔率一般为保险金额的 0.5%～2%，建筑机械设备的免赔率为保险金额的 5%，其他保险项目的免赔率为保险金额的 4%，第三者责任保险的免赔额为每次赔偿限额的 1%～3%。对于地震、洪水等巨灾风险，一般要规定最高赔偿限额，具体限额应根据工程所处的地理环境状况等因素决定，一般掌握在总保险金额的 50%～80%。

三、运输工具保险

（一）运输工具保险的概念和特点

运输工具保险是指保险人承保的运输工具因遭受自然灾害和意外事故造成运输工具本身的损失和第三者责任的险种。该险种主要有机动车辆保险、船舶保险、飞机保险、其他运输工具保险。

运输工具保险具有以下特征：① 保险标的处于运行状态而非存放在固定地点，这是运输工具保险的最显著特征；② 运输工具保险的危险结构广泛而复杂，出险地点多在异地，理赔难度大；③ 意外事故的发生通常与第三方有密切关系。

（二）机动车辆保险

1．机动车辆保险的含义及险种

机动车辆险就是以各种机动车辆为保险标的的保险。所承保的机动车辆是指汽车、电车、蓄电池车、摩托车、拖拉机、各种专用机械车、特种车，其险种包括基本险和附加险。

2．车辆损失险的保险责任和除外责任

（1）保险责任

1）车辆损失险的保险责任。被保险车辆由于下列原因造成的损失，保险人负赔偿责任：① 由意外事故导致保险车辆的损失，如碰撞、倾覆、火灾、爆炸；外界物体倒塌、空中飞行物体坠落、行驶中平行坠落、载运保险车辆的渡船遭受自然灾害（只限于有驾驶员随车照料者）；② 自然灾害导致的保险车辆损失，如雷击、暴风、龙卷风、暴雨、洪水、海啸、地陷、冰陷、崖崩、雪崩、雹灾、泥石流、滑坡；③ 合理的施救、保护费用，如该车辆遭受在承保范围内的损毁而致不能行驶时，保险人承担为施救、保护或将其移送至最近的修车处所需的合理费用。此项费用的最高赔偿金额以保险金额为限。

2）第三者责任险的保险责任。被保险人允许的合格驾驶员在使用保险车辆过程中发生意外事故，致使第三者遭受人身伤亡或财产的直接损毁，依法应由被保险人支付的赔偿金额，保险人依照保险合同的规定给予赔偿；但因事故产生的善后工作，由被保险人负责处理。

【小资料】

从 2006 年 7 月 1 日起，中国实行了机动车交通事故责任强制保险制度。强制性不仅体现在强制投保上，同时也体现在强制承保上。这就意味着，凡是在中国境内道路上驾驶机动车的所有人或者管理人都必须投保机动车交通事故责任强制保险。同时，具有经营机动车交通事故责任强制保险资格的保险公司不能拒绝承保机动车交通事故责任强制保险业务，也不能随意解除机动车交通事故责任强制保险合同（投保人未履行如实告知义务的除外）。这一《条例》的正式实施，涉及全国 1 亿多辆机动车，保障对象包括全国道路和非道路通行者。

（2）除外责任

1）车辆损失险的除外责任。它可分为原因除外和损失除外。原因除外是指由于某些原因造成的保险车辆的损失，保险人不负赔偿责任；损失除外是指车辆的某些损失保险人不负赔偿责任。

原因除外的情形包括：战争、军事冲突、暴乱、扣押、罚没；竞赛、测试、进厂修理；饮酒、吸毒、药物麻醉、无有效驾驶证；保险车辆拖带未保险车辆及其他拖带物或未保险车辆拖带保险车辆造成的损失；被保险人及其驾驶人员的故意行为；两轮及轻便摩托车停放期间翻倒的损失。

损失除外情形包括两部分。

第一，自然磨损、朽蚀、故障、轮胎爆裂；地震、人工直接供油、自燃、明火烘烤造成的损失；受本车所载货物撞击的损失；遭受保险责任范围内的损失后，未经必要修理继续使用，致使损失扩大部分。

第二，保险车辆发生意外事故，致使被保险人或第三者停业、停驶、停电、停水、停气、停产、中断通信以及其他各种间接损失；其他不属于保险责任范围内的损失和费用。

2) 第三者责任险的除外责任。它包括车辆损失险原因除外中的全部原因所引起的对第三者的赔偿责任，以及损失除外情形中第二部分所包括的第三者责任，此外还包括：被保险人或其允许的驾驶员所有或代管的财产遭受的损失；私有、个人承包车辆的被保险人或其允许的驾驶员及其家庭成员，以及他们所有或代管的财产所遭受的损失；本车上的一切人员伤亡和财产损失；车辆所载货物掉落、泄漏造成的人员伤亡或财产损失。

3．车辆损失险的保险金额的确定和保费、赔偿计算

（1）保险金额的确定。车辆损失险的保险金额的确定方法有三种。一是按新车购置价确定，即按照购买同类型车辆（含购置附加费）的价格确定；二是按照车辆的实际价值确定，即同类型新车购置价减去该车已使用年限折旧金额后的价格。折旧按每满一年扣除一年计算，不足一年的部分不计折旧。折旧率按照国家有关规定执行，但最高折旧金额不得超过新车购置价的 80%。三是由保险人与被保险人协商确定，但协商确定不得超过车辆的实际价值，超过部分无效。

（2）保险费的计算。无论是新车还是旧车，就同一类型的车辆来说，其修理费基本相同，但从市场价值来看，新旧不同的车辆，差距较大。如果仅仅依据一个比例计算保险费，显然不公平。因此，机动车辆保险的保费分为两个部分：第一部分是基本保费。这部分保费对车辆的新旧程度以及档次等都不加区别，采取固定保费制，即所有车辆的基本保费相同；第二部分是依据车辆的实际价值和车辆类型确定的保险费，计算依据是保险车辆的保险金额，即第二部分的保险费=保险金额×费率。

因此，车辆损失保险的保险费的计算公式为

车损险保费=基本保费+（保险金额×费率）

【小资料】

轿车保险费率如表 4-4 所示。

表 4-4 轿车保险费率表

险种名称	费率
车辆损失险	新车价×1.2%+基本保费
第三者责任险	限额 5 万元，保费 800 元；限额 10 万元，保费 1 040 元
车上责任险	5 座全部投保，每座 60 元；不全部投保，每座 120 元
风档玻璃单独破碎险	国产轿车，0.15%；进口轿车，0.25%，且都按新车价计算
自燃损失险	0.4%，按车辆折旧价值计算
新增加设备损失险	1.2%，按新增加设备的实际价值计算
不计免赔特约险	（车损险保费＋第三者险保费）×20%
全车盗抢险	1%，按车辆折旧价值计算

（3）赔偿计算。保险补偿以保险金额为限，当保险金额低于保险价值时，实行比例补偿。这是保险补偿原则的基本要求，车辆损失保险也必须按照该原则的要求计算赔偿额。

1）全部损失。全部损失指保险车辆整体毁损；或受损严重，没有修复价值的“推定全损”。在这种情况下，赔偿计算的依据是保险金额。如果保险金额高于实际价值（即超额保险时），以出险当时的实际价值计算赔偿；如果保险金额等于或者低于实际价值时（即足额或不足额保险时），按保险金额赔偿。

2）部分损失。部分损失指保险车辆的损失没有达到“整体毁损”或“推定全损”程度的局部损失。

如果保险车辆的保险金额达到投保时的保险价值，即保险单上记载的新车购置价，则无论保险金额是否低于出险时的保险价值，发生部分损失要按照实际修复费用赔偿。其计算公式为

赔款额=（实际修复费用−残值）×（1−免赔率）

在保险有效期内，赔款不累计，只要一次损失赔款低于保险金额，原保险单仍然有效。只有一次损失等于保险金额，保险责任才终止。

4．免赔率和无赔款优待

（1）免赔率。车辆损失险和第三者责任险在符合赔偿规定的金额内实行绝对免赔率。负全部责任的免赔率为 20%，负主要责任的免赔率为 15%，负同等责任的免赔本为 10%，负次要责任的免赔率为 5%。单方肇事事故的绝对免赔率为 20%。

（2）无赔款优待。保险车辆在上一年保险期限内无赔款，续保时可享受无赔款减收保险费优待。优待金额为本年度续保险种应缴保险费的 10%。被保险人投

保车辆不止一辆的，无赔款优待分别按车辆计算。上年度投保的车辆损失险、第三者责任险、附加险中任何一项发生赔款，续保时均不能享受无赔款优待。不续保者不享受无赔款优待。

（三）船舶保险的含义及保障内容

1．船舶保险的含义

船舶保险（Hull Insurance）就是以各类船舶为保险标的的一种运输工具保险。船舶保险是一种集财产、责任和费用保险于一体，保险保障涵盖了船舶从建造到报废的整个过程的一种综合性保险。它也是传统财产保险业务的重要险种之一，在保险业的发展历史上具有特殊重要的地位。

2．船舶保险的保障内容

（1）船舶的物质损失补偿。船舶遭受保险事故造成的船壳、机器（包括主机、副机、发电机等）以及导航设备、燃料、给养等损失的补偿。物质损失补偿是船舶保险的主要内容。

（2）以船舶为基础的相关利益损失补偿。相关利益损失指船舶本身物质损失以外的损失，包括因船舶修理、停航使被保险人遭受的运费、租金、营运费用、保险费以及船员工资等方面的损失。

（3）对第三者负有赔偿责任的损失补偿。它指船舶因意外事故的发生而导致第三者的损失，在法律上对第三者应负的赔偿责任。

3．船舶保险保险责任和除外责任

（1）责任范围

1）全损险。本保险承保由于下列原因所造成的被保险船舶的全损：① 海上风险，包括自然灾害（地震、火山爆发、闪电或其他自然灾害等）和意外事故（搁浅、碰撞、触碰任何固定或浮动物体或其他物体、其他海上灾害）；② 火灾或爆炸；③ 来自船外的暴力盗窃或海盗行为；④ 抛弃货物；⑤ 核装置或核反应堆发生的故障或意外事故；⑦ 船长、船员的疏忽、过失及有意损害被保险人的行为；⑧ 任何政府当局，为防止或减轻因承保风险造成被保险船舶损坏引起的污染所采取的行动。

2）一切险。除承保上述原因所造成被保险船舶的全损和部分损失外，还承保以下责任和费用。① 碰撞责任，即负责因被保险船舶与其他船舶碰撞或触碰任何固定的、浮动的物体或其他物体而引起被保险人应负的法律赔偿责任。本条项下保险人的责任（包括法律费用）是本保险其他条款项下责任的增加部分，但对每次碰撞所负的责任不得超过船舶的保险金额。当被保险船舶与其他船舶碰撞双方均有过失时，除一方或双方船东责任受法律限制外，本条项下的赔偿应按交叉责任的原则计算。当被保险船舶碰撞物体时，亦适用此原则。② 共同海损和救助，即负责赔偿被保险船舶的共同海损、救助、救助费用的分摊部分。被保险船舶若发生共同海损牺牲，被保险人可获得对这种损失的全部赔偿，而无须先行使向其他各方索取分摊额的权利。③ 施救费用，即保险人应赔付被保险人为防止或减少根据本保险可以得到赔偿的损失而付出的合理费用。

（2）除外责任。除外责任包括如下方面：不适航，包括人员配备不当、装备或装载不妥，但以被保险人在船舶开航时，知道或应该知道此种不适航为限；被保险人及其代表的疏忽或故意行为；船舶的正常磨损、锈蚀、腐烂或保养不周或材料缺陷，包括不良状态部件的更换或修理；清除障碍物、残骸以及清除航道费用；为人身伤亡、疾病所支付的费用等；保险公司承保的战争险、罢工险的责任等。

4．船舶保险的保险期限

船舶保险的保险期限分为定期和航次两种。定期的期间一般为三个月至一年。航次分两种情况。不载货船舶，保险期限自起锚开始到目的港抛锚结束。载货船舶自起运港装载货物开始至目的港卸货完毕为止，但自船舶抵达目的港当日午夜零点起最多不得超过30天。

5．船舶保险的保险金额和保险费率

由于船舶是一种移动的不动产，其价值随船舶的航线而变化，因此一般采取定值保险方式确定保险金额。一般在签订保险合同时，由双方当事人协商一个保险价值，保险价值的确定一般是依据市场上的买卖价格，以这个买卖价格作为保险金额。

影响保险费率确定的因素有：船龄、船型、船舶种类、船舶载的货物、船级、船舶保养状况、船队大小、保险金额、承保条件、免赔额、被保险人的经营状况等。保险公司依据上述因素来确定适用费率。

6．赔偿计算

保险公司对全部损失，按照保险单上列明的保险金额赔偿；对部分损失，每次事故要扣除保险单规定的免赔额，但是对碰撞责任、救助、共同海损、施救费用等不扣免赔额，其计算方法与财产保险大同小异。

【小资料】

2003年5月31日，中远散货运输有限公司所属的“富山海”轮船在丹麦海域与一外轮发生碰撞后沉没。该轮保险金额为2 050万美元。案件发生后，中国人保财产保险公司立即启动应急理赔程序，在判定本次事故属保险责任之后，立即预付赔款500万美元。后经调查取证，保险公司决定向“富山海”轮船船东—— 中远散货运输有限公司支付1 050万美元后续赔款结案。

（四）飞机保险

飞机保险（Aircraft Insurance）是以飞机本身及有关的法律责任、利益等为保险标的的一种运输工具保险。保险人负责赔偿被保险人因飞机本身的损失、旅客意外伤害和对第三者应负的赔偿责任。

1. 飞机保险的标的、责任范围和除外责任

（1）保险的标的及责任范围

1）机身险

飞机在飞行或滑行中以及在地面上，不论任何原因（不包括本条款第二条规定的除外责任），造成飞机及其附件的意外损失或损坏。保险公司还负责因意外引起的飞机拆卸重装和运输的费用和清除残骸的费用。

2）第三者责任险

由于飞机或从飞机上坠人、坠物造成第三者的人身伤亡或财物损失，应由被保险人负担的赔偿责任，但被保险人及其支付工资的机上和机场工作人员的人身伤亡或财物损失除外。

3）旅客法定责任险

由于旅客在乘坐或上下飞机时发生意外，造成旅客的人身伤亡或所携带和已经交运登记的行李、物件的损失，以及对旅客、行李或物件在运输过程中因延迟而造成的损失，根据法律或契约应由被保险人负担的赔偿责任。

（2）除外责任

1）机身险

飞机机身险的除外责任主要有：① 飞机不符合适航条件而飞行；② 被保险人的故意行为；③ 战争和军事行动；④ 飞机任何部件的自然磨损、制造及机械缺陷；⑤ 飞机受损后引起被保险人停航、停运等间接损失。

2）第三者责任险

飞机第三者责任险的除外责任除上述前三条，还包括：① 因飞机事故产生的善后工作所支出的费用；② 被保险人及其工作人员和本机上的旅客或其所有以及代管的财产。

2. 飞机保险的保险金额、保险费及免赔额

飞机保险的承保方式一般采取定值保险方式。机身险的保险金额可采取净值方式确定，也可以采取重置价值方式确定，或由双方协商确定。第三者责任险的赔偿限额依据飞机的类型不同分别确定，以保险单附表规定的最高赔偿额为限。

机身险的保险费按照保险金额的一定比例收取；责任险的保险费的计算方式，可以按照一定的固定金额计算，也可以按照承担责任的一定比例计算，其费率因飞机种类、用途、航行范围、险种、保险金额、保养情况不同而异。

为加强被保险人的责任感，减少小额赔付，飞机保险大都制订了一个免赔额。免赔额以下的部分，由被保险人承担，保险公司只承担超过免赔额以上的补偿责任。

四、货物运输保险

（一）货物运输保险的含义及特点

1．货物运输保险的含义

货物运输保险（Transportation Cargo Insurance）就是以运输货物为保险标的，保险公司承担赔偿运输过程中因自然灾害和意外事故所造成损失的一种保险。根据运输方式不同，货物运输保险可分为水上货物运输保险、陆上货物运输保险、航空货物运输保险和邮包保险、联合货物运输保险等。

2．货物运输保险的特点

货物运输保险因其标的处于运动过程之中，因此与一般财产保险相比有着自身的特点。其主要表现为：

（1）标的具有流动性。一般财产保险的标的，都有固定的存放地点，总是处于静止状态。而货物运输保险的标的，尽管在运输途中可能停留，但是从总体来看，其都处于运动过程之中，从一地运往另一地，流动是其最主要的特征，即使静止也是为了流动而静止，处于一种待运状态。

（2）保险期限以运程计算。一般的财产保险的保险期限都以时间计算；而货物运输保险的保险期限都以运程计算，即从起运地的仓库至目的地的仓库为止，而不论经历了多长的时间，保险期限不受时间的限制。

（3）采取定值方式承保。一般的财产保险的保险金额的确定都以市价为依据确定；而货物运输保险因不同地点的市场价格差异较大，因此，一般以购进价加运杂费、保险费、税款和合理利润等为计算依据，由当事人双方约定保险价值，出险后按照约定价格处理。

（4）保险责任广泛。一般财产保险只对保险财产的直接损失和为减少损失而支付的合理费用负责；而货物运输保险则除直接损失外，凡是因运输工具在危难之中发生的卸、装、载等所致的损失和费用，以及依据共同海损原则应由被保险人承担的损失和救护费用，都由保险公司负责。

（二）保险责任

货物运输保险的保险责任，因运输工具不同而异。就国内货物运输保险来看，保险责任主要有普通责任、特定责任和附加责任三种。

普通责任指无论以哪类运输工具运送货物，对运输中可能遭受的风险损失及其相应发生的费用，保险公司都承担补偿责任。这些普通责任有火灾、爆炸、雷电、冰雹、暴风、暴雨、洪水、地震、海啸、地陷、崖崩、滑坡、泥石流等所致的损失。对这些风险的定义与财产保险相同。

普通责任还包括因运输工具发生的意外事故所致的损失，如运输工具的碰撞、火灾、爆炸等所致损失。对这些损失，保险公司也承担赔偿责任。

特定责任指对使用特定运输上具可能遭受的风险损失所应承担的责任。水上运输的特定责任如搁浅、触礁、倾覆、沉没等，陆上运输的特定责任如隧道、码头的坍塌等。

附加责任指对特殊保险事故承担的责任，如盗窃所致损失。附加责任通常以附加险的形式存在，不能单独投保。

（三）除外责任

货物运输保险的除外责任一般有战争、军事行动或者暴乱所致保险货物损失，直接由货物的自然损耗、本身缺陷等引起的损失，运输延迟所致的损失和费用，被保险人的故意行为等。一般如无特别约定，保险货物盗窃、提货不着、雨淋、渗漏、破碎、串味、受热受潮、毁损、包装破裂、锈损等所造成的损失，保险公司不承担赔偿责任。但是，这部分责任可以通过附加责任条款予以承保。

五、责任保险

（一）责任保险的概念及分类

1．责任保险的含义

在日常生活和经营活动中，任何企业或个人都会面临种种责任风险。如注册会计师的计算错误会导致委托人的经济损失，医师的手术操作失误会造成医疗事故，厂家的产品存在缺陷会对消费者的人身或财产造成损害……面对这种种风险，责任保险应运而生。责任保险是在被保险人由于过失行为造成他人损害或虽无过错但根据法律规定需对受害人承担赔偿责任时，由保险人根据事先签订的合同对此承担保险责任的一种保险。从这个角度看，责任保险就具有分散风险、及时弥补受害人的损害的职能。责任保险是随着财产保险的发展而诞生的一种新型业务，起源于19世纪初的欧美国家，自第二次世界大战后得到迅速发展。

2．责任保险的种类

（1）产品责任保险。这类保险是指由保险人承保的产品制造者、销售者、维修者等因产品缺陷导致消费者的财产损失和人身伤害，且依法应由其负责经济赔偿责任的保险。产品责任险的承保范围从早期的食品、饮料、药品、化妆品等到目前的各种日用品、轻纺、机械、石油、化工、电子产品以至于大型飞机、船舶、核电站、各种航天产品等，一般而言，投保人只要提出了投保要求，任何产品都可以成为投保标的。需要说明的是，武器、弹药以及残次品不在承保范围。

（2）雇主责任保险。这类保险是以被保险人即雇主的雇员在受雇期间从事业务时因遭受意外导致伤、残、死亡或患有与职业有关的职业性疾病而依法或根据雇佣合同应由被保险人承担的经济赔偿责任作为承保风险的一种责任保险。

（3）职业责任保险。这类保险是指承保各种专业技术人员因在从事职业技术工作时的疏忽或过失造成合同对方或他人的人身伤害或财产损失的经济赔偿责任的责任保险。通常这类保险是由提供各种专业技术服务的单位投保的团体业务，个体职业技术工作的职业责任保险，一般由专门的个人责任保险承保。

（4）公众责任保险。它又称普通责任保险或综合责任保险，是以被保险人的公众责任为承保对象，是责任保险中独立的、适用范围最为广泛的保险类别。所谓公众责任，是指在公众活动场所的过错致害行为导致他人遭遇人身伤害或财产损失，依法应由致害人承担相应的经济赔偿责任。

（二）产品责任保险

产品责任是产品侵权损害赔偿责任的简称。产品责任保险就是在保险有效期内对由于被保险人所生产、销售产品的缺陷导致消费者遭受人身伤害、疾病、死亡或财产损失，依法应由被保险人承担经济赔偿责任时，保险人根据合同约定在赔偿限额内负责赔偿的一种保险。需要注意的是，产品责任保险不承担产品本身的损失，只承担因产品导致的非产品本身的损害。

产品责任对推动社会经济发展具有十分重要的现实意义。首先，该险种的出现为产品制造商和经销商提供了风险转嫁和风险保障，推动了商品贸易的发展；其次，产品责任险的推出也增强了被保险人的赔偿能力，使消费者的合法权益得到了有效保障。

1. 产品责任保险的保险责任

产品责任保险的保险责任主要来自两个方面：首先，在保险有效期内，被保险人所生产、销售的产品在承保区域内发生事故，造成使用者的人身伤害或财产损失，依法由被保险人承担经济赔偿责任时，保险人在保单规定的赔偿限额内负责赔偿；其次，被保险人为产品事故所支付的诉讼费、抗辩费以及其他经保险人事先同意支付的费用，保险公司也予以支付。

2. 产品责任保险的除外责任

产品责任保险的责任免除一般分为三个方面：一是绝对责任免除，即保险人不承保的风险；二是不能在该项保险中承保，但可以在其他保险中承保的风险；三是通过加贴批单或特约，加收保险费后才能承保的风险。

3．产品责任保险的赔偿处理

（1）产品责任保险的赔偿限额。产品责任保险的赔偿限额分为每次事故的赔偿限额和保险单累计赔偿限额两种。以上限额还可以分别划分为人身伤害和财产损失两个限额。一般在实际操作中，保险人会针对不同产品、不同地区的需要研究确定不同的赔偿限额。

（2）产品责任保险的免赔额。免赔额作为保险人的一种免责制度，通常只针对财产损失，考虑到越来越多的投保人的保险目的是要求保险人承保较大的风险，目前的趋势是提高产品责任保险的免赔额。

（3）产品责任保险的追溯期。追溯期的提出只适用于附加“以索赔提出为基础条款”的责任保险。提出这一概念的目的是为了强调造成的人身伤害或财产损失而提出的索赔必须是在保单追溯期以内发生的事故引起的。保险人提供的追溯期一般为1～5年，且对于第一年投保的产品不给予追溯期，只在续保的情况下提供从第一次投保的起保日期开始计算的追溯期。

【小资料】

产品质量保证保险与产品责任保险的区别如下。

（1）保险标的不同。产品责任保险的保险标的是产品责任；产品质量保证保险的保险标的是产品质量违约责任。

（2）性质不同。产品责任保险是保险人针对产品责任提供的替代责任方承担因产品事故造成对受害方经济赔偿责任的责任保险；产品质量保证保险是保险人针对产品质量违约责任提供的带有担保性质的保证保险。

（3）责任范围不同。产品责任保险承保的是因产品缺陷致使消费者、用户或其他第三者遭受人身伤害或财产损失依法应负的经济赔偿责任，产品本身的损失通常不予赔偿；产品质量保证保险承保因产品质量问题所应负责的修理、更换产品的赔偿责任。

（三）雇主责任保险

雇主责任保险始于19世纪80年代初期，是责任保险中最早兴起并最早进入法定强制实施的一个险种，又称劳工赔偿保险。它作为一种商业保险，以被保险人所雇佣的员工在保险期间从事与被保险人业务有关的工作时，因意外或患有与业务有关的职业性疾病而伤残或死亡时，被保险人依法或根据雇佣合同应承担的经济赔偿责任为承保标的。在实际操作中，它只承保被保险人的过失行为和无过失行为所导致的雇员伤害赔偿责任。同时，保险人对事先经其同意的被保险人的合理的、必要的诉讼、仲裁等法律费用也承担一定的赔偿责任。

雇主责任保险与工伤保险有着本质的区别。前者是商业保险，由雇主支付保险费，其承保范围以雇主与雇员订立的雇佣合同或法律法规为基础，保障雇主对雇员在受雇期间的伤亡、疾病的雇佣责任；而后者属于社会保险，保费由政府、雇主、雇员共同交付，且以严格责任为归责原则，即工伤保险负责雇主对雇员在受雇期间任何时间、任何地点遭受的人身伤亡和疾病的赔偿责任而不考虑雇主有无过失责任。

1．雇主责任保险的保险责任

雇主责任保险的保险责任是雇主根据劳工赔偿法等法令对雇员应负的赔偿责任。它主要包括：被保险人所聘用的员工在保单有效期内，在受雇过程中，从事与本保险单所载明的被保险人的业务工作时，因遭受意外而受伤、致残、死亡，被保险人根据有关法律或劳动合同应承担的经济赔偿责任；因患有与业务有关的职业性疾病而致伤、致残或死亡的经济赔偿责任；被保险人依法应承担因为其雇员意外伤害或被鉴定为职业病时，雇主所应承担的医疗费用；被保险人依法应支付的有关诉讼费用。

2．雇主责任保险的责任免除

为预防道德风险，雇主责任保险条款中规定了明确的责任免除条款，对雇主应当承担的相关责任除外，以确保保险人的利益。我国雇主责任保险单的免责范围涵盖了诸如：战争、军事行动、罢工、暴动、民众骚乱或由于核子辐射所致被保险人所聘用员工伤残、死亡或疾病等八条。

3．雇主责任保险的赔偿处理

（1）雇主责任保险的赔偿限额。国际上通用的做法是按照“月工资”约定赔偿限额。我国保险公司根据国内市场的实际情况，在现行雇主责任保险中采用“限额”制，即在承保时根据被保险人的要求，事先在保险单中明确约定每人赔偿的限额，以此作为保险人对每一被保险人雇员应承担赔偿责任的最高限额。

（2）雇主责任保险的保险期限。我国现行的雇主责任保险采用期内索赔式，以索赔提出的时间是否在保单有效期内计算保单的责任期限。雇主责任保险的责任期限一般以双方约定的时间为始终，常为一年；也有的合同以承包工程期核算责任期限。

【案例分析】

保姆焦女士在雇主刘先生家擦玻璃时不慎从楼上坠亡。事后，焦女士的家人以“雇主应承担责任”为由，将雇主刘先生告上法庭。焦女士家人起诉称，刘先生家一直雇焦女士当保姆。2004 年 11 月 7 日，焦女士在刘家擦玻璃时不慎意外坠楼身亡。他们认为，焦女士的死给全家人造成了巨大的财产损失和精神伤害，因此，希望法院判决支付死亡赔偿金等费用。雇主刘先生没有否认焦女士意外坠楼身亡的事实，但他同时认为自己也很冤枉。他说，焦女士是和自己住在同一个小区的邻居。从2001年至2004年9月，他家雇用焦女士帮忙照料家务。不过在2004年9月以后，因为家里不再需要保姆帮忙，他们就解除了和焦女士之间的雇佣关系。可焦女士却向他哭诉家里生活困难，希望能在其家继续帮忙。刘先生觉得他是从友情和社会责任感的角度考虑，决定以后尽力帮焦女士。焦女士出于对他的感激，此后经常来他家走动。刘先生认为此时焦女士的身份已经不再是保姆了，所以没有雇佣关系。此外，刘先生还说，出事前，焦女士说要擦玻璃时，他明确阻止过，但焦女士还是自己来到他家擦玻璃，结果造成了意外事故。出事后，他已经给焦女士的丈夫27 979元的经济帮助。法院审理认为，根据法律规定，雇员在从事雇佣活动中遭受人身损害，雇主应承担赔偿责任。本案中刘先生虽然辩称事发时焦女士已没有保姆身份，但从“2004年9月后，焦女士仍来刘家帮忙干活，仍掌握着刘家的钥匙，焦女士擦玻璃时刘先生没有明确拒绝”等情节看，双方仍存在着事实的雇佣关系。同时，刘家的窗户未安装护栏，而刘先生也未对此采取安全措施，存在一定过错。而焦女士长期在刘家做保姆，在明知窗户没有护栏的情况下仍未尽谨慎义务，也对事故负有过失责任。据此，法院一审判刘先生一次性支付死者家属死亡赔偿金15.6万元。

（四）职业责任保险

职业责任保险，是指承保各种由于专业技术人员的工作疏忽或过失而导致的第三者人身伤亡或财产损失的经济赔偿责任的一种保险。作为责任保险的一种，职业责任保险在国外发展比较成熟；受制于经济和法律的发展，我国职业责任保险的发展还处于初级阶段。职业责任保险在它的形成和发展过程中表现出了一系列与其他责任保险不同的特征：首先，责任保险以完善的法律制度为存在和发展的基础；其次，职业责任保险以被保险人因工作疏忽、过失造成的对委托人或第三者的赔偿责任为承保标的，除少数险种外，职业责任保险大多是赔偿第三人的经济损失，而不是身体伤害或财产损失；再次，职业责任保险因为风险较高，在实际操作中大多采用期内索赔的承保方式；最后，除去风险转嫁外，许多职业责任保险的投保人也把它作为提高自身声誉、增强职场竞争力的手段。

1. 职业责任保险的保险责任

在职业责任保险中，保险责任以被保险人的过失为限，对于被保险人因故意甚至犯罪等行为所导致的赔偿责任，不属于保险责任范围。

职业责任保险的保险范围可以归纳为以下几个方面：

（1）被保险人在提供与其职业相关的专业技术服务时，由于被保险人或其法律上应负责的其他人的疏忽或过失行为造成有关第三者的经济损害赔偿责任。

（2）事先经保险人书面同意的诉讼费用。

（3）发生保险责任事故后，被保险人为缩小或减少对第三者的经济赔偿责任所支付的必要的、合理的费用。

2．职业责任保险的责任免除

责任免除的情况主要包括以下几个方面：首先，对于不可抗力等原因造成的损失、费用和责任，保险人不负责赔偿；其次，对于被保险人的故意等行为，保险人不负责赔偿；最后还包括一些典型的保险人不负责赔偿的项目，如罚款、罚金、惩罚性赔款等。

3．职业责任保险的赔偿处理

（1）赔偿处理方式。职业责任保险的处理以相关保险条款的规定为依据，以在保险单规定的赔偿限额以及法院或政府有关部门依法裁定或经双方当事人及保险人协商确定的应由被保险人偿付的金额为准计算赔款。

责任保险中保险人是否履行赔偿责任取决于被保险人是否受到第三者的赔偿请求。如果责任事故已经发生，第三者（即受害人）也受到了损害，但第三者不向被保险人请求赔偿的话，被保险人就无损失发生，保险人也就不必承担赔偿责任。

（2）重复保险的赔偿。发生保险责任范围内的索赔时，如有其他承保责任或其中任何一部分责任的保险存在，保险人将对有关赔偿按比例赔付。

【小资料】

中国人民财产保险股份有限公司推出一款专门针对美容师的职业责任保险——“美容师职业责任保险”，一旦美容师因失职给客户带来伤害，保险公司将承担赔付责任，最高赔付额可高达100万元。继中国相继推出“医疗责任险”、“律师责任险”、“建筑工程责任险”等10余种职业责任险种后，又一新险种保险诞生。职业责任保险是承保各种专业技术人员因工作上的疏忽或过失造成他人人身伤害或财产损失而依法应承担的经济赔偿责任的保险。它一般由提供各种专业技术服务的单位（如医院、设计师事务所、律师事务所、会计师事务所等）投保，适用于医生、药剂师、美容师、设计师、律师、会计师等专业技术工作者。目前，在发达国家的保险市场上，职业责任保险已涵盖了医生、护士、药剂师、美容师、律师、会计师、公证人、建筑师、工程师、房地产、保险经纪人和代理人、公司董事及高级职员等数十种不同的行业。中国现将美容师纳入这一队列中来，从而使专业美容师可通过投保职业责任险，来减少自己可能因疏忽、过失行为造成他人损害而依法应承担的经济赔偿责任。“美容师职业责任保险”则是明确以承包美容院工作因业务过失而致美容者人身伤害的美容师赔偿责任为标的。

（五）公众责任保险

公众责任保险涵盖了机构和个人面临的大部分责任风险，适用范围比较广泛。广义的公众责任保险的承保范围几乎包括了所有的损害赔偿责任；狭义的公众责任保险，仅以被保险人的固定场所作为保险区域，主要以企事业单位、机关、团体、家庭、个人以及各种组织（单位）在固定的场所从事生产、经营等活动以及日常生活中由于意外而造成他人人身伤害或财产损失，依法应当由被保险人所承担的各种经济赔偿责任为承保标的。

公众责任保险主要可以分为场所责任保险、承运人责任保险、承包人责任保险、个人责任保险以及其他责任保险。目前，我国的公众责任保险多为场所责任保险，即承保场所所有人或经营者对第三者依法应承担的损害赔偿责任。

1．公众责任保险的保险责任

公众责任保险的保险责任可表述为：主要承保由于意外事故致使第三者人身伤亡或财产损失，被保险人依法应当承担的民事赔偿责任。其责任范围主要来自两个方面：首先，在保险有效期限内，被保险人在保险单列明的地点范围内依法从事生产、经营等活动时，由于意外事故造成第三者人身伤亡或财产损失，依法应由被保险人承担的民事赔偿责任，保险人在保单规定的赔偿期限内负责赔偿；其次，是法律诉讼费用。

2．公众责任保险的责任免除

公众责任保险的责任免除，总体而言可以分为三个方面：一是绝对责任免除，即责任保险人不能承保的风险，主要包括被保险人及其代表人的故意或重大过失行为引起的损害事故，以及战争等风险责任难以测定的损害事故等；二是不能在公众责任保险中承保，但可以在其他保险中承保的风险；三是经过加具批单，增收保险费才能承保的风险。

3．公众责任保险的赔偿处理

（1）赔偿限额。它一般分为每次事故赔偿限额和保险期限内的累计赔偿限额，或者按照人身伤害和财产损失进行细化，分别确定不同的限额，在控制赔偿责任标准的同时，对风险进行更好的管理和防范。赔偿限额的高低，一般由保险双方当事人在签订保险合同时根据可能发生的赔偿责任风险的大小协商订定。当然，若保险人首先确定有若干赔偿限额档次，被保险人则可按需选定。由于公众责任的损害后果或是人身伤害或是财产损失，因此，公众责任保险的责任限额可按人身伤害和财产损失分别确定，也可将两者的最高赔偿责任合并为一个综合赔偿限额。

（2）免赔额。公众责任保险中，免赔额一般只对财产损失部分制订，对于人身伤害部分不设定免赔额。在我国公众责任保险的实际运作过程中，保险公司大多将免赔额列为保险单的一项内容，规定了每次事故财产损失的免赔额，这一般是一种绝对免赔额，即无论受害人财产损失程度是否超出了免赔额的规定，免赔额以内的损失，保险人一概不负责赔偿。

六、农业保险

（一）农业保险的概念

农业是国民经济的基础，也是社会发展的基础。农业的发展是国民经济健康发展的重要保证，农民收入的提高是全面建设小康社会的基石。然而由于农业自身的弱质性和生产过程的特殊性，农民始终承担着源于自然和市场的双重风险，从而导致收入的极不稳定。农业保险（Agriculture Insurance）就是为农民在从事农业生产过程中，遭受自然灾害或意外事故所造成的损失提供经济补偿的保险保障制度。

（二）农业保险的重要作用

1．农业保险对农民个人的影响

（1）农业保险对农民生产活动的影响。农业风险的存在具有客观性，它有可能使农民蒙受巨大的经济损失。而农业保险可以使投保农户在遭受保险责任范围内的灾害后及时得到经济补偿，尽快恢复农业生产。同时，农业保险的补偿功效有助于提高农民的偿债能力和贷款地位，保障农民的资金来源渠道。

（2）农业保险对农民生活的影响。农业保险对于农民个人的生活具有较大的安定作用。偶然发生的灾害事件造成的损失如果都由农民自己承担，可能导致农民生活来源的减少或生活水平的降低，甚至破产无法生存。农业保险则可以通过转移和分散风险，由参加农业保险的农民共同分担损失，以赔偿支付的方式保障农民生活的稳定。

2．农业保险对农村经济的影响

（1）农业保险有助于稳定农业再生产，对农业再生产的四个环节——生产、分配、交换、消费都具有较大的影响。首先，农业风险可能中断农业生产过程，缩小农业生产规模，破坏农业生产活动的连续性。参加农业保险后，农业风险造成的资金运用的中断或停滞，就可以通过保险公司的经济补偿得以恢复。第二，农业保险处于农业再生产过程的分配环节，农业保险基金来源于国民收入的再分配，而农业保险基金的运用则改变了国民收入的用途，实现了资金使用权的转移。第三，农业保险有调节农村经济、稳定物价的作用。农业保险为投保农户补偿意外经济损失，安定其经济生活，稳定其还贷能力，从而保证了农村信贷收支的平衡和资金的正常周转。同时，农业保险经济补偿职能的实现，使农业生产顺利进行，农产品供求保持协调，市场趋于平稳，物价得以稳定。农业保险的实施，使大额的不定的农业风险损失，转化为小额的固定的农业保险费的缴纳，较之农户个人处理风险，可以节约部分开支，降低农业生产成本，在一定程度上稳定了农产品的物价。第四，农业保险通过分散农业风险，可以保障农业生产规模的扩大，利用规模经营，降低农产品的成本和价格。而对农业风险损失的保险补偿，则可以使农民及时恢复因风险损失中断的农业生产，保证农产品的供应，保持农产品供求的平衡，保证社会对农产品的正常消费。

（2）农业保险有助于农村经济体制改革的深化和完善。农村经济体制改革，使农户投入到生产中的人力、财力、物力增大，所承担的经济责任和风险也相应增加；一旦农业风险发生造成经济损失，就会影响农民及其家庭的生产劳动的继续进行，也会影响集体经济主体的巩固。农业保险则可以解除农民及集体生产的后顾之忧，促使其以更大的精力与热情推广生产新品种、采用新技术、承包经济任务，保证以家庭承包为主的责任制的继续稳定和统分结合的双层经营体制的完善。

3．农业保险对整个国民经济的影响

（1）农业保险有助于国民经济的健康发展。在我国，农业是国民经济的基础，农业经济的波动是引发国民经济周期波动的重要因素。因此，农业上因风险造成的损失，不仅会导致农业再生产过程的不稳定，而且会使整个国民经济处于不稳定的状态。相应地，农业保险在直接促进农业生产经营活动健康稳定发展的同时，也间接保证整个国民经济的协调发展。

（2）农业保险有助于社会生活的安定。农民的生活资料来源于其劳动所得，农民的生产因灾害事故而萎缩或中断会使其家庭生活发生困难。农业保险可以使农民及家庭摆脱灾害事故造成的经济上的困难，维持正常的生活。同时，农业生产的停滞，会使农产品的供求状况失衡，价格上涨，影响社会其他阶层人们的正常生活，甚至造成一些社会不安定因素。农业保险的介入，则可以使农业生产者尽快恢复生产，保证农产品的供给和价格的稳定，从而保障社会各阶层人们的社会生活需要。

（3）农业保险有助于扩大积累规模。农业保险基金作为社会后备基金（用于对各种经济损失的补偿）的一种，退出了生产过程，需要在保险保障期间逐渐地用于各种经济损失的补偿。在任何一个时点上，农业保险基金中都有一部分用于经常性的赔款支出，而一部分处于暂时闲置状态。处于暂时闲置状态的资金，经过保险人的储蓄活动和其他保险融资行为，重新投入社会再生产过程，能使社会资金的积累规模扩大，作为间接的资金积累方式对扩大社会再生产发挥作用。

（三）农业保险的一般规定

1．保险责任

农业保险的保险责任，一般有三种确定方式：一是单一危险责任，保险人仅对某一种危险造成的经济损失给予补偿，如麦场火灾保险、雹灾保险等；二是混合危险责任，它承保的危险责任不是一种而是多种，如烤烟种植保险承保多种自然灾害造成的损失；三是一切危险责任，它是对农业生产过程中一切可能发生的危险都提供保障的保险。在农业保险实践中，承保人很少采用这种责任承担方式。

2．**保险金额**

农业保险的保险金额有一个共同点，即普遍采用较低保额制，以利于承保人控制危险并防治欺诈行为的发生。一般采用两种方式确定：一是以成本为基础；二是以产量为基础。

3．**保险费率**

在费率方面，农业保险除考虑承保危险发生的可能性及其损害大小外，还要考虑到保险金额和投保人的交费承受能力，一般采取低保费。

模块小结

一、知识结构

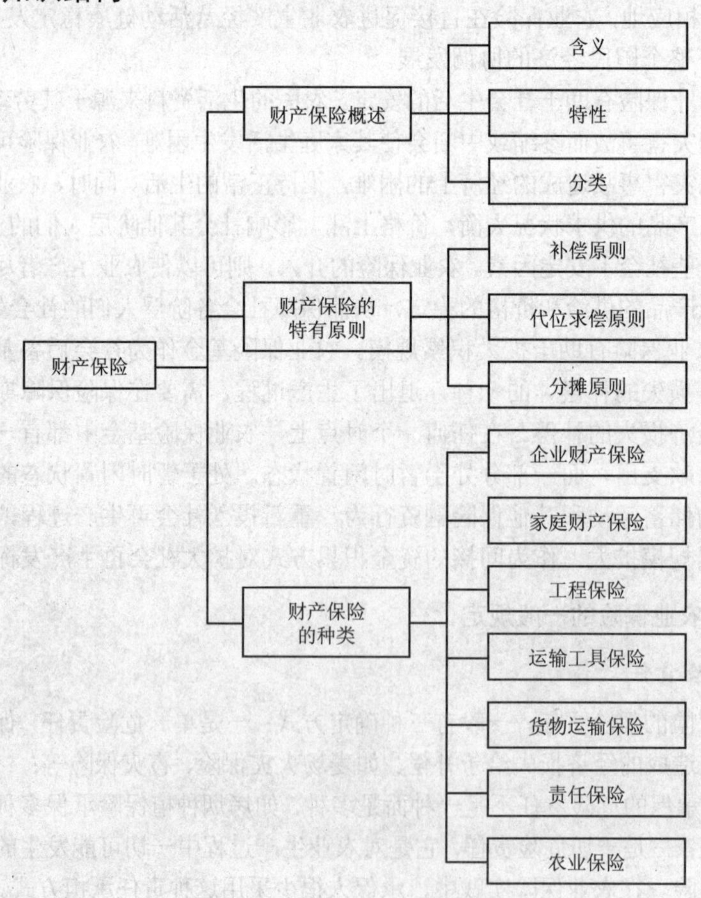

二、考核标准

知识考核标准：

- 掌握财产保险的特征、种类；
- 熟悉火灾保险的特点、主要险种；
- 熟悉运输保险的特征、运输工具保险、货物运输保险等；
- 了解工程保险的特征、种类等；
- 了解责任保险的特征、种类等；
- 了解农业保险的特征、种类等。

能力考核标准：

- 会设计企业财产保险和家庭财产保险投保方案；
- 会设计机动车辆投保方案并计算车险赔款；
- 能正确解释工程保险、责任保险、农业保险涉及的专业术语。

三、思考、实训

（一）思考题

1. 财产保险是如何分类的？
2. 请说明“补偿原则”的具体含义。
3. 代位求偿权实施的前提条件是什么？
4. 重复保险的分摊方法主要有哪些？请举例说明它们的计算方法。
5. 企业财产按是否可保的标准可以分为哪三类？
6. 机动车辆保险的“无赔款优待”是如何规定的？
7. 什么是职业责任保险？请举一个职业责任保险的简单例子。

（二）实训题

项目一：收集目前各大财产保险公司的主要家庭财产保险产品，并比较其各自特点。

实训目的：通过实训使学生熟悉财产保险市场及保险产品。

实训场所：校外实习基地、教室。

实训成果：保险产品、分析报告。

考核标准：根据收集保险产品的情况及分析报告评定成绩。要求收集材料较全面，分析较透彻。

项目二：从 2000 年 7 月 1 日起，全国开始执行新的机动车辆保险条款，其中包括 2 个基本险和 9 个附加险。2 个基本险分别为车辆损失险和第三者责任险，9 个附加险分别为全车盗抢险、车上责任险、无过失责任险、车载货物掉落责任险、玻璃单独破碎险、车辆停驶损失险、自燃损失险、新增加设备损失险、不计免赔特约险条款。其中除第三者责任险是强制性险种外，其他的险种则在很大程度上依赖于车主的经济情况，根据自己的经济实力与实际需求有选择地进行投保。请您根据车主的相关情况设计其投保方案。

实训目的：设计机动车辆投保方案。

实训场所：上课教室。

实训成果：车险投保方案。

考核标准：根据所涉及的投保方案评定成绩，要求方案合理。

模块五　人 身 保 险

知识目标	1. 掌握人身保险的含义、特征、种类等; 2. 掌握人寿保险的概念、分类、主要条款等; 3. 熟悉意外伤害保险的概念、种类和主要内容; 4. 熟悉健康保险的概念、特征、主要种类和特别条款。
能力目标	1. 能正确解释人寿保险主要条款; 2. 能正确解释意外伤害保险的主要内容; 3. 能正确解释健康保险的主要内容。

引例

太平洋财产保险公司和中国人寿保险公司将向“神六”的两名航天员提供人身意外伤害保险，业内人士估计该保险保额将超过千万元。记者从太平洋财产保险公司获悉，该公司将向两名航天员提供人身意外伤害保险，同时还将承保搭乘“神六”的书画长卷《和平颂》，保额约三百万元。中国人寿保险公司也表示，即将发射的“神六”的承保准备工作正在有条不紊地开展，为航天员量身订制的太空飞行意外伤害保险方案已经进入了最后的核查阶段。中国人寿表示，具体的保单设计需要从航天员特定的工作性质和生活特点出发来制订。为了避免不必要的炒作，目前该保险项目仍然处于保密阶段。太保则称，公司将在“神六”升空后才会正式公布保单的具体信息。而据业内人士估计，与“神五”相比，“神六”更为复杂，风险也高出许多，因此仅两名航天员的人身保险保额就将超过千万元。

资料来源：东方早报，2005-10-11

第一部分　人身保险概述

一、人身保险的含义

人身保险是以人的生命和身体为保险标的的一种保险。当人们遭受不幸事故或因疾病、年老以致丧失工作能力、伤残、死亡或年老退休时，根据保险合同条款的规定，保险人对被保险人或受益人给付预定的保险金或年金，以解决病、残、老、死所造成的经济困难。

人身保险包括以下基本内容：

（一）保险标的

人身保险的保险标的是人的生命和身体，它是以人的健康、生理能力和劳动能力等状态存在的。在生存保险中，以被保险人生存至某一约定时间为给付条件；在定期保险中，以被保险人在约定的保险期内死亡为给付条件；在健康保险中，以被保险人的身体遭受疾病或意外伤害而导致的损失为给付条件。

（二）保险责任

人身保险的保险责任包括生、老、病、死、伤、残等各个方面。

（三）给付条件

人身保险的给付条件是当被保险人遭受保险合同范围内的保险事件，并由此导致死亡、伤残、疾病、丧失工作能力或保险期满、年老时，保险人根据保险合同的有关条款向被保险人或其受益人给付保险金。

习惯上，人们把人身保险称作是人寿保险，把经营人身保险业务的公司称为人寿保险公司。两者虽然被通用，但是内涵和外延都有区别。人寿保险只是人身保险中的一个种类。根据我国《保险法》规定：人身保险业务包括人寿、健康、意外伤害等保险业务，所以人寿保险无论是保险标的还是保障范围都没有人身保险宽。但是人身保险是在人寿保险的基础上形成的。在保险的发展进程中，寿险公司最初只提供死亡保险；随着人类社会的进步，寿险公司也从狭隘的人寿保险发展成为广义的人寿保险，即人身保险。

二、人身保险的特点

1．保险标的不可估价，保险金额定额给付

财产保险中保险人支付的保险金通常称为补偿金，采用损失补偿方式。由于人身保险的保险标的是人的生命和身体，而生命和身体是不能用金钱来衡量的，因此人身保险合同就无法通过保险标的的价值来确定保险金额。一般情况下，人身保险的保险金额由投保人根据被保险人对人身保险的需要和投保人的缴费能力，在法律允许范围与条件下，与保险人协商确定，属于定额保险，此约定价格不能过高也不能过低。

2．保险利益以人与人的关系来确定

保险利益是投保人或被保险人对保险标的具有法律上承认的利益。人身保险的保险利益不是以人与物或责任的关系来确定，是由人与人的关系来确定。人身保险合同主要是采取限制家庭成员关系范围并结合被保险人同意的方式对人身保险合同中的保险利益加以明确。具体来说，投保人对自己的生命或身体具有保险利益；投保人对有直系血缘关系的人具有保险利益；投保人对与其有经济利益关系且同意作为被保险人的人具有保险利益。

3．人身保险具有长期性

人身保险的保险期间都比较长，特别是人寿保险，其保险期间通常在五年以上，有的险种长达几十年乃至人的一生。这具体与保险险种和被保险人的年龄以及投保人的选择有关。财产保险合同一般都是短期契约，一般为一年一保。人身保险则体现了投保人从长远的角度来考虑家庭生活的稳定和一生的保障，具有长期性和储蓄性。

4．人身保险具有保障性和储蓄性

财产保险一般只具有保障性。人身保险则既有保障性又有储蓄性。其储蓄性表现在，第一，大多数人身保险本身就兼有储蓄性。如两全保险，投保人投保的目的不仅是为了期内事故发生时获得保障，而且也是为了期满生存时得到一大笔储金。这笔储金就是其储蓄。第二，长期性人身保险实行均衡保费，前期多缴的部分就是投保人的储蓄，表现为保单上的现金价值，投保人可任意处置这部分现金价值。第三，长期性人身保险分期交付保费，且保费按复利计息，这也是储蓄的表现。

5．人身保险的保险费率确定方式特殊

财产保险是根据风险发生的概率再加上各种业务附加费制订费率的；而人身保险费率的确定需要考虑的是被保险人的生命期值以及分散风险的需要，即“平准保费法”。根据生命表统计资料，人的死亡率随着年龄的增加而增加，按照市场公平交易原则，风险小收费少，风险大收费高。如果按此确定费率，随着年龄的增加，很多人会难以负担逐年增加的保险费支出。年老体弱的人会勉强续保，而年轻健康的人则没有投保需求。这样的逆选择心理会导致保险经营者的风险难以分散。因此，人身保险实务中一般采用“均衡缴费法”，即减轻被保险人随年龄增加而增加的付费压力，同时将以前多收的保险费计算利息，用于弥补被保险人未来应付的保险费，减轻未来的保险费用支出负担，这也便于被保险人长期付费。

【小资料】

生命表也称死亡表，是对相当数量的人口自出生（或一定年龄）开始，直至这些人口全部去世为止的生存与死亡记录。通常以10万（或100万）人作为0岁的生存人数；然后根据各年中死亡人数，各年末生存人数计算各年龄人口的死亡率、生存率，列成表格，直至此10万人全部死亡为止。生命表上所记载的死亡率、生存率是决定人寿保险费的重要依据。生命表的建立可追溯到公元1661年，英国有了历史上最早的死亡概率统计表。到1693年，英国天文学家制订了《哈雷死亡表》，它奠定了近代人寿保险费计算的基础。到1700年，英国又建立了“均衡保费法”，使投保人每年缴费是同一金额。20世纪90年代中国人民保险（集团）公司组织了大量的专家，成功地编制出《中国人寿保险业经验生命表》，并于1997年4月1日起正式运用于人寿保险业务的经营核算中。

三、人身保险合同的特点

人身保险合同是以人的寿命和身体为保险标的的保险合同。由于人身保险合同的本质属于民事合同的范畴，因此它符合我国合同法中规定的合同的基本特征，同时又具有自己的特点。

1．射幸合同

人身保险合同是一种典型的射幸合同。所谓射幸合同是传统民法合同的一种形式，即合同的效果在订约时不能确定，合同当事人一方义务的履行有赖于偶然性事件的发生。在人身保险合同中，保险人仅在保险事故发生时承担赔付的义务，但是这个义务在订立合同时是不能确定能否履约的，仅取决于保险事故的发生与否。人身保险的射幸性只是就单个保险而言，对于保险人的全部保险合同，由于保险费与保险金是根据概率计算的，保险费的总额与赔偿总额大体相等，因而对于承保总体而言，不存在偶然性。

2．要式合同

所谓要式合同是指采取特定形式才能成立的合同，需要履行特定的程序或采取特定的形式合同才能成立。我国《保险法》第十三条规定：投保人提出保险要求，经保险人同意承保，并就合同的条款达成协议，保险合同成立。由此可见，我国保险法也对人身保险合同的书面形式有特定要求，不能将口头形式、推定等行为视为人身保险合同的订立行为。

3．双务有偿合同

双务合同是指当事人双方互相享有权利、承担义务的合同，合同双方既是权利人也是义务人。人身保险合同中，投保人的基本义务是缴纳保险费，只有在缴纳保险费后才能在合同约定的保险事故发生时获得给付保险金的权利；另一方面，保险人有收取保险费的权利，当保险事故发生时，也要必须履行合同规定的给付义务。

4．给付性质的合同

人身保险合同是以人的寿命和身体为保险标的的保险合同，而财产保险是以财产及其有关利益为保险标的的保险合同，这是两者的最大区别。由于人的生命和身体无法用金钱来衡量，投保人和被保险人需要相互协商来确定保险金额，因而属于给付性质的保险合同。

四、人身保险的分类

（一）按保障范围分类

1．人寿保险

人寿保险是以被保险人的寿命作为保险标的，以被保险人的生存或死亡作为保险事故的一种人身保险业务。其承保的风险可以是生存、死亡，也可是生死两全。其相应的基本形态包括生存保险、死亡保险和生死两全保险。人寿保险的保险有效期一般较长，是人身保险中主要和基本的险种。

2．人身意外伤害保险

人身意外伤害保险是以被保险人遭受意外伤害或因伤害致残、致死为保险金给付条件的保险。

3．健康保险

健康保险是以人的身体为保险标的，对被保险人因遭受疾病而支出的医疗费及因疾病导致收入损失给予补偿的保险。

（二）按投保方式分类

1．个人人身保险

个人人身保险是指以个人为单位投保的人身保险。大部分长期人身保险，特别是终身寿险都属于个人人身保险。

2．团体人身保险

团体人身保险是指以单位名义与保险人订立的人身保险合同。一张总保单可以为某一单位的全体或大多数成员提供保障。我国保监会规定，团体保险的人数至少为该团体总人数的75%，且绝对人数不少于8人。

【小资料】

根据WTO协议，2004年我国健康保险、团体保险、养老保险和年金保险服务将正式向外资保险公司开放。目前众多外资保险公司已经积极准备进入中国保险市场，尤其是我国巨大的团险市场。国内一些中资保险公司已经意识到自身问题，开始对团险业务进行调整。太平人寿保险公司就与世界上最大的跨国公司团体保险共保计划（IGP）签订了协议。根据该协议，太平人寿保险公司作为IGP在中国内地的唯一成员保险公司，可向跨国公司在中国内地的子公司或合资企业、合作企业，提供国际标准的团体保险服务——IGP服务，向跨国公司客户提供员工福利保障产品的一揽子团体保险计划，此举也为保险公司拓展业务开拓了一种新的思路。

（三）按保险期限分类

1．短期人身保险

短期人身保险是指保险期限为一年的人身保险业务。它主要以人身意外伤害保险居多，健康保险也可以是一年期业务。

2．长期人身保险

保险期限超过一年的人身保险业务称为长期人身保险。人寿保险一般为长期保险，健康保险也可以是长期业务。

（四）按风险程度分类

1．标准体保险

标准体保险是指其所承保的被保险人的风险程度与正常的保险费率相适应的人身保险。

2．弱体保险

弱体保险又称次健体保险，是指被保险人的风险程度高于标准体，不能用正常费率来承保的人身保险。对弱体通常用三种方式承保：一是年龄增加法；二是保额削减法；三是附加保费法。

（五）按有无分红分类

1．分红保险

由于人身保险期限较长，寿险公司收取保费与履约给付保险金义务有较长的“时差”，实际发生的死亡率、费用率和资金运用收益率可能会与保险人预定的不一样。如果保险人经营得好，就会得到比预定利率高的收益。分红保险就是保险人将其经营成果的一部分，每隔一段时间，以一定的形式，分配给保单持有人的人身保险。红利发放的形式有：现金形式、抵交保费、存储生息、增额缴清保险和一年定期保险等形式。

2．无分红保险

投保人不能分享保险人经营成果的人身保险就是无分红保险。保单持有人所获得的保险利益是保险合同签订时就确定下来的，不随未来保险公司经营水平和利率等因素的变化而变化。不分红保单的费率一般要低于分红保单。

【小资料】

● 英国《自然》杂志说，世界人口在2070年将达到90亿，随后开始下降。

● 2000年中国有9.4万人死于交通事故，相当于每天死亡258人。

● 目前从全世界来看，100个就业者要负担11个老人；50年后，100个就业者就要负担26位老人。

● 到2025年，中国每年因为吸烟而死亡的人数将达200万，21世纪中叶将达到300万，21世纪前五十年死亡人数将达到1亿。

第二部分 人寿保险

一、死亡保险

死亡保险是以被保险人在规定的期间内死亡为给付保险金条件的人寿保险。死亡保险能避免由于被保险人死亡而使其家属或依赖其收入生活的人陷入困境。根据保险期限，死亡保险分为定期死亡保险和终身死亡保险。

（一）定期死亡保险

1．概念

定期死亡保险通常简称为定期寿险，是指被保险人在保险合同有效期间发生死亡事故，保险人给付保险金的人寿保险。有效期间有两种表示方法：① 以特定的年数表示（如5年期死亡保险）；② 以特定的年龄表示（如保至50岁）。如果被保险人在保险期间未发生死亡事故，保险合同到期终止，保险人不给付保险金也不退还保险费。

2．特点

（1）保险期限灵活。保险期限有长有短，短的只有几个月，长的有几十年。

（2）保险费率低。定期寿险主要以短期为主，而且并不是每份保单都必须要发生给付，因而保险责任相对较小，费率相对较低。保险费一般只含保障因素和最低限度的附加费开支，不计利息。

（3）纯保障性，无储蓄性。被保险人在保险期内死亡，保险人才会给付保险金。如果在保险期间未发生死亡事故，保险人无须支付任何保险金。

（4）可转换性。允许保单持有人将定期寿险转换成终身保险或其他的等额寿险。

3．适用范围

定期死亡保险提供的是特定期内的死亡保障，且保费较低，比较适宜于：

① 家庭负担较重、经济负担能力较差，同时又有保险需求的人；② 在特定的期间内对被保险人的生命具有合同上权益关系的人投保，以免被保险人在特定期间内死亡使投保人的利益遭受损失。

【小资料】

友邦附加加惠定期寿险（ETR）

1. 投保条件

投保年龄：18周岁至55周岁；

缴费方式：年缴至保障期满；

保障年间：5年、10年、15年、20年、25年，至55周岁、至60周岁。

2. 保障利益

若被保险人在本附加合同有效期内身故或残废，本公司将本附加合同的基本保险金额给予身故保险金受益人或被保险人。

（二）终身死亡保险

1. 概念

终身死亡保险又称为终身寿险，是一种不定期的死亡保险，它是以被保险人的死亡为保险事故而给付保险金的人寿保险。只要投保人按时缴纳保费，自保单生效之日起，不论被保险人何时死亡，保险人都给付保险金。

2. 特点

（1）给付性。每一张有效保单必然发生给付。它是以被保险人死亡为给付条件的保险。

（2）永久性保障。该险种保障被保险人的终身，保险费率相对来说较高。

（3）保障他人利益。保险金的给付发生在被保险人死亡后，由受益人领取。

（4）具有储蓄性。保单经过一定年限后就具有了现金价值，投保人有权处置保单的现金价值。

（5）缴费灵活。缴费期及保额可灵活变动。

【案例分析】“中国人寿保险公司祥瑞终身保险”险种介绍

（1）保险责任：在合同有效期内，被保险人身故，保险公司按保险单载明的金额给付保险金，合同也到此终止。

（2）险种特色：低保费、高保障；定期交费、终生受益；自由选择保险期间。

（3）投保事项：投保年龄为16～65周岁。

保险期间：从承保开始直至身故。

缴费期间：5年、10年、15年、20年。

缴费方式：趸缴、年缴。

（4）年缴费率（摘要见表5-1）

表5-1 年缴费率表 （保额：1 000元 单位：元）

投保年龄	趸 缴	5年期	10年期	15年期	20年期
20	320	74	39	28	22
25	357	82	44	31	25
30	400	92	49	35	28
35	447	103	55	49	32
40	500	115	62	44	36

分析：40岁男性田某投保20年期祥瑞终身保险，保险金额5万元，年交保费1 800元（36×50），平均每天4.9元，20年共交费3.6万元。所获的保险利益是：从承保之日起至田某身故，保险公司将一次性给付受益人5万元保险金。

二、生存保险（年金保险）

生存保险是以被保险人在一定时期内继续生存为给付保险金条件的保险。生存保险与死亡保险正好相反，被保险人在保单规定的保险期限届满时，若还生存，保险人给付保险金；如果被保险人在保险有效期内死亡，保险人不给付保险金，而且保险费也不退还。生存保险又可以分为普通生存保险和年金保险。

（一）普通生存保险

普通生存保险是以被保险人在保险期满或达到某一年龄时仍然生存为给付保险金条件的保险。目前，普通生存保险在保险市场上不多，并且不作为独立的险种销售，而是和其他保险责任相结合进行销售。

（二）年金保险

1．概念

年金保险是指在被保险人生存期间，保险人按照合同约定的金额、方式，在约定的期限内，有规则地、定期地向被保险人给付保险金的保险。常见的年金保险包括退休年金、联合生存者年金、最后生存者年金和变额年金保险。在我国，凡是年龄在65周岁以下的居民，都可以作为年金保险的被保险人。

2．特点

（1）给付方式特殊。年金保险是生存保险的特殊形态，保险金的给付方式非一次性给付，而是采取了年金的方式。

（2）保单有现金价值。年金保险保单上有现金价值，其现金价值同普通生存保险保单上的现金价值一样，随保单年度增加而增加，至缴费期结束时最高。

（3）保险期间包括缴费期和给付期（有的包括等待期）。缴费期是指年金保险的投保人分次交纳（年金现价）保费的期间；给付期是指保险人整个给付年金额的期间。无论以何种方式交付，必须缴清全部保费后，才能进入年金的领取期。

3．作用

（1）年金保险最通常的用途是能提供老年生活保障。用年金保险的方式提供老年生活保障至少有两大优点：一个是可以减低保费，提高生活水平，因为年金收入中还包括了生存者的利益；第二个是年金保险采用周期支付，可以避免老人的浪费或使用不当。

（2）年金保险可以用来作为子女教育基金。

（3）投保人可以在缴费期内退保获取现金价值。有的人也把年金保险作为一种安全投资的方式，还可以获得税收上的优惠。

三、两全保险

（一）概念与特点

两全保险又称生死合险，是指不仅当被保险人在保险期内死亡时向其受益人给付保险金，而且在被保险人期满生存时也向其本人给付保险金的保险。

两全保险的特点是：第一，具有储蓄性。两全保险的保费当中，既有保障的因素，又有储蓄的因素，而且储蓄因素占相当比重。保费中储蓄因素的多少与保险期限的长短密切相关。保险期限长的，保费中储蓄所占的比重小，保险期限短的，储蓄所占比重大；第二，保险费率最高。两全保险既保生存又保死亡，一旦投保，给付就必然发生，所以两全保险的费率高于生存保险和死亡保险；第三，两全保险是集死亡和生存保险的责任于一身的险种，承保责任最全面。它不仅可以保障被保险人生存时收支失衡的需要，而且可以排除由于本人死亡给家庭经济生活带来的困难或与其有经济利益关系人的经济影响的后顾之忧。

（二）两全保险的主要险种

1．普通两全保险

普通两全保险是被保险人在约定的保险期间内死亡，保险人对受益人承担给付保险金的责任。

2．期满双倍两全保险

期满双倍两全保险是被保险人如果生存至期满，保险人给付两倍保险金额，如果死亡则给付多倍的保险金额。

3．联合两全保险

联合两全保险是承保两人或两人以上的被保险人，在约定期限内任何一人先死亡，保险人给付全部保险金，同时保险责任终止。

【小资料】

国寿99鸿福两全保险

1. 投保条件

凡出生满6个月以上、60周岁以下，身体健康者均可作为被保险人，由本人或对其具有保险利益的人作为投保人向本公司投保本保险。

保险期间为终身。

保险费的交付方式分为趸缴、年缴、半年缴和月缴，分期交付保险费的缴费期间分别为10年和20年缴，由投保人在投保时选择。

2. 保险利益

保障	生存至每二周年的生效对应日，按规定给付生存保险金	生存保险金=基本保险金额×6%
	身故	身故保险金=基本保险金额

四、创新寿险

定期寿险、终身寿险和两全保险都属于传统人寿保险。由于传统的人寿保险没有充分考虑到通货膨胀的影响，因此，各国的保险业相继推出了创新人寿保险。创新寿险又称为非传统寿险或投资连接保险、投资理财类保险等，是保险人为了适应新的保险需求，增强保险产品竞争力而开发的一系列新型保险产品。这类产品除了有保险保障服务之外，还具有投资功能，而且有的保费、保额是可变的。这类产品目前主要包括变额人寿保险、万能人寿保险和变额万能寿险、投资理财保险等。

（一）变额寿险

1．概念

变额寿险是一种终身寿险，是保险金额随其保费分离账户中投资收益的变化而变化的终身寿险。1976年，变额人寿保险在美国首次推出，现在已成为许多国家创新人寿保险的主要险种。

2．特点

（1）保险金额可变动。变额人寿保险缴纳的保费是固定的，但保险金额在保证一个最低限额的条件下可以变动，保险金额的变动取决于所选择的投资分离账户的投资收益。

（2）变额寿险不仅是一种保险还是一种证券投资。因此，它在实际运作中不仅要受到保险管理部门的管制，还要受制于证券管理部门。寿险公司一般不能直接运用变额保险的资金，而是按照保户指定的运用方式或按照保户的委托，由保险公司代理保户高效率地运用资金。

(3) 保单的现金价值随着保险人投资组合和投资业绩的状况而变动，某一时刻保单的现金价值决定于该时刻该险种的保费投资账户资产的市场价值。

(二) 万能寿险

1. 概念

万能寿险是为了满足那些要求保费支出较低而且方式灵活的寿险消费者的需求而设计的。最早是1979年在美国寿险市场上出现。万能寿险的保费缴纳方式很灵活，保险金额也可以调整。

2. 特点

(1) 死亡给付模式可选择性。万能寿险为投保人提供了两种可供选择的给付模式（一般称为A方式和B方式)。A方式为一种均衡给付方式，即在保险有效期内，发生保险事故，受益人可以得到约定的死亡给付金，这笔死亡给付金是净风险保额和保单的现金价值之和。由于净风险保额每期都会发生变化，通过调整，净风险保额和现金之和保持均衡，称为均衡的死亡受益额。当保单的现金价值增加，风险保额相应减少，对应的所需缴纳的保费额减少。B方式的死亡给付额为均衡的净风险保额与现金价值之和。现金价值的变化直接影响到死亡给付额的大小，如现金价值的增加将会导致死亡给付额等额增加，但对净风险保额的大小没有影响。

(2) 缴纳保费的方式灵活。万能寿险不采用固定的保费表，保单持有人可以在保险公司规定的幅度内，选择任何一个数额，在任何时候交纳保费。

(3) 操作透明。万能寿险在保单操作上是透明的，保单持有人能够看见其保单内部如何运作。客户每年可以得到一份年度报告书，说明其保费、死亡给付、利息、死亡成本、费用或现金价值等保单要素是如何内部运作的，这样可以清楚地了解保险公司如何处置保单的各项资金。

(三) 变额万能寿险

1. 概念

变额万能寿险是融合了保费缴纳灵活的万能寿险与投资灵活的变额寿险后形成的新型险种，1985年首次出现在保险市场上。它遵循万能寿险的保费缴纳方式，而且保单持有人可以根据规定和自己意愿降低保单金额，或在具备可保性的条件下，提高保额。与万能寿险不同的是资产由分离账户保存，但与变额寿险相同的是现金价值的变化与变额寿险现金价值的变化相同。因而，它是万能寿险与变额寿险相结合的寿险。

2. 特点

(1) 变额万能寿险集合了万能寿险和变额寿险的所有优点。这包括交纳保费的灵活性、死亡保额的灵活性，以及投资的灵活性和保单信息的高透明性。同时，保单的分离账户与保险公司的一般账户的资产分开，可以增加分离账户的保单持有人的安全性。

（2）变额万能寿险与传统的保险产品完全不同，具有很强的投资功能。因而国外对其最高保额有限制，以区别于其他的金融投资工具，否则将得不到税收上的优惠。这类保险视为高级投资连接产品。

（四）投资连接保险

1．概念

投资连接保险是指包含保险保障功能并至少在一个投资账户中拥有一定资产价值的人身保险。

2．特点

（1）具有保障与投资双重功能。它是一种将投资与风险保障相结合的保险，保险公司将客户所交的保费分成“保障”和“投资”两个账户，被保险人在获得风险保障的同时，将保费的一部分用来购买保险公司所设立的基金单位，由保险公司进行投资运作。

（2）独立账户，运作透明。投保人在任何时候都可以通过相关渠道了解和查询保险的成本、费用支出以及账户的资产价值。

（3）保障水平不固定。投资连接保险在给付保险金时取保险金额和投资账户价值的最大值，保障水平体现出一定的不确定性。

（4）投资风险由保单持有人承担。投资连接保险没有约定的投资回报率，客户实际得到的投资收益由投资账户的投资绩效决定，由保单持有人承担所有的投资风险。

【小资料】

光大永明 VUL 投资连接保险投资账户下设多个子账户，其账户特征和主要风险如表 5-2 所示:

表 5-2　投资账户情况表

投 资 账 户	投资账户特征	主 要 风 险
稳健型投资账户	采取审慎、稳健、长期的投资原则，以资本的保值与获取固定收入为目的。特点为安全性高、流动性强、收益率稳定	利率风险、信用风险等
平衡型投资账户	以中长期投资为主，兼顾收益与风险的平衡性，追求资产的稳定收益。特点为安全性较高、流动性较强、收益与风险相匹配	利率风险、信用风险、市场风险等
进取型投资账户	以长期资产增值为目的。主要特点为收益可能较高，但风险也较高	市场风险、信用风险等

第三部分 人身意外伤害保险和健康保险

人身意外伤害保险和健康保险被称为第三类保险，不仅寿险公司可以经营，财险公司也可以经营。

一、人身意外伤害保险

（一）概念

人身意外伤害保险称为意外伤害保险或意外险，是指被保险人在保险有效期间，因遭遇非本意的、外来的、突然的意外事故，致使其身体遭受伤害而残疾或死亡时，保险人依照合同约定给付保险金的保险。

首先，先了解伤害的定义。伤害必须由致害物、侵害对象、侵害事实三个要素构成，缺一不可。致害物是直接构成伤害的物体（物质），是导致伤害的物质基础，没有致害物的存在，就不可能构成伤害。侵害对象就是遭受致害物侵害的客体，在意外伤害保险中是指被保险人的身体。而精神、权利方面的侵害不是意外险所承保的。侵害事实就是要求致害物以一定的方式破坏性地接触、作用于被保险人身体的客观事实。

其次，意外事故的发生具有三要素：非本意、外来、突发。这三要素的含义分别是：

第一，非本意是指意外事件的发生非被保险人的主观愿望，也不是被保险人所能预见的。例如，正在行驶的汽车因刹车失灵而坠桥发生灾难，这件事故是违背乘客坐车主观愿望的，也是不能预见的。

第二，外来性强调出现意外事件的原因是由被保险人身体外部的因素所致，如食物中毒等。

第三，突发性强调事件的发生对被保险人来讲来不及预防，事件发生的原因和结果之间仅具有直接瞬间的关系。

【小资料】

我国意外伤害事故发生率排名：

1. 烫伤：多发生于5岁以下儿童（占88%），1～3岁所占比率最高，为56.9%，这些孩子好奇心强，喜欢动手动脚，因此容易发生烧烫伤。

2. 气管异物：多发生于3岁以下儿童，占57.9%，其中又以1～2岁孩子最多，占39%。

3. 交通事故：4～8岁儿童是交通事故高发年龄段，占54.2%。

4. 意外跌落：3～9 岁是儿童坠落事故的高发年龄段，占 58.2%。

（二）意外伤害保险的特点

意外伤害保险和人寿保险的保险标的相同，采取定额保险的形式，两者的投保人和被保险人可以是同一个人也可以是不同的人，而且可以指定受益人。但是意外伤害保险有别于人寿保险，我们可以从两者的比较看出其特点。

1. 可保风险不同

人寿保险承保的是人的生死，或死亡给付、或养老金的领取、或期满领取等。属于人体新陈代谢的自然规律，与被保险人的年龄密切相关；意外伤害保险承保的则是被保险人由于外来的、突发的、非本意的、非疾病的客观意外事故造成的身体伤害，与被保险人的年龄无关。

2. 保险金给付不确定

人寿保险中，发生保险事故后，无论被保险人有无损失以及损失金额是多少，保险人都需要按照约定的保险金额给付保险金。但是意外伤害保险中，保险事故发生时，死亡保险金按约定的保险金额给付，但残废保险多按保险金额的一定百分比给付。

3. 保费根据保险金额损失率计算

人寿保险的纯保费根据生命表和利息率计算，取决于被保险人年龄大小。但是意外伤害保险的纯保险费根据保险金额损失率计算，取决于被保险人的职业、工种或从事的活动，职业、工种、所从事活动的危险程度越高，所交保费也就越多。

4. 保险期限短

人寿保险的保险期限较长，至少一年，一般长达十几年、几十年，甚至是终身。意外伤害保险的保险期限较短，一般不超过一年，最多三年或五年。

5. 责任准备金

人寿保险的年末未到期责任准备金是依据生命表、利率表、被保险人年龄、已保年限、保险金额等因素计算。意外伤害保险的年末未到期责任保险金则是按当年保费收入的一定百分比计算，与财产保险相同。

（三）意外伤害保险的分类

1. 根据承保的风险分类

（1）普通意外伤害保险。它又称为一般意外伤害保险或个人意外伤害保险，是指被保险人在保险有效期内，因遭受普通的一般意外伤害而导致死亡、残疾时，由保险人给付保险金的保险。它所承保的风险是一般的意外伤害，多采用短期保险形式，如个人意外伤害保险、团体人身意外伤害保险等。

（2）特定意外伤害保险。这类保险承保的是以三个特定为约束条件的意外伤害保险。这三个特定是相对于普通意外伤害保险而言的，由特定原因、特定时间和特定地点导致的意外伤害，包括战争所致意外伤害，剧烈体育运动、危险娱乐运动所致的意外伤害，核辐射所致的意外伤害和医疗事故所致的意外伤害。这些特定承保的意外伤害可以单独承保，也可以作为附加条款，或是签注特别条款，有时保险人还会要求加收保险费。

2．根据保险责任分类

（1）意外伤害死亡残疾保险。这种保险只保障被保险人因意外事故伤害所致的死亡和残疾，满足被保险人对意外伤害的保险需求。保障项目只包括意外伤害造成的死亡或残疾两类。这种保险通常作为附加条款加在主险上，有时也可以作为单独险种投保。

（2）意外伤害医疗保险。它是指以被保险人因遭受意外伤害导致死亡或残疾，需要就医治疗而发生的医疗费用支出为保险金给付条件的人身保险。它的保险责任中通常会作如下规定：被保险人因遭受意外伤害，且在责任期限内，因该意外伤害在医院治疗且由本人支付的医疗费用，保险人按合同约定进行医疗保险金的支付。这类险种大多为附加条款。

（3）综合意外伤害保险。在其保险责任中，既有被保险人因遭受意外伤害身故或者残疾的保险金给付责任，也有为此住院治疗所花费的医疗费用的医疗保险金给付责任。这类保险大多单独承保。

（4）意外伤害误工保险。意外伤害误工保险是指被保险人因遭受意外伤害暂时丧失劳动能力而无法工作，保险人给付保险金的人身保险。这类保险旨在保障被保险人因意外伤害而导致收入的减少，维护被保险人的利益。

3．根据险种结构分类

（1）单纯意外伤害保险。该保险一张保单所承保的保险责任仅限于意外伤害保险。目前保险公司开办的个人人身意外伤害保险、驾驶员意外伤害保险均属于单纯意外伤害保险。

（2）附加意外伤害保险。该保险包括两种情况：一种是其他保险附加意外伤害保险，另一种是意外伤害保险附加其他保险责任。

4．根据保险期限分类

（1）一年期意外伤害保险。该保险的保险期限只有一年，这类险种在意外伤害保险中占了很大部分。

（2）极短期意外伤害保险。该保险的保险期限不足一年，是保险期限往往只有几天、几小时甚至更短的意外伤害保险。如公路旅客意外伤害保险、旅游保险、索道游客意外伤害保险等。

（3）多年期意外伤害保险。该保险的保险有效期超过一年。

（四）意外保险的主要内容

1．意外伤害保险的保险责任

意外伤害保险的责任是保险人对因意外伤害所致的死亡或残废所承担的赔付责任，但其不负责疾病所致的死亡。它与死亡保险和两全保险的保险责任区别可以从图5-1中看出。

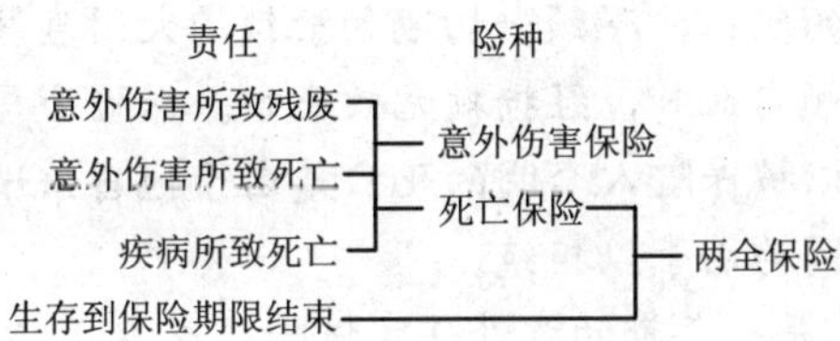

图5-1　意外伤害保险、死亡保险和两全保险的保险责任

意外伤害保险的保险责任由三个必要条件构成：一个是被保险人在保险期限内遭受了意外伤害；第二个是被保险人在责任期限内死亡或残废；第三个是被保险人所受意外伤害是其死亡或残废的直接原因或近因。三个必要条件缺一不可。

这里需要指出的是责任期限是意外伤害保险和健康保险特有的概念，是指自被保险人遭受意外伤害之日起的一定期限（如90天、180天、一年等）。只要被保险人遭受意外伤害的事件发生在保险期内，而且自遭受意外伤害之日起的责任期内造成死亡或残废的后果，保险人就要承担保险责任，即使被保险人在死亡或确定残废时保险期限已经结束，只要未超过责任期限，保险人就要负责。在人寿保险和财产保险中，没有责任期限的概念。责任期限结束后被保险人支出的医药费，即使是因意外伤害支出，保险人也不予负责。但是，如果被保险人在保险期限内因为意外事故下落不明，自事故发生之日起满两年、法院宣告被保险人死亡后，责任期限已经超过。为了解决这一问题，可以在意外伤害保险条款中订有失踪条款或在保险单上签注关于失踪的特别规定。

2．意外伤害保险的给付方式

意外伤害保险属于定额给付性保险，当保险责任构成时，按照约定的保险金额给付死亡保险金或残废保险金。死亡保险金的数额在保险合同中有明确规定。但是残废保险金的数额由保险金额和残废程度两个因素确定。残废程度一般以百分率表示，残废保险金数额的计算公式为

残废保险额=保险金额×残废程度百分率

在意外伤害保险合同中，应列举残废程度百分率，列举得越详尽，给付残疾保险金时，被保险人和保险人就越不容易发生争执。

【案例分析】精神病患者可以获赔吗？

2006年1月20日，家具厂A为包括李明在内的全体职工投保了“团体意外伤害险”（简称“团意险”），每人保险金额为5万元。该年9月，原来身体健康、精神正常的李明出现迫害幻想、行为异常等精神病症状，后来病情日益严重，被强制送往精神病医院治疗。10月3日，李明的病情又一次发作，在医院内四处乱跑，为躲避医务人员的阻拦，不顾一切地朝紧锁的大门直冲过去，结果头部撞在门墙上，造成头外伤颅内血肿，经抢救无效死亡。保险公司对被保险人家属提出的保险金给付请求，以被保险人李明的死亡是由于他自杀造成，属于意外伤害保险除外不保的责任范围为由予以拒绝。

分析：“团意险”是一年期的意外伤害保险，家具厂A为其厂里全体职工投保“团意险”时，作为被保险人之一的李明，精神正常，身体健康，显然符合投保条件。精神病是由于人体内外各种原因所引起的脑机能失调的一类疾病，投保单位不可能预知李明以后会患有精神病，因此，该保险合同是有效的。李明发病是在保险合同生效之后，在保险期内出现的。在住院期间，李明由于病情再次发作，在不能控制自己行为的情况下撞在墙上死亡，虽然是自伤所致，但不能视为自杀，应属于意外伤害保险事故死亡，构成意外伤害险的保险责任。

二、健康保险

（一）概念

健康保险是以被保险人的身体为保险标的，是对被保险人在疾病或意外事故所致伤害时发生的费用或损失给予补偿的一种责任。

疾病是由于人体内在的原因造成精神上或肉体上的痛苦或不健全。构成健康保险所致的疾病具有下列三个条件：

第一，由于内部原因造成的。健康保险承保的疾病必须是人身体内部（内在生理原因所致）的某种原因引发的。如动脉硬化引起的脑溢血等疾病属于健康保险的保障范围。而意外伤害保险则是因外来的事故所致伤害。

第二，由于非先天的原因造成的。先天性疾病和遗传性疾病一般不属于医疗保险范围。

第三，由于偶然性的原因造成。这里的偶然性是指被保险人是否会患上何种疾病或者患上哪种疾病是无法预测的。

（二）健康保险的特点

健康保险虽然与人寿保险、人身意外伤害保险同属于人身保险的范畴，但健康保险也有其自身特点，它和意外伤害保险同属于短期性保险，在国外两者归类为非寿险。

1．保险期限

除重大疾病保险以外，绝大多数健康保险的保险期限较短，一般在一年以内。这主要是因为健康保险保费计算是以残疾率代替死亡率，而影响残疾率较大的因素是职业和环境要素，同时发生的几率也不确定，这就无法做长期的预测。而一般的人寿保险合同则主要是长期合同，可以采用均衡保险费率。

2．合同性质

意外伤害保险大多是定额给付，属给付性合同。健康保险大多属于补偿性合同，其保险金的给付方式有定额给付、实际补偿和预付服务。因此，在健康保险中，存在着重复保险和代位追偿的问题。如果保险事故是由第三方责任引起的，保险人既可以在给付了保险金后，要求被保险人将向第三方追偿的权利转交给保险人，也可以在第三方进行了赔偿后，不予给付或补足差额。

3．风险特殊性

健康保险的保险责任主要是承担被保险人的医疗费用和收入损失。但在日益增长的医疗费用中，既有合理的因素，也有不合理的因素，从而健康保险的风险具有不易预测性。保险合同期满续保时，保险人可以有选择权；在续保时，保险人也可以修改费率或终止保险合同，不像人寿保险那样，保险人没有权利终止保险合同。另外，健康保险经营的是伤病发生的风险，其影响因素远较人寿保险复杂，逆选择和道德风险更严重。为减低逆选择风险，健康保险的核保要比人寿和意外伤害保险严格得多。

4．特别条款规定

健康保险的基本责任主要是疾病医疗给付责任。由于健康保险具有风险大、不易控制和难以预测的特性，因此，健康保险中保险人对所承担的疾病医疗保险金给付责任往往带有很多限制或制约性条款，这是一般人寿保险所没有的。

（三）健康保险的种类

健康保险按照承保内容的不同，分为医疗保险、疾病保险和收入损失保险。

1．医疗保险

医疗保险是指以约定的医疗费用为给付保险金条件的保险，即提供医疗费用保障的保险。医疗费用是病人为了治病而发生的各种费用，包括医疗费、手术费、住院费、护理费等。常见的医疗保险包括：

（1）普通医疗保险。普通医疗保险是指保险人提供治疗疾病的一般医疗费用保障，主要包括门诊费、医药费、检查费等。这类保险的保费较低，一般都有免赔额和比例给付的规定，没有观察期的规定。当疾病的医疗费用累计超出保险金额时，保险人不再赔付。

（2）住院医疗保险。这类保险是由于住院所发生的费用比较高时提供的保险。费用包括床位费、医疗费用、手术费用、药费等。这类合同中一般都约定了每日的给付金额、免赔天数和最长给付天数，以防可能出现的道德风险。它可以作为一项单独的保险承保。

（3）手术保险。手术保险是为被保险人在患病治疗过程中进行的各种手术提供手术费用保障的医疗保险。它既可以作为独立险种，也可以作为住院医疗保险的一项附加险。

（4）综合医疗保险。这类保险是一种保障范围全面的医疗保险，保障范围包括门诊费、住院费、手术费等，因而，保险费较高，免赔额较低，也有适当的比例给付规定。

2．疾病保险

疾病保险是以被保险人罹患合同约定的疾病为承保风险的一种健康保险。常见的疾病保险包括：

（1）重大疾病保险。这类保险主要是针对重大疾病需要的巨额医疗费用而设计的保险。目前重大疾病包括两种形式：一种是就某一重大疾病提供的保险，比如癌症；一种是针对多种重大疾病开办的，例如，保障的疾病包括癌症、心脏病、脑中风等。

【小资料】

平安附加定期男性重大疾病保险条款中对重大疾病的解释。

一类重大疾病指被保险人初次患的下列疾病：严重恶性肿瘤；急性心肌梗死或急性心肌梗塞；重要器官移植；慢性肾衰（尿毒症）；多发性硬化；失明；肢体缺失；瘫痪；严重烧伤；帕金森氏病（保障至60周岁保单周年日止）；Ⅰ型糖尿病；肝病末期；原发性肺动脉高压；急性出血性坏死性胰腺炎；深度昏迷；良性脑肿瘤；再生障碍性贫血；爆发性肝炎；乙脑等。

二类重大疾病指被保险人初次患的下列疾病：冠状动脉搭桥术；语言功能丧失；失聪；主动脉手术；心脏瓣膜置换术。

（2）特种疾病保险。特种疾病保险是专门为被保险人患上特种疾病而发生的医疗费用提供补偿的一种健康保险。例如，牙科费用保险、眼科保健保险、女性疾病保险等。

【小资料】

太平真爱附加女性生育疾病保险

特点：特殊时期，额外保护—— 适合18～44周岁，有生育计划之女性。

保 障 利 益	保障金额（占女性疾病保险金额之百分比）	保 障 期 限
怀孕期疾病	20%	三年
新生儿先天性疾病	20%	
新生儿特定手术	20%	

* 保险金累计给付金额不超过太平真爱附加女性疾病保险金额的40%。

3．收入损失保险

收入损失保险是指对被保险人因疾病致残后，不能正常工作造成收入损失进行补偿的一种健康保险。它不承保被保险人因疾病或意外伤害所发生的医疗费用。收入损失保险金的给付以暂时或永久丧失劳动能力为条件，直接以现金支付，并规定了给付金额和方式。给付金额有定额给付和比例给付两种。定额给付是按照保险合同规定的金额定期给付保险金。在这种情况下，无论被保险人原收入多少，给付金额都按照约定金额给付。比例给付是根据被保险人残疾程度及被保险人原收入的一定比例给付保险金的。对于全残的，保险人给付的保险金一般为被保险人原收入的70%～80%；对于部分残废的，根据一定比例给付。给付方式也有一次性给付和分期给付两种。

（四）健康保险的特别条款

1．观察期条款

为了防止已有疾病的人带病投保，保证保险人的利益，保单中往往要规定一个观察期（大多是半年）。所谓观察期是健康保险合同订立后到保险人开始履行保险金给付责任的一段时间。在此期间，被保险人由于疾病支出医疗费用或造成收入损失，保险人不负责任。只有观察期满之后，保单才正式生效。该条款的规定可以防止可能出现的逆选择。

2．免赔额条款

在健康保险合同中，一般对医疗费用采用免赔额的规定，在免赔额的费用支出范围内由被保险人自理。这个条款主要是为了避免经常性小额医疗费用给付，减少道德风险。免赔额主要有两种情况：一个是相对免赔额，即在规定的一个固定额度内（如100元或者200元），当被保险人在保险事故中遭受的损失没有达到此限额时，保险人不履行保险责任；另一个是绝对免赔额，即无论被保险人的实际损失多大，保险人都要在扣除免赔额之后才支付保险金。

3．等待期条款

等待期也称为免赔期，是健康保险中保险事故发生后到保险金给付之前的一段时间。等待时间长短不一，短的只有3～5日，长的可达90天。该条款的提出，为保险人提供了充分的调查、核实时间，杜绝骗保现象的发生。同时也有利于保险金申请人准备资料，为申请保险金提供充足而有效的时间。

4．连续有效条款

对于健康保险期限较短而希望长期投保的客户，反复投保一年期保单很不方便，因此保险人往往通过保单条款中的说明，使健康保险保单变为连续有效的保单，条款中也会注明在什么条件下自动续保，在什么条件下生效。

【案例分析】附加险能够单独续保吗？

2005年4月，小李在某市某人寿保险公司购买了一份理财型人寿保险（主险），同时还购买了附加个人住院医疗保险。2006年2月，小李因“右输尿管结石”住院接受治疗。同年12月，又因“右输尿管上段结石、右肾积水、糖尿病、乙型肝炎”等病第二次住院接受治疗。对于上述两次住院的有关费用，保险公司按照保险合同给予了赔付，但是在2007年，当小李准备投该附加险时，保险公司因为保单上注明“对于附加短险，在其主险缴费期限内，若您停止缴费或经本公司审核后不再收取续期的附加短期保费，则附加短险的相应责任随之终止。”作出了拒绝续保的决定。那么，保险公司能否拒绝续保？

分析：附加险不能单独投保，只有先投保了某种主险才能投保附加险，这是国际保险业的惯例。主险和附加险的关系有三种：一是保证按原有条件续保，即只要客户愿意投保，保险公司就必须按照原有的条款和费率承保；二是保证续保，但保险公司保留调整每年费率的权利，即如果客户希望续保，则保险公司应当按照新调整的费率予以承保；三是不保证续保，即保险公司可能会根据某个客户的具体情况重新核保，符合承保条件的才给予承保，或者干脆就停止经办某个附加险。在本案中，属于第三种情况，保险公司根据被保险人当前的健康状况，可以对附加险拒绝续保，而主险的保险责任将不会受该疾病因素的影响。不少客户购买保险的主要目的是为了购买其附加的健康险，这样很容易丧失保险利益。在购买保险时一定要弄清楚附加险和主险的关系。

第四部分 团体保险

一、团体保险含义

团体保险是以团体为投保人，用一张总的保险单对一个团体的在职人员提供人身保险保障的保险。

团体保险不是一个具体的险种，而是一种承保方式。在团体保险中，投保人是团体组织而不是个人，被保险人通常是团体中的在职人员。保险人只与投保人发生合同关系，而不与团体中的个人发生合同关系。团体保险产生于20世纪初，自第二次世界大战以来，在发达国家迅速发展。在美国，团体保险是雇员福利计划的重要组成部分，和个人保险、社会保险并列为美国经济安全制度的三大支柱。

【小资料】

我国团险保费收入及其在寿险行业中占的比例

年　　度	1993	1994	1995	1996	1997	1998	1999	2000	2001	2002
寿险保费收入/亿元	144	163.4	204.2	324.6	600.2	747.7	872.1	997	1 423	2 274
团险保费收入/亿元	105	126	150	288	396	384	191	194	352	467
在寿险行业占比（%）	72.9	77.1	73.5	88.8	65.9	51.4	21.9	19.4	24.7	20.5

二、团体保险的特点

1．以团体风险选择代替个人风险选择

团体保险只能以团体整体承保，不能拒绝其中的个体，这是团体保险的一个显著特点。在团体保险中，由于对团体的审查和对团体保险中投保人数比例的限制，就可以保证投保的人符合正常健康水平。根据经验数据，团体保险的死亡率比较接近社会平均死亡率。因此，团体保险不需要对被保险人逐一验体或提供其他可保证明。为了避免团体的逆选择，即危险性较大的团体积极投保对它有利的险种，保险人根据“合格团体”进行承保。例如，在我国，党政机关、企事业单位、社会团体等被认为是合格团体。另外，团体保险中对投保人数也有相应规定，一是绝对数的要求，目前我们通用的规定是团体投保人数不少于8人，对少于8人的团体在100%投保的前提下，也可以通融承保；另一个是对投保人数占团体人数的最小比例规定为75%。

2．以团体保险单代替个人保险单

团体是总保单的持有人，每个被保险人仅持有一张保险凭证，这样简化了保险关系和保险手续。

3．保险费率低，保障性高

团体保险采取集体作业、批量处理的方法，能够发挥规模效应，如手续简便、免体检、总体风险低、贡献性保费等。降低了保险公司的经营成本。

4．团体保险计划具有灵活性

团体保险单虽然也遵循一定的格式和一些特定的标准调控，但与个人保险比

较，具有明显的灵活性。团体保险属于一种员工福利计划，在合法合理、技术允许的情况下，投保人可以参与协商，并在合同中充分体现投保人的要求。

5．手册法和经验法相结合制订费率

团体保险的费率计算依据团体人数累计的死亡率和并发率，其费率比个人保险费率低得多。

三、团体保险的分类

按照保险责任不同，团体保险分为四大类：团体人寿保险、团体意外伤害保险、团体健康保险和团体养老保险。

（一）团体人寿保险

1．概念

团体人寿保险，是以团体形式投保的定期或者终身的死亡保险，是团体人身保险的主要种类。1912 年美国公平寿险公司签发了第一张团体寿险保单。近百年来，团体人寿保险的发展对整个社会产生了重大影响。

2．团体人寿保险的种类

（1）团体定期寿险。团体定期寿险是一种以投保人为团体，被保险人为团体内成员，保险期限为定期的人寿保险。它是团体寿险的主要险种，以团体形式投保的定期死亡寿险，保险期限为一年，无现金价值，能够享受免税优惠，无须缴纳个人所得税。

（2）团体终身寿险。团体终身寿险是以团体定期保险为基础，搭配个人长期寿险（终身、养老保险）的一种团体寿险。它不享受税收优惠。通常有三类：一是团体缴清保险，即一年期定期死亡保险和终身寿险相结合而成的险种。前者由雇主缴费，享受税收优惠，后者由雇员自己购买，不享受税收优惠，二者的总和通常相等；第二类是团体均衡保费终身寿险，该险种是由雇主为其雇员购买投保，按限期缴费的终身寿险，保单现金价值的处置权交与员工，作为雇员退休福利计划中的一部分；第三类是团体万能寿险，保费由雇员完全承担，保险金额自己确定，当雇员脱离团体时仍享受保障，能以较低的成本建立退休基金。

（3）团体债权人寿险。团体债权人寿险是债权人为其当前和未来的债务人购买的一种保险，基于信用关系而投保。该险种是定期寿险，保险金额受贷款余额的限制，团体债权人是保单持有人，同时也是受益人，而且死亡保险金要用来抵偿被保险人所负的债务。

（二）团体健康保险

团体健康保险是指以团体为保险对象的健康保险。美国是世界上团体健康保险产生最早的国家之一，目前美国团体健康保险要远远大于个人健康保险。根据保险责任划分可以分为团体医疗费用保险、团体失能保险。其中团体医疗费用保险又包括团体基本医疗费用保险、团体高额医疗费用保险和团体特种医疗费用保险。团体失能保险主要是为团体被保险人因疾病或者意外伤害而丧失工作能力提供定期收入的健康保险。它又包括短期团体失能保险和长期团体失能保险。

（三）团体意外伤害保险

团体意外伤害保险是以团体方式投保的人身意外伤害保险，保险责任、给付方式与个人意外伤害保险完全相同。它与健康保险、人寿保险相比较适合采用团体的方式投保，因为其费率的制订较为简单，和团体职业性质紧密相关。团体意外伤害保险多为一年定期保险，保险费通常是一次缴付，目前团体意外伤害保险比较普遍的是在企业、机关、学校等中。

四、团体保险合同的常用条款

1．投保准入成员条款

该条款对团体人寿保险参保成员的资格作出了规定，规定了只有正式的、在职的全职员工才具有获得团体人寿保险的资格。而且新加入企业的员工在符合获得保障的标准之前往往需要经过一段观察期，通常是1～6个月。

2．保险责任终止条款

团体保险为团体成员提供保险，当某人不再是团体成员时，其团体保险也就终止了。如果投保人不再满足原保险公司的承保条件，也可能与原保险人终止保险合同而转投另外一家保险公司，保险人要履行的保险责任也就终止了。

3．保险单转换条款

当团体保障到期时，雇员有权将其转换为相应现金价值的个人保险单。

4．豁免保费条款

该条款规定，只要被保险人能证明自己伤残，团体保险保障就可以无限期地持续下去，雇主无须支付任何保险，在参与型团体保险计划中可以豁免员工的保费。

【案例分析】单位是否有权领取员工的保险金？

某单位为全体员工投保了团体人寿保险，没有指定受益人。不久，一个胡姓员工因一次车祸身故，当胡先生的儿子得知有关保险情况后，向保险公司提出索赔，却发现保险金已经被该单位领取了。那么，单位是否有权领取保险金呢？

分析：单位作为投保人为其员工投保团体人寿保险，被保险人是其员工。根据保险法，投保人是与保险人订立保险合同，并承担缴费义务的人。而享有保险金请求权的人是被保险人或其受益人，如果发生保险事故导致被保险人死亡，受益人就是唯一享有保险金请求权的人。受益人无偿享有保险金，而不承担交付保险金义务。因此，单位出钱为员工投保了团体人寿保险，应视作为员工谋福利，在没有指定受益人的情况下，不应作为受益人，领取员工的保险金。虽然投保时没有指定受益人，根据法律，胡先生的儿子作为法定受益人，依法有权享有保险金请求权。综上所述，胡先生的儿子有权向单位索取保险金，如果单位有异议，可以向法院提起诉讼，依法讨回保险金。但如果在投保时单位经胡某书面同意，受益人为单位，就另当别论了，单位有权申领保险金。

第五部分　人身保险合同的特有条款

一、不可争条款

不可争条款又称不可抗辩条款，是指自人身保险合同订立时起，超过法定时限后，保险人将不得以投保人在投保时违反如实告知义务，误告、漏告、隐瞒某些事实为理由，而主张合同无效或拒绝给付保险金。一般来说，人寿保险合同订立的头两年为可抗辩期，订立之日起满两年后，除非投保人欠缴保险费，保险人不能以投保人在投保时违反最大诚信原则为由，否认保险单的有效性。

【案例分析】关于两年的可抗辩期的保险纠纷

投保人陈某于 1994 年因慢性肾功能不全住院，1998 年向保险公司为自己投保养老金保险，投保时没有如实告知陈某 1994 年因病住院的事实，因种种原因投保人通过了体检并且保险人已承保。投保人也就是被保险人于 2001 年因肝肾综合症死亡。保险公司以投保人未履行如实告知而解除保险合同。为此保险人与受益人发生纠纷，诉至法院。

分析：根据《保险法》的第五十三条第一款规定“投保人申报被保险人年龄不真实，并且其真实年龄不符合合同约定的年龄限制的，保险人可以解除合同，并在扣除手续费后，向投保人退还保险费，但从合同成立之日起逾二年的除外。”不可争条款在我国的《保险法》中仅适用于年龄的不如实告知，但是对健康状况的不如实告知没有相应的处理措施。因而保险公司拒赔是无法律依据的。不可争条款是一个国际寿险通用条款，它在各个国家运用的范围是不同的。不可争条款在美国的法律中是这样阐述的“如果被保险人在保险合同生效两年后仍然生存，保险人将不得对保单有效性提出异议”。在这里我们看到，美国的不可争条款要求被保险人在合同满两年后仍然生存，保险人就不得主张合同无效，这里就是说无论投保人在投保时，是年龄不如实告知还是健康不如实告知，只要他在保险合同生效满两年后还生存，保险人就不能以投保人在投保时不如实告知，主张合同无效而拒绝履行赔偿或给付保险金的责任；而在我国的《保险法》中并没有要求被保险人在保险合同满两年后生存，它只是要求不可争条款仅适用于年龄的不如实告知。这种相同条款在实务运用中的差异性，折射出我国的《保险法》还不够完善，应该进一步加强完善，使得各项实务都有法可依。

二、年龄误告条款

年龄误告条款主要是针对投保人申报的被保险人的年龄不真实，而真实年龄又不符合合同约定限制的情况下而设立的。法律与保险合同中一般均规定年龄误告条款，要求保险人按被保险人的真实年龄调整相关合同条款。被保险人的年龄是保险人决定是否承保的一个依据，也是决定保险费率的一个重要因素。

如果在合同有效期内发现了年龄误告，被保险人健在，可采取下列几种处理方法：一是投保人申报的被保险人年龄不真实，且真实年龄不符合合同约定的年龄限制的，保险人可以解除合同，并在扣除手续费后，向投保人退还保费，但自合同成立起满两年的除外。二是投保人告知年龄大于真实年龄时，保险人应该无息退还多缴的保费，或按已缴的保险费调高保险金额。三是投保人告知年龄小于真实年龄时，保险人应该要求投保人补缴保费及其利息，或按已缴的保险费降低保险金额。

【案例分析】年龄误告案

1995 年 11 月 12 日，某单位为全体职工投保了简易人身险，每个职工 150 份（5 年期），月交保险费 30 元。1997 年 5 月，该单位职工付某因交通事故不幸死亡，他的家人带着单位开出的介绍信及相关的证明资料，到保险公司申领保险金。保险公司在查验这些单证时，发现被保险人付某投保时所填写的年龄与其户口簿上所登记的不一致，投保单上所填写的 64 岁显然是不真实的。实际上，投保时付某已有 67 岁，超出了简易人身险条款规定的最高投保年龄（65 岁）。于是，保险公司以单位投保时申报的被保险人的年龄已超出了保险合同约定的年龄限制为理由，拒付该笔保险金，并在扣除手续费后，向该单位退还了付某的保险费。

分析：被保险人的年龄是决定保险费率的重要依据，也是在承保时测量危险程度，决定可否承保的依据。一般来说，年龄越大，危险也越大。但是在订立人身保险合同时，要逐个验明被保险人的实际年龄是有困难的，因此，往往是在发生保险事故或者在年金保险开始要发放年金时，才核实年龄，所以不可避免的就会产生许多年龄申报不实情形，这其中有些带有欺诈的成分，有些也许只是投保人的偶然疏忽或过失所致。但有一点很显然，这样对保险公司控制风险是非常不利的。所以《保险法》第五十三条第一款规定："投保人申报的被保险人年龄不真实，并且其真实年龄不符合合同约定的年龄限制的，保险人可以解除合同，并在扣除手续费后，向投保人退还保险费，但是自合同成立之日起逾二年的除外。"在本案中付某的年龄申报不实将直接导致保险合同的解除，尽管这种不实告知也许是出于疏忽或其他原因。所以，本案中保险公司的拒付理由是充足的，完全符合《保险法》的有关规定，并且自保险合同成立之日起未超过2年。

三、宽限期条款

宽限期条款是指如果保险合同约定分期支付保险费，但投保人支付首期保险费后未按时交付分期保险费的，法律或合同规定给予投保人一定的宽限时间，在此期间，即使未交纳保险费，仍能保持保险合同效力。

规定宽限期的目的在于避免合同非故意失效，保全保险人业务。人身保险的投保人在分期缴费方式下，缴纳首期保险费是合同生效的前提，按时缴纳续期保险费是维持合同效力的条件。在长期缴费期间内，大多数投保人并非故意不按时缴纳保险费，而是因偶尔遗忘或暂时经济困难等原因未能按时缴纳，如果保险人不给予一定时间的宽限，必然导致许多合同中途停效，进而失效终止，这对被保险人而言，会因客观原因而使保障毁于一旦。因此宽限期的规定对合同双方都有利。保险合同中的宽限期有的规定为一个月，有的为两个月，我国保险法规定为60天。

【案例分析】宽限期出险案

50岁的赵先生于2000年购买了一份终身生死两全保险，选择10年分期缴保费方式，保险金额为15万元。2000年5月8日，他首期缴纳保费6 500元，保险合同生效。该合同规定，被保险人如在60周岁前身故，其受益人将获得2倍于保险金额的保险金30万元。2003年5月3日，赵先生因出差去兰州没按时缴纳保险费。5月11日，赵先生在返回途中因车祸罹难。那么，赵先生的保单还有效吗？他能获得保险金给付吗？

分析：宽限期条款是指在分期缴纳保险费的人寿保险合同中，如果投保人到期没有缴费，根据我国《保险法》的规定，保险公司将给予投保人60天的宽限期限，投保人只要在宽限期内缴纳了保险费，保险合同继续有效。如果被保险人在宽限期内没来得及缴费就发生了保险事故，保险公司仍要对此负保险责任，但在给付保险金时应扣除当期应缴纳的保险费。赵先生的死亡发生在宽限期内，保险公司应对其负保险责任。其受益人将依照合同的约定得到30万元的保险金，但应扣除其欠缴的保险费6 500元，即其受益人实际获得保险金为30万元−0.65万元=29.35万元。

四、保险合同效力中止和复效条款

保险合同效力中止是指保险合同在有效期间内，由于缺乏某些必要条件而使合同暂时失去效力，称为合同中止；一旦在法定或约定的时间内所需条件得到满足，合同可以恢复原来的效力，称为合同复效。复效是对原合同法律效力的恢复，不改变原合同的各项权利和义务。复效须经投保人提出复效申请，并与保险人达成复效协议。人身保险合同申请复效的时间一般规定为停效后的两年或三年内，我国《保险法》规定为两年，超过了这个期限，就不能复效，保单终止，保险人向受益人支付保单上的现金价值或退还已缴保费。

【案例分析】长期保单的失效

吴小姐投保了一份长期寿险，并附加了一份住院医疗保险。第二年该交费时，吴小姐虽然收到了保险公司提醒交费的通知，但是因为工作忙，一直没有交纳续期保费，直到三个月后吴小姐才到保险公司申请保单复效。保险公司审核后同意了吴小姐的复效申请。之后不久，吴小姐因为急性胆囊炎住院治疗，出院后，她到保险公司索赔住院医疗保险，而工作人员遗憾地告诉吴小姐：因为该事故发生在观察期内，是属于住院医疗保险的除外责任，所以不能理赔。吴小姐很奇怪：不是已经办理了保单复效吗，怎么还有什么观察期呢？

分析：失效是指由于投保人没有在宽限期内缴纳续期保费而使保单丧失效力。长期寿险的宽限期一般为两个月，虽然吴小姐的长期寿险保单失效了，但在失效后两年内她可以向保险公司申请复效，同时履行复效时的告知义务，如果符合承保条件且经保险公司审核同意后，可以恢复保单的效力。但是复效是针对长期险的，附加险通常保险期间是一年，到期后合同即终止，是不存在复效问题的。如果吴小姐还希望获得附加险的保障，就需办理“新增附险”手续即重新投保附加险，自然需要从投保时起重新计算观察期或免责期等。在复效之前以及复效之日后的观察期内所患的疾病，都不在保险责任范围内。所以该案例中保险公司可以拒赔。

五、自杀条款

为了更好地保障投保人、被保险人、受益人的合法权益，保险人也出于维护自己的利益，在很多人寿保险合同中都将自杀列入保险条款，但规定只有在保险合同生效较长的期限后对被保险人的自杀行为，保险人才承担给付保险金责任，这个期限通常是 2 年，以防止被保险人预谋保险金而签订保险合同。在保单生效后两年内，被保险人如果由于其本人的行为而造成死亡时，无论其精神是否正常，保险人只退还已交保费，不负给付保险金的责任。

【案例分析】合同效力从哪天开始起算？

王某为自己投保了一份终身寿险保单，合同成立并生效的时间为1997年3月1日。因王某未履行按期交纳续期保费的义务，此保险合同的效力遂于1998年5月2日中止。1999年5月1日，王某补交了其所拖欠的保险费及利息。经保险双方协商达成协议，此合同效力恢复。1999年10月10日，王某自杀身亡，其受益人便向保险公司提出给付保险金的请求。而保险公司则认为"复效日"应为合同效力的起算日，于是便以合同效力不足两年为理由予以拒赔。王某的受益人遂向法院提起公诉。

分析：这是一起围绕复效合同效力是以合同成立日，还是以复效日作为起算日的保险纠纷案件。复效合同的自杀条款效力究竟是从合同成立日算起，还是从复效日算起呢？对此，《保险法》并未作出明确规定。法院经审理后认为，既然是商业性保险合同，在不违背法律和社会公共利益的前提下就应该以体现保险双方的真实意思表示为准，即应以合同成立日为准，理由如下：首先，《保险法》第三十条规定："对于保险合同的条款，保险人与投保人、被保险人或者受益人有争议时，人民法院或者仲裁机关应当作有利于被保险人和受益人的解释。"既然《保险法》和合同均未对复效保单的自杀条款起算日作出规定，就应该认为复效合同的自杀条款效力从合同成立日起算，以切实维护保险人和受益人的合法权益。其次，合同效力的"中止"不同于"终止"，"中止"仅仅是合同效力的暂时中断而非永久性失去效力。当投保人与保险人达成协议并补交了保费及利息后，合同效力恢复。根据《合同法》的相关原理，所有原条款包括自杀条款在内，若没有特别约定的情况，其效力应该回溯到原始状态（即合同成立之日），因此将自杀条款的效力起算日延后是不合理和显失公平的。本案中保险合同的自杀条款效力应该从合同成立日算起，并且已满两年期限，保险公司应按合同规定给付王某与其受益人保险金。

六、不丧失现金价值条款

此条款规定，长期寿险合同的投保人享有保险单现金价值的权利，现金价值不因保险合同效力的变化而丧失。保险人可选择的处置保单现金价值的方式有三种：退保领取退保金、减额缴清保险、将原保单改为展期保险。其中，减额缴清保险就是投保人利用保单上的现金价值将原合同改变为一次缴清保险费的同类保险，改保后，保险期限和保险内容保持不变，只是保险金额比原合同有所减少。这种方式适宜于被保险人身体健康状况良好，需要长期保障而又无力缴付保险费的保险合同。展期保险是指投保人利用保单上的现金价值将保险合同改为一次缴清保险费的定期保险，改保后，保险金额不变，只是保险期限要根据保单上的现金价值进行推算。这种方式适宜于身体健康状况衰退或职业风险有所增加，而又无力缴付保险费的保险合同。

七、保单贷款条款

长期性人身保险合同，在积累一定的保险费产生现金价值（一般为两年）后，投保人可以在保险单的现金价值数额内，以具有现金价值的保险单作为质押，向其投保的保险人或第三者申请贷款，贷款期限一般不超过一年。当借款本息达到保单现金价值，保险人必须提前 31 天发出限期归还通知。若到期不还，保险合同终止。这习惯上称为保单贷款或保单质押贷款。保单质押贷款实际上是投保人处置保单的方式之一。规定贷款条款的主要目的是维持保单的继续率，解决投保人暂时资金紧张的困难。

八、自动垫缴保费条款

该条款规定，投保人未能在宽限期内交付保险费，而此时保单已具有现金价值，同时该现金价值足够缴付所欠缴的保费时，除非投保人有反对声明，保险人应自动垫缴其所欠的保费，使保单继续有效。自动垫缴保费适宜于分期缴费的长期性人身保险合同。它与宽限期条款的目的一样，都是为了防止保单非故意停效，维持保单的有效率，保全保险人的业务。

【案例分析】同样的保单，不一样的处理后果

张小姐和王小姐同在一家 IT 公司工作。她俩各自购买了一款相同的寿险产品，2001 年 4 月缴纳首期保险费 1 700 多元，此后一直到 2004 年 4 月，均按期缴纳续期的保险费。2005 年 3 月，公司派张小姐和王小姐到北京进行项目考察和实施，一出差就是大半年。她俩回到上海已是 2005 年 9 月。此时王小姐才想到自己所买的保险已超过保单 60 天宽限期了，导致保险合同处于失效状态，于是，王小姐带了身份证、保险合同、以往保费收据等资料到保险公司要求办理复效。而张小姐虽然也迟迟未缴保险费，并也已超过了 60 天宽限期，但她的保单不用办理任何手续却仍然有效。为何同样的处境，会遭遇两种截然不同的结果呢？

分析：在购买保险时，张小姐在“保险费过期未付选择”一栏内，勾选了“保费自动垫缴”，而王小姐则选择了“中止合同”的选项，正是这一不同选择，导致了不同结果。自动垫缴保费条款一般由投保人在投保时选择采用。如果同意这项条款，那么当其没有按期缴纳保险费时，保险公司会自动用该合同保单现金价值来垫缴保费，直至现金价值用完为止。设计这项条款的初衷，是防止投保人由于疏忽等原因，未及时续缴保险费，而造成保单失效，以致丧失保单原有的保障功能，由此更好保护投保人利益。张小姐的保单之所以仍有效，就是因为她在保单中选择了“自动垫缴保费”条款。按《保险法》规定，在垫缴保险费期间，如果发生保险事故，保险公司会从应给付的保险金中，扣还垫缴的保险费及利息。

九、受益人条款

它是在人身保险合同中关于受益人的指定、资格、顺序、变更及受益人权利等内容的具体规定。该条款一般包括两个方面的内容：一是明确规定受益人；二是明确规定受益人是否可以更换。如果保单中明确规定受益人是可以变更的，则变更受益人无须征求受益人同意，但应当用书面形式通知保险人。

模块小结

一、知识结构

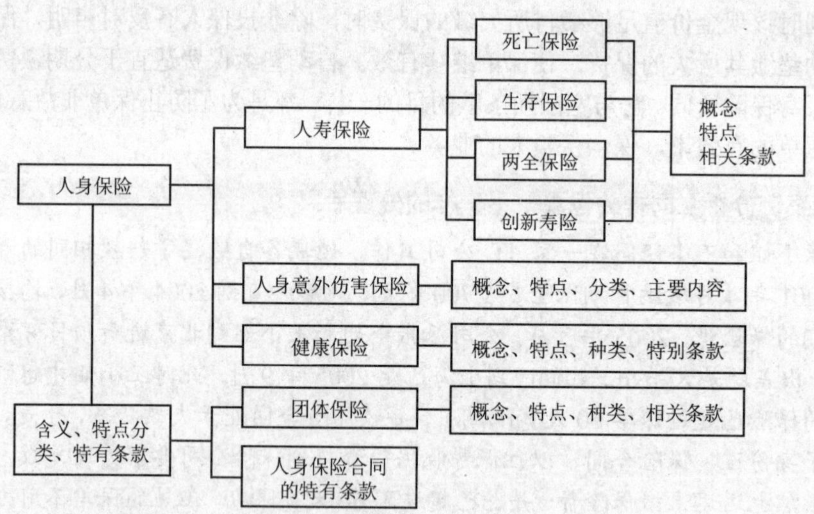

二、考核标准

知识考核标准：

- 解答人身保险的含义、特征和种类；
- 解答人寿保险的概念和分类；
- 解答意外伤害保险的概念和分类；
- 解答健康保险的概念、特征和分类。

能力考核标准：

- 解释人寿保险的主要条款；
- 解释意外伤害保险的主要条款；
- 解释健康保险的主要条款。

三、思考、实训

（一）思考题

1．2002 年 3 月，深圳龙岗地区遭遇了一场历史上罕见的龙卷风袭击，造成多人伤亡。当日下午，龙岗某私营厂两间铁皮房办公室的屋顶和砖头，被一阵强烈的龙卷风掀起，刚好砸在正在上班的周女士身上。周女士后经医院抢救无效，被确定为重度颅腔损伤而死亡。周女士生前在中国人寿深圳分公司投保了人身意外伤害综合保险和中国人寿意外险各 50 万元。

请问：

（1）本案中的致害物、侵害对象和侵害事实分别是什么？

（2）是否构成意外伤害？

（3）周某可获得的保险金是多少？

2．2004 年 5 月 13 日晚 6 时左右，某中专学校的学生李某由市内返回学校，突然一辆中巴车从后面将其撞倒，他当即便被人送往医院抢救。经当地的交通管理部门裁决，此次事故是由于中巴车刹车系统出现故障而致，车主负有全部责任。李某住院期间的医疗费共计 4 500 元，车主全部承担了。李某由于被撞还落下轻度残疾，车主又另行支付了残废补助金 2 万元。李某所在的学校在事故发生前已为在校的学生投保了意外伤害保险和附加医疗费，每人保金为 5 000 元，在车主已经支付了伤残金和全部的医药费后，保险公司是否还要履行支付的义务？李某能否因此而获得双份利益？

3．叶某在 2000 年 9 月 22 日购买了太保附加无忧住院补贴医疗保险，条款的第二条“保险责任”中明确规定“在本附加合同有效期内，被保险人遭受意外伤害或自本附加合同生效之日起 90 日后患疾病，在本公司指定的医院住院治疗，本公司负以下保险责任：① 被保险人因意外伤害住院治疗的，本公司按实际住院天数乘以日住院补贴金额给付住院补贴医疗保险金；被保险人因疾病住院治疗的，本公司从被保险人每次住院的第四天开始按以后的住院天数乘以日住院补贴金额给付住院补贴医疗保险金。② 被保险人在保险期间内开始住院治疗，到保险期届满住院仍未结束的，本公司继续承担给付保险金责任至住院结束，但最长不超过保险期届满之日起第 30 日。③ 在本附加合同有效期内，不论被保险人一次或多次发生住院治疗，累计最高给付天数以 180 日为限。”

请问：

（1）试解释“被保险人遭受意外伤害或自本附加合同生效之日起 90 日”的意思。

(2)若主险合同在2000年11月30日失去了效力，该附加险是否仍有效力？

（二）实训题

项目一：假设你是太平保险公司的保险代理人，向30岁的客户丁先生推荐太平盛世长顺安全保险（A），以下为相关条款。

太平盛世长顺安全保险（A）条款

（中国保险监督管理委员会1999年9月核准）

第一条　保险合同的构成（略）

第二条　投保范围（略）

第三条　保险责任

在合同有效期内，保险人对被保险人负下列保险责任：

（1）被保险人因意外伤害身故，保险人根据保险事故发生时被保险人的年龄给付身故保险金，本合同即终止。

身故保险金如下表所列：

被保险人身故时的年龄（周岁）	小于16	16～25	26～60	61～70
身故保险金	保险金额	保险金额的3倍	保险金额的5倍	保险金额的2倍

（2）被保险人因意外伤害所致残疾，保险人在保险金额内按《人身保险残疾程度与保险金给付比例表》的规定给付保险金。如治疗仍未结束，按意外伤害发生起第180日时的身体情况进行鉴定，并据此给付保险金。

被保险人因同一意外伤害造成两项及以上身体残疾时，保险人给付对应项残疾保险金之和。但不同残疾项目属于同一手或同一足时，保险人仅给付其中一项残疾保险金，如残疾项目所对应的给付比例不同时，仅给付其中比例较高一项的残疾保险金。

（3）被保险人不论一次或多次遭受意外伤害所致残疾，保险人均分别给付保险金，但每一保单年度内累计给付金额以保险金额为限。

（4）以上身故给付和残疾给付互不冲减，但如果被保险人遭受意外伤害致残疾后，180天内又因同一原因身故，则意外伤害身故给付中必须扣减已支付的本次意外伤害残疾保险金给付。

第四条　责任免除（略）

第五条　保险期间

本保险为定期保险，保险责任自保险人同意承保并收到首期保险费的次日零时开始（出生90天内投保的，保险责任自其出生90天后次日零时开始），至被保险人70周岁合同生效日的对应日的前一日24时或本合同列明的终止性保险事故发生时止。保险人签发保险单作为保险凭证。

第六条　保险金额和保险费

（保额：10 000 元　单位：元）

年　龄	趸　缴	5 年限缴	10 年限缴	20 年限缴
10	3 328	731	375	204
20	4 167	916	471	257
30	5 056	1 115	575	315
40	5 642	1 248	644	355

第七条　略

请问：

（1）该款保险能给客户丁先生带来哪些保险利益？

（2）第三条“保险责任”条款中的“180 天”是什么概念？

（3）丁某 2005 年 7 月 1 日投保 10 年该产品，保险金额为 10 万元，则每年需交费多少？

（4）丁某 2006 年 2 月 2 日在工作中不慎造成一目失明，残疾程度 50%。可获赔多少保险金？

（5）丁某在 2006 年 12 月 20 日遭受意外事故导致死亡，可获得保险公司的赔付金是多少？

实训目的：通过实训使学生正确解释意外伤害保险的条款，掌握意外伤害保险的概念和特点。

实训场所：上课教室。

实训成果：分析报告。

考核标准：根据分析报告评定成绩。要求分析问题全面，思路清晰，有理有据。

项目二：个人理财计划

颜先生是一家小公司的老板，年富力强，今年刚满 30 岁。他计划在 60 岁退休，退休后能有 80 万元来颐养天年。为达到这一人生目标，他的一位朋友向他提出了三种方案：第一种方案是定期储蓄，到 60 岁连本带利达到 80 万元；第二种方案是一部分定期储蓄，另一部分余钱投资于证券市场，争取到 60 岁时可以达到 80 万元；第三种方案是投保一份 30 年期、保险金额为 80 万元的两全人寿保险。有关专家对这三个方案提出相应的意见：第一个方案，由于利益的变动和颜先生未来收入的不确定性，实现目标很难；第二个方案，风险比较大，不确定性更大，收益也不稳定。相比之下第三个方案更可行。

请问：

（1）怎样理解两全保险的投资理财功能？

（2）在理论上，如果以同样的利率计算，到期能领取同样的钱。那么两全保险应交纳的保险费和定期存款应存到银行的本金哪一个更多？为什么？

（3）请向丁先生推荐两种你认为比较好的两全保险产品。

实训目的：通过实训使学生了解保险的功能，掌握两全保险的概念和特点，具备一定的理财能力。

实训场所：上课教室。

实训成果：提供相应的保险产品介绍；分析报告。

考核标准：根据分析情况评定成绩。要求分析问题思路清晰，有理有据。

模块六 保险市场

知识目标	1. 了解保险市场的含义、特征、种类、模式和组织形式等; 2. 了解保险市场的供给和需求; 3. 熟悉保险中介市场; 4. 了解国际保险市场和我国保险市场概况。
能力目标	1. 能对保险市场供求情况进行分析; 2. 能正确解释保险代理人与保险经纪人的区别; 3. 能对中外保险市场进行正确分析。

引例

中国保险业在经历了20年的停顿之后，于1980年开始恢复。1981年中国人民保险公司从政府的一个部门改制成为专业公司，并建立了从总公司到省、自治区、直辖市分公司和县支公司的机构。1988年建立了以沿海地区为主要区域活动的平安保险公司和太平洋保险公司。1996年，中国人民保险公司在转变管理体制和经营方式、建立现代企业制度、与国际市场接轨等方面也迈出了一大步。

1985年《保险法》的颁布和1988年中国保险监管委员会的成立，为保险市场的运作提供了法律依据和运行规则。1980年，中国只有1家保险公司，而到2005年，全国共有保险公司89家，保险中介机构259家，保险业代理机构7万多家。有19个国家和地区的112家外资保险公司在中国的14个城市设立了199个代表处，34家外资保险经营机构获准在中国营业，等待进入中国保险市场。

截至2005年，中国人寿保险公司和中国人民保险公司的保费收入市场占有率分别为38.51%、23.96%，平安保险公司为22.19%；太平洋保险公司为10.84%，其余11家保险公司的市场占有率仅为4.45%。这说明我国多元主体的市场格局虽然基本形成，但仍然属于寡头垄断型市场。

资料来源：http://baoxian.blog.ccidnet.com

第一部分 保险市场概述

一、保险市场的概念

保险市场是指保险商品交换关系的总和或是保险商品供给与需求关系的总

和。它既可以是有形的，也可以是无形的。有形的保险市场往往以保险经纪人或代理人为中介人，并且具有固定的交易地点和稳定的交易方式，如保险交易所。无形的保险市场是指并不设立特定的交易场所，保险业务也并不一定在保险交易场所内进行，而是由各种保险组织和其他代理机构分散完成保险交易的一种方式。无形保险市场的形成有赖于现代化的通信设备和计算机技术的广泛应用。无形交易市场的存在使得保险市场摆脱了固定的交易模式。

早期的保险交易都是在固定的交易市场达成的。如英国早期的保险市场集中在伦巴第街。后来，随着保险业的不断发展，交易工具的不断创新，经济一体化的不断发展，原来的交易方式不再满足于一些区域化、全球化的保险交易需求。于是，无形保险市场在这种形势下应运而生。凭借无形交易，保险供需双方可以通过网络、电话等现代化手段便捷地完成保险交易。

【小资料】

Cyber Dialogue（美国网络对话）数据行销公司的一项调查表明：截至 2007 年末，美国约有 780 万消费者通过国际互联网选购保险产品。这些网上购物者颇具投保潜力，年收入一般在 7.4 万美元左右，个人拥有资产平均达到 145 万美元。Cyber Dialogue 的财务策略专家认为，互联网的独特优势在于为消费者提供了一个比较保险产品价格的最佳途径。多数保险销售网站的运营时间在 9～18 个月，已经接近了互联网用户进行在线保险消费的所谓“两年适应期”。

这项调查还显示：在消费者上网购买保险所访问的网站当中，只有 20%的人是通过在线保险市场中保险公司设立的网站而进行的，而非保险公司网站却大行其道，其分布格局是：美国在线的保险专栏占 15%，保险中介网站占 12%，INTUIT 的加速保险市场网站占 5%，其他在线保险市场占 8%，综合网站占 25%，另有 15%的被调查者不知道他们是通过哪个网站进行的保险选购。

二、保险市场的特征

与普通的商品市场相比，保险市场有其自身的特征。

（一）保险市场直接经营风险

凡是市场都有风险，但一般商品市场经营的对象是商品和劳务，不是风险本身，而保险市场的经营对象是风险，通过对风险的聚集和分散来开展经营活动。由于保险市场经营对象的特殊性，使保险市场具有专业性强，经营面广的特点。

（二）保险市场是预期市场

传统商品市场上的交易活动一般都是一手交钱一手交货，属于即时交易。而保险市场是一个预期市场。保险合同签订后，被保险人不能立即从保险人那里获得保险赔偿或给付，只有在合同有效期内约定的风险事故发生并造成了损害，保险人才给予赔偿或给付。

（三）保险市场是政府积极干预型市场

在市场经济条件下，政府对传统商品市场的干预已经越来越少，主要由市场机制自动调节企业的行为。但保险市场则不同，由于保险具有广泛的社会性，保险业的经营活动直接影响到广大公众的利益，其承担的又是未来的损失赔偿责任，所以政府有责任保证保险人的偿付能力，以保障广大被保险人的利益。同时政府的监督和管理，对保护投保人获得合理的保险条件和费用支付条件也是必不可少的。所以，即使在发达资本主义国家，政府对保险也仍然实行严格的监督和控制，如保单格式、保险费率、各项责任准备金、资金运用等都受到政府限制。

三、保险市场的构成

一个完整的保险市场一般由保险市场主体、保险商品和保险价格三个要素构成。

（一）保险市场主体

保险市场主体一般由保险市场的供给者、保险市场的需求者和保险中介构成。保险市场的供给者是指提供保险商品的各类保险人。保险人的组织形式可以是保险股份有限公司，也可以是相互保险组织、合作保险组织、个人保险组织以及政府保险组织等。保险市场的需求者是指保险市场上各种各样的保险客户。保险市场中介又称市场辅助人，是指介于保险人和投保人之间，促成双方达成交易的媒介人。保险市场中介主要包括保险代理人、保险经纪人和保险公估人。

（二）保险商品

保险商品是保险市场的客体。与一般商品相比，保险商品具有以下特征：首先，保险商品是一种劳务商品，也是一种无形商品，它看不见，摸不着，无法具体感知。其次，保险商品是一种“非渴求商品”，即人们不会主动去购买。

（三）保险价格

保险价格是指某种保险的单位保险金额的保险费。所谓单位保险金额是指以一定数额的货币量作为该种保险的一个计量单位，每一个计量单位的保险费就是保险费率。

1. 保险理论价格

保险价格有理论价格和市场价格之分。理论价格是指不考虑影响保险价格的外部因素，单纯以影响保险供给的内在因素，如成本等为基础而形成的价格。保险价格的具体形式是保险费，保险费一般指毛保费，由纯保费和附加保费两部分组成。保险费的计算基础是保险费率或称毛保险费率，相应地由纯费率和附加费率组成。

（1）纯费率。目前，世界各国普遍采用把以往若干年的平均保额损失率与一定数量的风险附加率之和作为纯费率，以此计算预期纯保费。平均保额损失率就是在一定时期内的保险赔款总额与保险金额总和的比率。由于按平均保额损失率计算出来的纯保费只是一个平均数，而实际发生的保险损失额往往会高于或低于平均纯保费的数额，为了提高保险经营财务的稳定性，必须在平均保额损失率的基础上增加一定比率的风险附加率，两者之和即为预期的纯保费率。

【案例分析】

某公司 1998～2007 年某项业务隔年保额损失率统计如表 6-1 所示。

表 6-1 保额损失率

年 度	保额损失率（%）	年 度	保额损失率（%）
1998	0.61	2003	0.63
1999	0.57	2004	0.60
2000	0.54	2005	0.62
2001	0.64	2006	0.59
2002	0.58	2007	0.62

请计算该公司在过去十年内该项业务的平均保额损失率？

分析：M=（0.61%+0.57%+0.54%+0.64%+0.58%+0.63%+0.6%+0.62%+0.59%+0.62%）/10=0.6%

（2）附加费率。附加保费通常包括三项内容：营业费用、预期利润、异常风险费用。三项之和与保险金额之比即为附加费率。

（3）毛费率。毛费率包括纯费率和附加费率两部分。计算公式为

毛费率=纯费率+附加费率

按毛费率计算出来的保费为保险费，即保险理论价格。因此，保险理论价格就是纯保费（风险保险费）与附加保费（费用附加保费、利润附加保费、异常风险附加保费）之和。

2．保险市场价格

保险市场价格就是通常所说的交易价格，它要受市场竞争、货币价值、保险标的、国家有关政策及替代品价格等诸多外部因素的影响。受市场供求关系和竞争力量的影响，保险市场价格总是围绕价值上下波动。

保险理论价格是保险市场价格的基础，保险市场价格是保险理论价格的表现形式。保险理论价格是抽象的价格，在实际经济生活中通用的都是保险的市场价格。

四、保险市场的种类

按不同的标准进行分类，保险市场可分为以下几种：

（一）财产保险市场与人身保险市场

财产保险市场是保险市场的重要组成部分，在这个市场上，保险公司承保的标的是各种财产，包括物质形态的财产、民事损害赔偿责任等。在人身保险市场上，保险公司承保的标的是人的生命和身体，它包括人寿保险市场、意外伤害保险市场、健康保险市场等。

（二）国内保险市场和国际保险市场

国内保险市场的发展程度与本国经济发展状况密切相关，当宏观经济形势较好时，保险业的发展会快一些，反之，则慢一些。另外，国内的其他因素，如国家对保险业实施的宏观政策、地理环境、文化传统等，也会影响国内保险市场。国内保险市场可分为地区性保险市场和全国性保险市场。国际保险市场是指由于保险人跨国经营保险业务而形成的市场。在国际市场上经营保险业务，面临的竞争会更激烈，然而发展的空间也更大。目前保险市场国际化已成为一种趋势。国际保险市场可分为区域性保险市场和全球性保险市场。

【小资料】

伦敦的保险事业长期以来在国际保险市场上居于垄断地位。第二次世界大战后，特别是20世纪60～70年代以后，随着美国、瑞士、日本、联邦德国等国际保险市场的兴起，使得英国在国际保险市场的领导地位有所削弱。20世纪80年代以后，发展中国家在反垄断、反控制的斗争中，建立了自己的保险市场，发展民族保险事业，并形成了一股不可忽视的力量。

（三）原保险市场与再保险市场

在原保险市场上，投保人与原保险人直接进行交易，原保险人承担全部风险责任。原保险市场可分为国内原保险市场和国际原保险市场。在再保险市场上，原保险人把其所承担的部分或全部风险责任转移给再保险人。再保险市场可分为国内分保市场和国际分保市场。

（四）自愿保险市场与强制保险市场

在自愿保险市场上，投保人能够决定是否投保，保险人能够决定是否承保以及以什么条件承保。双方在自愿平等的基础上签订保险合同，确定权利义务关系。而在强制性保险市场上，政府常以法律的形式对有关问题加以规定，个人没有选择的余地，必须参加保险。例如，世界各国一般都将机动车第三者责任险规定为强制保险的险种。我国《保险法》规定，除法律、行政法规规定必须保险的以外，保险公司和其他任何单位不得强制他人订立保险合同。

第二部分 保险市场的供求机制

一、保险市场供给

保险供给是指在一定社会经济条件下，国家和从事保险经营的企业所能提供的并已实现的保险商品的数量总和。

保险供给可以从两个层面进行理解，第一个层面是物质层面，保险人对遭受损失或损害的投保人，按照保险合同的规定，给予一定额度之内的经济补偿和给付。第二个层面是心理层面，对投保人来说，购买了保险，发生在保险责任范围之内的事故，可以得到补偿和给付，这或多或少减轻了投保人心理上的压力，解除了他们的后顾之忧，使他们更有精力投入到工作事业中去。

（一）保险市场供给者

保险市场的供给者是指提供保险商品和劳务的各类保险人。保险人的组织形式多种多样。保险供给者主要有保险股份有限公司、相互保险与合作保险组织、个人保险组织、政府保险组织等形式。其中，占主体地位的是保险股份有限公司。

1．保险股份有限公司

保险股份有限公司是当今世界上经营保险业的主要组织形式。它占据了世界保险市场的一大块份额。保险股份有限公司以赢利为根本目的。投资者通过购买公司股份，成为公司的股东，组成股东大会，推举董事会负责经营，董事会任命经理层管理公司的日常事务，实行公司所有权与经营权的分离。自2003年下半年我国国有独资保险公司进行股份制改革以来，大部分公司业已改制成功，中国人寿股份保险公司还于2007年1月10日实现了海外上市。

2．相互保险组织和合作保险组织

相互保险和合作保险均是保险市场的重要组成部分。与股份有限公司相比，相互保险组织和合作保险组织有如下特点：第一，相互保险和合作保险中的被保险人就是保险人，它为全体投保人所有，投保人对保险组织的经营管理有一定的参与权；第二，相互保险和合作保险机构的收费方式是多种多样的，并不是按照固定费率制度来厘定费率水平。

【小资料】

我国的新型农村合作医疗制度是一种由政府组织、引导、支持，农民自愿参加，个人、集体和政府多方筹资，以大病统筹为主的农民医疗互助共济制度。从

2003 年起，全国各省、自治区、直辖市至少要选择 2～3 个县（市）先行试点，取得经验后逐步推开。到 2010 年，实现在全国建立基本覆盖农村居民的新型农村合作医疗制度的目标，减轻农民因疾病带来的经济负担，提高农民健康水平。

3．个人保险组织

除了以上两种形态的保险组织外，在英国、美国的保险市场上还存在着少量的个人保险组织，如英国的劳合社以及美国纽约的保险交易所。相比于前两种组织形态，个人保险组织有其自身独特的优越性。它用严格的自律机制约束保险经纪人的行为，它的经营险种丰富多样，它的财务制度非常健全。因此，尽管劳合社在面临变化复杂的现代保险市场时遇到重重压力，但是仍然在整个保险市场中独占一隅。

4．政府保险组织

政府保险组织是政府出于整个国民经济政策的考虑，而承办的商业保险公司不愿意提供或没有能力提供的保险产品，如政策性农业保险，地震等大范围的自然灾害保险，社会保险。政府承办这些保险的初衷并不是赢利，而是为了保障整个经济社会能正常运行，社会能够稳定协调发展。这类保险组织的管理体制一般都类似于行政式的管理方式，有的国家又称其为强制保险或社会保险。

（二）影响保险供给的因素

1．保险资本

在一定的历史时期内，整个社会的资本总量是一定的，有限的资本总量成为制约保险供给的内在因素。保险资本总量越大，供给量也越大，两者之间呈正向关系。

2．保险供给者

保险供给者的主体越多，保险供给量越大。保险供给者的素质越高，保险供给的量也会不断扩充，所以，两者之间也是呈正向关系。

3．保险经营管理水平

保险业的经营管理是一项技术性、专业性很强的业务活动。保险人在险种设计、业务选择、准备金提存、费率计算、承保理赔方面，都需要非常高的水平。可以说，任何一项水平的高低，都会影响保险的供给。经营管理水平越高，保险的供给就越充分。

4．保险费率

保险费率越高，就越刺激保险供给，反之，费率越低，就越抑制保险供给。

5．保险利润率

保险利润率是制约保险供给的最为主要的因素。在发达国家，平均利润率像一根指挥棒支配着一切经济活动。如果保险企业的利润比较高，就诱导人们投资保险业，从而加大保险供给，反之，则抑制保险供给。

6．**政府行为**

政府行为主要包括国家的政策、法规等。国家制定的政策、法规对保险供给会产生重要的影响。一个国家政治和经济秩序的稳定，国家对保险的有效管理，都能促进保险供给的规模。政府行为的效力与保险供给呈正向关系。

（三）保险供给弹性

保险商品的供给弹性指的是保险商品供给的费率弹性，即保险费率变动所引起的保险商品供给量的变动，它反映了保险商品供给量对保险费率变动的反应程度。保险商品供给与保险费率呈正向关系，其公式表示为

$$E = \frac{\Delta S/S}{\Delta P/P}$$

式中 S——保险商品的供给量；

ΔS——保险商品供给量的变化量；

P——保险费率；

ΔP——保险费率的变化量。

保险商品的供给弹性主要表现为以下几种情况：保险供给无弹性，即无论保险费率怎样变化，保险商品供给量都保持不变；供给无限弹性，保险费率不发生变化，供给量也会无限增长；供给单位弹性，即保险费率的变动与供给量的变动比率相同；供给富有弹性，保险商品供给量的变动比率大于保险费率变动的比率；供给缺乏弹性，保险商品供给量的变动比率低于保险费率变动的比率。

由于保险商品提供的是风险保障，它不受经济周期的影响，所以总体来说，弹性比较稳定。

二、保险市场需求

经济学上的需求指的是在一定条件下，消费者愿意并且能够购买某种商品或某种劳务的数量。保险需求特指在一定的费率水平下，保险消费者愿意并且能够从保险市场上购买的保险商品的数量。

与保险供给一样，保险需求也可以从两个层面来理解。一个层面可以从物质上进行理解，当人们不幸遭受了意外事故和自然灾害时，投保的个人或单位能得到保险额度之内的经济补偿和给付；另一个层面是心理层面或者说是精神层面，在获得保险经济保障之后，投保的个人或单位由于转嫁了意外经济损失而得到了心理上的安全感。

从企业、个人甚至整个社会来说，保险需求无形的经济保障是经常的、大量

的，而有形的保障是局部的、少量的，两者都是客观存在且同等重要的。

（一）保险市场需求者

保险市场的需求者是各类保险客户，客户之所以购买保险商品，是因为这些客户需要保险商品为他们提供风险保障。当人们面临社会生活中不确定的因素给他们带来的风险时，自然对安全产生了莫大的需求，保险就是将这种安全需求转化为保险需求的机制。保险需求者可以是一切具有民事行为能力的法人和自然人。

（二）影响保险需求的因素

影响保险需求总量的因素有很多，主要有风险因素、经济发展水平因素、价格因素、风险管理因素、互补品与替代品价格、利率因素、经济体制与文化传统因素，当这些因素发生变化时，保险市场的需求就会跟着发生变化。

1．风险因素

俗话说："无风险，无保险"。风险是保险产生、存在和发展的前提条件。风险程度越高，风险范围越大，那么保障的需求也越大，两者之间呈正相关关系。

2．经济发展水平

经济发展既是刺激保险需求产生的因素，也是促进保险需求增长的因素。历史证明，经济水平越发达，可用于保险的剩余产品的价值越大，那么保险需求的增长速度越快。保险需求总量和国民生产总值的增长呈正比。

3．价格因素

保险商品的价格就是保险费率。保险费率对保险市场的需求有一定的外在约束力。保险费率越高，保险购买者需要支付的费用就越高，反之，就越低。保险费率低，就有可能刺激保险消费者的需求。所以，价格因素与保险需求呈反比关系。

4．风险管理因素

风险管理对保险需求总量的增减有直接影响作用。一般来说，风险管理好，出险的可能性就越小，保险需求就越小；反之，保险需求就越大。两者之间呈反比关系。

5．互补品与替代品价格

与任何商品一样，保险需求受到互补品与替代品价格的影响。例如，在财产保险中，汽车保险与汽车就是一对互补品，当汽车的价格上升时，人们对汽车的需求量就会下降，从而导致汽车保险需求量的下降。

6．利率因素

在人身保险中，很多产品具有投资性，特别是长期性人身保险。银行利率如果高于保险公司的投资收益率，那么资金就会流向银行，保险需求就会减少；反之，保险需求就会增加。两者之间呈反比关系。

7．经济体制

市场经济条件下，个人与企业就会面临更多的风险，保险就是分散风险的最佳途径，人们对保险的需求增强。如果政府行政干预的力量大，那么，个人和企业的风险就相对小一点，保险的需求也会减少。

8．文化传统

保险需求往往受到一个国家、一个地区经济文化、宗教信仰的影响。在一个思想封建，行为守旧的国家，人们宁愿求助神灵的庇佑也不愿意接受保险来转移风险，保险需求自然就很低。

（三）保险需求弹性分析

保险需求弹性是指保险需求对其影响因素变动的反应程度，通常用需求弹性系数来表示：

$$E=\frac{\Delta D/D}{\Delta f/f}$$

式中 D——保险需求；

ΔD——保险需求的变动；

f——影响保险需求的因素；

Δf——影响保险需求因素的变动。

我们知道，在影响保险需求变化的众多因素之中，保险费率和收入水平是最直接也是最主要的因素，下面我们分析保险需求的费率弹性和收入弹性。

1．保险需求的费率弹性

保险需求的费率弹性指的是由于保险费率的变动而引起的保险需求量的变动，它反映了保险需求对费率变动的反应程度。保险需求与费率之间是呈反比关系的，费率越高，人们的保险需求就会受到抑制，反之亦然。用公式可以表示为

$$E=\frac{\Delta D/D}{\Delta P/P}$$

式中 P——保险费率；

ΔP——保险费率的变动。

保险需求的费率弹性取决于保险这一商品的必需程度、可取代性和货币投入量。假如消费者觉得保险是生活中的必需品，它的使用价值不可以被其他商品或者劳务所取代，又或者用于购买保险的货币投入量很小，那么保险需求的费率弹

性就很小，表现为保险需求对费率变化的敏感性很低；反之，亦然。

此外，强制保险的保险需求费率弹性很低，可以近似认为弹性为零；而自愿保险，由于人们对风险处理有较大的选择余地，替代品很多，则保险需求的价格费率弹性很大。

2．保险需求的收入弹性

保险需求的收入弹性指的是保险消费者货币收入量的变化所引起的保险需求量的变化，它反映了保险需求量对保险消费者货币收入变动的反应程度。保险需求与消费者收入呈正比关系。可以用公式表示为

$$E=\frac{\Delta D/D}{\Delta I/I}$$

式中 I——消费者的货币收入；

ΔI——货币收入的变动。

收入弹性一般来说都是正值，因为随着消费者收入水平的提高，就会引起对保险需求的增长。而对于中低收入家庭而言，保险被视为奢侈品，收入的变化自然会引起对保险需求的变化，所以收入弹性较高。对于高收入家庭来说，保险是家庭生活中的必需品，收入的增减只会引起对保险消费量的变化，故收入弹性较低。

3．保险需求的交叉弹性

保险需求的交叉弹性指的是当其他商品的价格发生变化时所引起的消费者对保险需求量的变化。它取决于其他商品对保险商品的替代程度和互补程度，反映了保险需求量对替代商品和互补商品价格变动的反应程度，可以用公式表示为

$$E=\frac{\Delta D/D}{\Delta P/P}$$

式中 P——替代商品或互补商品的价格；

ΔP——替代商品或互补商品价格的变动。

一般来说，替代商品与保险需求的变动呈正比关系，当替代商品的价格上扬，那么就会抑制对替代商品的消费需求，促进对保险商品的需求，如自愿保险与保险；保险需求与互补商品的变动成反向关系，当互补商品的价格上扬时，就抑制了对互补商品的消费，从而也抑制了对于保险商品的消费，如汽车与汽车保险。

第三部分 保险中介市场

保险中介市场是指介于保险人之间或保险人与投保人之间专门从事保险业务咨询与招揽、风险管理与安排、价值衡量与评估、损失鉴定与理赔等中介服务

活动，并从中依法获取佣金或手续费的企业或个人。保险市场中介主要包括保险代理人、保险经纪人和保险公估人等。

一、保险代理人

保险代理是代理保险公司招揽和经营保险业务的一种制度。从事保险代理活动的人被称为保险代理人。他们是根据保险人的委托，在保险人授权的范围内代其办理保险业务，并向保险人收取佣金的企业或者个人。保险代理人的权限通常在代理合同或者授权书中予以规定，一般包括招揽与接受业务、收取保险费、勘查业务、签发保单、审核赔款等。保险代理人必须具备法律规定的条件，经过相关政府主管部门的考核方能获得资格，同时，接受主管部门对其的监督和管理。

保险代理是基于保险人授权的委托代理，一旦保险代理越权或弃权造成的后果，保险人仍须负责，之后再向代理人追偿。再者，保险代理是代理保险人利益的中介行为，是以要式合同形式确立当事人权利义务的民事法律行为，任意一方若没有履行或没有完全履行自己的义务，按照法律和合同约定都应承担相应的法律责任。（有关保险代理人的详细内容在模块三中已有阐述）

【案例分析】代理人失职导致的保险纠纷案

宋女士以自己为受益人以其丈夫于某为被保险人，与保险公司签订了寿险合同，保险金额为 100 万，附加住院安心保险，每天住院补偿金为 80 元（每年最多不超过 180 天）。合同生效后的第二十八天，于某因肝炎和肝硬化住进了医院，住院半年后，因医治无效而死亡。宋女士向保险公司申请死亡保险金 100 万元和住院补偿金 1.44 万元。

本案疑点：一个健康的正常人，无论如何在一个月内都不至于病到这种程度。保险公司以投保人没有履行如实告知义务为由拒绝赔付。宋女士不服，向当地人民法院提起诉讼，要求保险公司履行赔偿给付的义务。（在保险责任之内，投保书上健康告知栏和业务员告知栏并没有被保险人患肝病的说明）

分析：虽然在投保书中没有如实地反映被保险人患病的事实，但投保人实际上已经履行了如实告知的义务，在体检过程中，医生只是根据一般情况进行了检查，由此判定体检医生存在过失，但联系到保险代理人对投保人所讲的话“我与体检医生熟悉，体检没问题能过关”，可以推断体检医生可能存在过失或故意行为，以至于本来属于拒保范围的于某顺利得到了保险保障。保险代理人和体检医生的过失和错误，应视为保险公司的过失和过错，所以判决保险公司赔付宋女士 101.44 万元保险金。

从本案中我们可以得出如下结论，在核保的三个过程中，业务员是基础，本案就是没有把握好“病从口入”关，保险公司应加强对业务员的职业操守教育。

体检医生的失职，使保险公司遭受无谓的损失，并且声誉受损。

保险代理人依据标准不同，可分为不同的种类。按授权范围不同可以分为总代理、分代理、特约代理；按业务范围不同可分为展业代理、检验代理、理赔代理等；按代理性质不同可分为兼职代理、专职代理；按代理对象不同，可分为独家代理、独立代理等。他们彼此之间并无交叉。

二、保险经纪人

与保险代理人不同，保险经纪人是基于投保人利益，为投保人与保险人订立保险合同提供中介服务，并依法收取佣金的单位。保险经纪人接受投保人或被保险人的委托，代为办理投保、续保、复效和索赔等手续，并从中收取佣金。保险经纪人在办理保险业务中由于过错，给投保人或者被保险人造成损失的，由保险经纪人承担赔偿责任。保险经纪人必须是符合保险监督管理的相关规定，获得保险监管部门颁发的业务经营许可证，同时在工商行政管理部门登记的合法组织。任何单位不能以个人名义开展保险经纪业务。（有关保险经纪人的详细内容在模块三中已有阐述）

三、保险公估人

保险公估人是依照法律规定设立，受保险人或保险人客户委托，向委托人收取佣金，办理保险标的的查勘、设定、鉴定、估损以及赔款的理算并予以证明的企业或个人。公估人在执行任务时，不仅仅要具备丰富、深厚的专业知识和经验，同时要保持客观公正的立场，以保证所作判断和结论的权威性和独立性。保险关系双方如果对保险公估人所下结论并无太大疑义，就按照此意见处理、结案，如果有较大争议，则由一方提起诉讼，由法院作出最终判决。（有关保险公估人的详细内容在模块三中已有阐述）

保险市场的供给者、需求者和中介可以用图 6-1 表示。

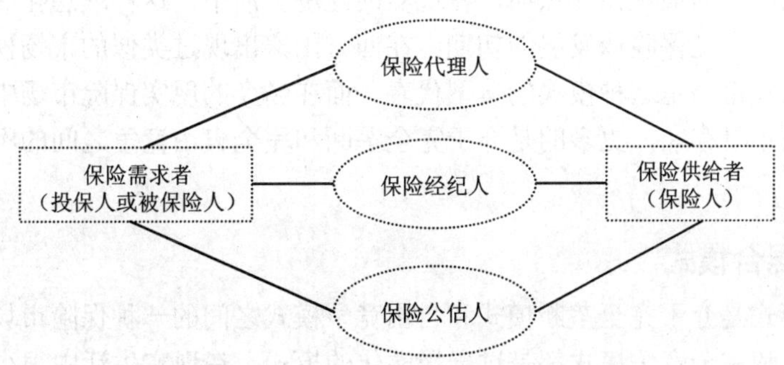

图 6-1 保险需求者、供给者以及中介之间的关系示意图

第四部分　保险市场模式

一、完全垄断模式

完全垄断模式指的是在这种市场模式下，只有一家保险公司操纵所有的市场行为，市场价格由该家公司决定，其他公司无法进入市场。市场上没有任何竞争，消费者没有任何选择余地，只能购买垄断公司的保险产品。垄断公司可以凭借其垄断地位轻而易举地获得超额利润。

完全垄断模式有两种变通模式：一种是专业型完全垄断模式，即在一个保险市场上同时存在两家或两家以上的保险公司，各家保险公司专营一种业务，相互间业务不交叉，以保证各自在专业领域上的垄断地位。另一种是地区型完全垄断模式，这是指在一国保险市场上，同时存在两家或两家以上的保险公司，各自垄断某一地区的保险市场，相互间没有业务交叉。

在完全垄断型保险市场下，价值规律无法充分发挥作用，各种资源配置被扭曲，市场效率低下。这种模式，往往存在于经济比较落后的国家。我国从解放初到20世纪80年代，在保险市场上只有中国人民保险公司一枝独秀。采取这种市场模式的国家主要有：越南、阿富汗、缅甸、斯里兰卡、叙利亚等。

二、自由竞争模式

自由竞争模式指的是市场上存在众多保险公司，任何公司都可以自由进入或退出该市场。在自由竞争模式下，价值规律充分发挥作用，由于市场上有大量的保险人，每个保险人所占有的市场份额都是非常小的，可以认为，每个保险人都无法影响保险市场的价格，因此市场价格完全受市场本身所左右，整个保险市场是有效的。

完全自由竞争是一种非常理想化的保险市场模式，它能够通过市场这根指挥棒实现资源配置的最优化。然而，在现实的经济生活中，这样理想化的市场模式并不存在。只有在保险业发展的初期，在西方国家出现过类似的市场模式，如早期的英国保险市场是这种模式的典型代表。而在当今的现实保险市场中，这样的市场模式已不复存在，更多的是介于完全垄断和完全自由竞争之间的不完全竞争模式。

三、混合模式

混合模式是介于完全垄断模式和自由竞争模式之间的一种保险市场模式。完全垄断模式和完全竞争模式都是过于极端化的模式，在现实生活中很少存在，更多的是介于两者之间的模式。混合模式主要有两种，第一种是垄断竞争模式，在该市场模式下，大小保险公司共存，各公司提供有差别的同类保险产品，也存在着一定程度的市场竞争。但是存在少数处于一定垄断地位的大型保险公司，他们对整个保险市场具有较强的垄断势力。第二种是寡头垄断市场模式，在一个保险市场下，只存在少数几家相互竞争的保险公司。这种市场模式具有较高的垄断程度，保险业经营虽然以市场竞争为基础，但是这种竞争是国内保险垄断集团之内的竞争。这是当今世界各国保险市场的基本模式。

第五部分 国际保险市场

一、英国保险市场

（一）英国保险市场是世界上历史最悠久的保险市场

英国是现代工业的发源地，是现代资本主义的先驱，也是第一个发生并完成产业革命的国家。英国实行的市场经济模式是典型的传统市场经济模式。与其经济体制相适应，其保险市场也是世界上最源远流长、最“放任自由”的市场。英国保险市场是以伦敦为核心的，所以人们往往又将英国保险市场称为伦敦保险市场。经过几百年的发展，英国保险市场不仅为国内提供各种各样的保险服务，而且也一直是世界保险市场的重要组成部分。该市场业务覆盖面广，业务高度国际化。长期以来，英国保险市场所制订的有关保险方面的决策直接影响着世界保险市场，在世界保险市场上起着十分重要的作用。其最大特点是被称为“三位一体”的劳合社市场与公司市场并存以及经纪人销售制度。

（二）劳合社保险市场

劳合社的正式名称为“伦敦劳埃德社（Llyod’s of London）”。因为伦敦劳埃德社是由许多的承担保险业务的个人组成的，在一定程度上具有合作社的性质，所以人们根据该保险社的经营方式及业务内容习惯，简称为劳合社。目前，劳合社的业务承保人一般不与投保人或被保险人直接成交，而是通过与经纪人讨价还价而承揽其业务的。劳合社保险市场目前已成为英国保险市场的一个重要组成部分，与公司保险市场及保险经纪人市场构成了庞大的英国保险市场。

劳合社是一个由经纪人统治的市场，现有承保接受人 376 家，经纪人 274 家，年保险费收入达 50 余亿英镑。其主要承保接受人都在劳合社大厦设有承保座箱（铺位）。劳合社成立于 1688 年，是以伦敦一个咖啡馆老板爱德华·劳埃德的名字命名的，是现有存在的最早的保险组织之一。劳合社实际上是一个保险人管理协会，它本身不签发保单。劳合社的法律地位受英国议会法特别批准，1871 年制定的“劳合社法”赋予劳合社以法律基础，组织原则是在自愿的基础上由承保人预先接受而成为社员。法律授予选举出的委员会有权执行社章及其法则，组成劳合社承保人会员并规定会员委员会经营社务。

（三）英国保险公司市场

英国保险公司市场是区别于劳合社的市场，由英国经营各种保险业务的保险公司、再保险公司和其他一些从事保险业务的机构共同组成。这些保险公司既有经营一项保险业务的长期保险公司，也有经营多种保险业务的综合性保险公司。

英国保险公司市场上的主要保险人包括互助保险公司、股份保险公司、相互赔偿协会、相互友谊社及自保公司这五大类。这些保险公司中，既有从事长期和普通保险业务的综合性公司也有专门从事长期保险或普通保险业务的专业性公司，其中从事普通保险业务的保险公司数量最多。

（四）保险经纪人市场

英国保险业实行的保险经纪制度主要是指保险公司依靠保险经纪人来获得保险业务和推销其保单的一种制度。它是为了投保人的利益，代表投保人拟定保险合同，并且向承保人收取佣金的中介人。所以英国的保险经纪人既是投保人的代理人，又是承保人的业务招揽者。

在英国，保险经纪人是要求最严格的中介人，一个中介人或中介公司要想成为保险经纪人，必须按英国 1977 年《保险经纪人（登记注册）法》向保险经纪人注册理事会登记注册，并参加某种形式的考试合格后，才能以保险经纪人的名义进行保险业务活动。

（五）英国保险市场的监督管理

英国保险行业的一大特色是政府监管与保险行业实行自我监管相结合。因为英国是自由市场经济的典型，英国政府对保险业的监管也十分宽松，但是各保险机构必须按照有关的法律进行经营，严格遵守各种规章制度。而各保险机构也十分自觉地遵守各种规章制度，维护和保持自身的名誉，以诚实信用原则展开市场竞争。

政府监管的法律依据是 1982 年的《保险公司法》和与之相关的保险条例以及 1986 年制定的《金融服务法》（劳合社则另适用专门的《劳合社法》）。《保险公司法》赋予英国贸工大臣对保险业实施全面监管的权力。

二、法国保险市场

法国是世界第五大保险市场，其保费收入仅次于美国、日本、英国、德国。在法国，保险企业作为保险市场的主体主要有三种类型：一是保险公司类，包括私人控股公司和某些特定的相互保险机构；二是相互保险机构；三是互济协会。三类不同的保险企业分别依靠三种不同的法规来管理。保险公司类受《法国保险法》的约束；相互保险机构适用《法国相互保险法》；互济协会受《法国社会保障法》的管理。以上机构都被认作是保险企业，且隶属于统一的欧洲大陆法系。不同的是，保险公司可以对所有类型的风险提供保障，互济协会和由《法国相互保险法》管理的相互保险机构主要是提供个人保险，特别是健康保险，以在基本社会保障体系中作补充。

据资料显示，2002 年，法国三类保险企业的保费总收入为 1 529 亿欧元，具体分配为：保险公司 1 317 亿欧元；互济协会 74 亿欧元；受《法国相互保险法》管理的相互保险机构 138 亿欧元。

从法国保险市场主体的多样化，可以看出法国政府及法国法律体系对保险业的政策导向：业务性质越接近于社会保险（换句话说，就是提供基本生存保障）的保险业务，就能得到越多的政策优惠及税收豁免，从而使其经营成本下降，降低产品价格，最终目标是使全民得到更广范围及更大强度的基本生存保障。

在强有力的社会保险之外，还运用法律及经济政策来调动社会资本投入到社会保障性质的保险事业中来，这一点正是法国保险体系设计的巨大成功之处。

三、瑞士保险市场

（一）瑞士保险业的重要地位与经营特色

瑞士的金融服务业闻名全球，保险业是其中的重要组成部分。瑞士保险业历史悠久、信誉卓著，自 19 世纪上半叶萌芽发展至今，已成为拥有百余家保险公司、年保费总额 1 200 多亿瑞郎、年偿付金额约 150 亿瑞郎的重要金融服务部门。瑞士保险业现有职员 5 万人，占瑞士就业人口的 1%以上，年产值占国内生产总值的 1.6%左右。瑞士保险企业在国外的业务十分活跃，保险服务的输出顺差为瑞士的国际收支平衡作出了巨大贡献。

人均收入居世界最前列的瑞士是世界上国民保险程度最高的国家之一，每年国内保费总收入约占瑞士国内生产总值的 11%左右。联邦政府每年将财政预算的 1/4 用于社会保险领域。根据瑞士再保险公司的统计，瑞士人均年保费支出 4 663 美元，与日本（4 132 美元）同居世界最前列，并大大高于其他西方发达国家的水平（西方国家人均年保费支出大多在 1 500～2 500 美元左右）。

与其他欧洲发达国家一样，瑞士的保险业也由三大支柱支撑，即政府保险、企业保险和商业保险。随着政府保险给国家财政带来越来越沉重的负担，出现了保险重心从政府保险向商业保险转移的趋势，商业保险的地位日趋重要。从 20 世纪 50 年代以来，以合伙制、行业协会所有制和国有制等为主要组织形式的瑞士保险公司纷纷股份化，以达到硬化约束机制、便利融资和实现规模经济的目的，在客观上为瑞士商业保险业的兴旺发展奠定了基础。

瑞士商业保险提供服务的范围非常广泛，总体上可分为直接险和间接险两部分。直接险又分为寿险和非寿险两大类，在非寿险中又包含有医疗险、事故险、责任险、火险、运输险等诸多门类；间接险则主要是指再保险业务。由于提供的保险产品种类繁多，瑞士的保险公司也十分多样化。有的保险公司集中经营一个或少数几个险种；有的保险公司经营业务广泛，涉及几乎所有主要险种；有的保险公司服务对象仅局限于国内客户，有的则将业务拓展至广阔的国际市场。

从保险业务职能来看，再保险实力强是瑞士保险业的一大特色。作为一般保险业的坚强后盾，再保险公司使直接保险公司的部分风险得以转移，从而提高了直接保险公司的承保能力。瑞士再保险业每年的保费收入占整个保险业的近 22.5%。

由于拥有先进的金融服务和资产管理经验，投资业务是瑞士保险公司的强项。由于保险公司每年均能吸收到大量资金，如何管理好这部分资金至关重要，因此它同时也是一个为客户服务的“理财”机构。瑞士保险公司通常利用保费收入进行各种再投资业务。总体来看，瑞士保险业将近 60%的收入投资于有价证券及债券，约 13%的收入投资于股票，约 14%的收入投资于房地产业。

瑞士保险业的另一个突出优势是拥有高素质的从业人员。保险人员除必须熟悉本行业业务，还须掌握与险种相关行业的有关知识及拥有高超的语言技能（保险咨询人员大多能熟练使用 2～3 门语言）。为加强对从业人员的培训，瑞士保险业采取了多种措施。大的保险公司均设有自己的培训中心，保险专业协会则建立了分地区的培训基地，有的保险公司还与著名大学签订委托培训协议，并邀请国际、国内知名的保险专家讲课。由于瑞士保险业拥有一支训练有素、业务精通的人员队伍，因而开展业务的效率极高。

（二）瑞士保险业的监管机制

保险公司的经营状况与客户的利益休戚相关。为防止因保险公司经营不善或投资失误而给客户带来损失，保险公司在瑞士受到极其严格的监管。按照瑞士联邦宪法的有关规定，联邦通过《保险监管法》、《安全险、人寿险及担保险与保证金法》、《保险合同法》等法律对保险公司进行监管。

（三）瑞士四大保险公司

瑞士保险公司被誉为世界上最有效率的保险公司，一个多世纪以来，还没有一家瑞士保险公司破产。在这些公司中，不乏国际知名的大企业，其中又以四大企业最为著名，它们分别是：排名欧洲第一的综合性保险企业苏黎世金融服务集团、世界再保险巨头瑞士再保险公司、瑞士信贷集团的成员丰泰保险集团以及瑞士最大的人寿保险企业——瑞士人寿公司。上述四家公司均在其专业领域享有极高的国际声誉，且跻身世界企业 500 强之列，其保费收入占瑞士保险业全行业保费收入的 90%以上。

四、美国保险市场

（一）美国保险市场是当今世界上最大的保险市场

美国作为最大的发达国家，其保险市场无论从公司数量、业务种类还是业务量来说，在世界上都是名列第一的。如美国的友邦保险公司（AIG），世界500强排名前十位，总资产1万亿美元，全球员工人数10万人，客户数量6 500万个，业务遍及全球130多个国家及地区，是全球首屈一指的国际性金融保险服务机构。

（二）美国保险市场的特点

在美国保险市场上，投保人寻找保险人的办法有三种：一种是直接向保险人投保；另一种是向保险代理人投保；还有一种是委托经纪人代为投保。在美国保险市场上推销力量中起主要作用的是保险代理人。美国代理人队伍极其庞大，遍及各个行业，代理业务无所不包，形成了一个巨大的保险业务代理销售网。在有些情况下，代理人也以经纪人的面目出现，将接受的业务向他们所选中的保险公司投保。

在美国保险市场上，既有像友邦保险公司、美亚保险公司、大众再保险公司、旅行者财产保险公司等一大批国际性的大公司，也有众多的专业性、地区性保险公司，他们既相互竞争又相互补充，形成了美国保险市场的多层次结构。

（三）美国保险业的监管

对美国保险市场的监管主要是由各州政府直接监管。州政府制定保险法规，并设立专门的管理和监督机构——保险管理局负责监管本州保险业。各州有自己的保险法，并按法律赋予的权力行施监管权。州的立法机构通过立法管理保险，州的司法机构通过判决管理保险，州的行政机构通过行政权管理保险。这体现了具有美国特色的“三权分立”，州的保险管理局最高执行权是保险监督官，由州长任命，并由州立法机构通过。

保险管理局管理和监督保险业的主要目的是：① 使消费者能够买得起保险；② 使消费者在保险市场上能随时买到其需要的保险；③ 防止保险公司因经营不善破产倒闭。

为了对全国保险业予以协调，美国成立了全国保险监督官协会，协会下设保险规定信息系统，以协调各保险公司之间的关系。

五、日本保险市场

（一）日本保险市场是世界上发展最快的保险市场

日本是世界第二、亚洲第一大保险市场，其保费总额超过4 500亿美元，在全球寿险和非寿险保费收入中分别占30%和10%。日本的民营保险业按其《保险业法》分为“生命保险”与“损害保险”两大类。目前，日本国内有生命保险公司30家，从业人员44.2万人。损害保险公司25家，代理点45.5万个，从业人员近10万人。日本还有数十万代理人员。

（二）日本保险市场的特点

一是内向型。日本保险市场上的业务基本上都是国内业务，如非寿险业每年保费收入达500亿美元，其中80%～90%属于国内市场业务。日本保险市场的内向型，与日本的“政府主导型”经济体制是分不开的。日本政府注重民族保险业的发展，保险市场的对外开放较为缓慢，以至于美国保险企业多次“踹门”仍被拒之门外。日本保险市场的经营政策一直立足于国内市场，即使开展一些国外业务，也只是国内市场的延伸。

二是竞争与限制竞争。日本市场是世界上竞争最激烈的市场之一，但由于政府管制与行业管理的广泛性和充分性，使竞争只能在严格限制的范围内进行。在损害保险中由于损失的不确定性、时间的不确定性，极易导致强烈的市场竞争，因此保险管理当局一直进行着严格的控制。人寿保险中的价格竞争是有限的，人寿保险公司更多地注重资金的运用、服务质量的提高和新险种的开发等。

三是人寿保险和损害保险分开经营。人寿与损害保险分开经营，不仅有利于稳定保险企业财务成果，而且有利于参加世界范围内的保险竞争。

四是垄断性。日本保险市场上，只有40多家保险公司，这与美国和英国拥有众多保险公司相比，有着明显的差异。

（三）日本保险市场的监管

一是行政管理。日本保险公司受日本大藏省保险局的实质性管理。其中第一课监管人寿保险，第二课监管损害保险。管理所依据的法律是《保险业法》，其附属法规是“保险业法实施细则”。保险公司的建立及经营新险种必须经大藏省批准，保险公司的经营必须受其监督。

二是同业公会管理。日本保险公司组织有“损害保险赔偿协会”和“人寿保险人协会”。大藏省的监管侧重于方向性和原则性方面，而同业公会的监管侧重于业务性和技术性方面。

三是市场上的代理人和经纪人。在日本的保险中介市场上，保险代理人占据了主导地位。日本保险经纪人的力量不大，不可能控制日本保险市场，与英国的保险经纪人不同。不过，由于保险市场的逐渐国际化，保险经纪人开始活跃。

六、我国香港保险市场

我国香港的保险业自1841年开始，发展至今已有160多年的历史，特别是近半个世纪以来，香港以其优越的地理位置和独特的发展模式吸引着世界各地的资金、技术、劳动力的大量输入。经济的迅速发展使保险业也随之飞腾起来。许多规模庞大的外国保险公司，纷纷到香港开设分支机构，使香港的保险业务呈现出蒸蒸日上的发展态势。

据香港保监处数据显示，以保费收入计算，2004 年香港保险市场是全球第25大市场，其中产险市场列第39位，寿险市场列第20位，整体业务所占份额为0.47%，其中寿险占 0.70%，产险占 0.16%，香港的保险深度为 9.6%；在全球排第11位，保险密度为14 991港元；在全球排第19位。

香港保险市场经过160多年的发展，云集着多种背景的公司，逐步形成了发育较为完善、多成分、多形式、多层次的保险市场体系。截至2005年底，香港有获授权的保险公司175家，其中产险公司110家，寿险公司46家，综合保险公司19家。获授权保险经纪机构468家，获登记的保险代理人27 519人。香港保险市场参与者，既有跨国保险集团的分公司和附属机构，也有中资保险机构，当地银行所属保险公司，健康险公司，信用险公司，按揭担保公司，承保代理和家族保险公司。跨国保险公司、银行保险公司、中资保险公司、本地保险公司、综合保险公司和专业保险公司的市场占有率分别为26.8%、13.3%、12.9%、10.1%、8.3%和6.6%。香港的保险公司有半数在海外注册成立，注册地遍布全球20多个国家，以美国、百慕大、英国相对较多。

第六部分 我国的保险市场

一、我国保险业的创立与发展

1949年10月20日，我国第一家全国性综合国有保险公司——中国人民保险公司在北京成立，实现了解放后我国保险业从无到有的突破。然而，当时的保险市场并没有形成规模，长期以来，中国人民保险公司独家经营，保险市场处于独家垄断状态。1988年4月27日，平安保险有限公司在广东深圳开业。1991年4月26日，中国太平洋保险公司在上海成立，这是继中国人民保险公司之后我国的第二家全国综合性保险公司。自此，我国的保险市场实现了从无到有的跨越式发展，市场经济环境下的保险市场初步形成。

二、我国保险市场的现状

从20世纪90年代至今，是我国保险市场高速发展的阶段。在这个发展机遇期，我国市场主体不断增加、法律法规体系不断完善、保险市场的国际化程度日益提高，这些都为我国早日融入国际保险市场奠定了基础。

（一）保险市场竞争激烈

近年来，我国国内保险机构数量增速迅猛。仅 2006 年就全年共有 9 家新的保险公司开业，保险公司达到 98 家；共有 367 家新的专业中介机构开业，专业中介机构达到 2 110 家；新增 4 家保险资产管理公司和 1 家保险资金运用中心，资产管理公司达到 9 家。另一方面，随着世贸过渡期的结束，众多世界著名保险公司纷纷进驻我国保险市场。目前，我国保险市场上共有 41 家外资保险公司，来自 20 个国家和地区的 133 家外资保险公司在华设立了 195 家代表处[㊀]。可以说，我国保险市场已经呈现出百花齐放，百家争鸣的局面。今后，国内外保险公司将在业务拓展、产品开发等各个领域展开激烈竞争，一家公司独占鳌头或者几家公司分而治之的局面将被打破。这给各保险公司带来机遇的同时，更带来了危机感和紧迫感。

（二）保险法规与监管制度逐渐建立

自我国恢复国内保险业务以来，保险法制建设得到了加强，1983 年国务院及有关部门先后发布了财产保险合同、保险企业、保险代理机构、上海外资保险机构等方面的管理条例或规定，1995 年全国人大颁布了《中华人民共和国保险法》，其后，又公布和修订了保险代理人、保险经纪人、保险公司、保险公估人方面的管理规定，从而初步形成了以保险法为核心的保险法律法规体系。

（三）中介机构发展迅速

近年来，作为保险市场不可或缺的重要组成部分——保险中介人制度的实施也取得了初步成效。截至 2005 年 12 月 31 日，我国经保监会批准设立的中介机构有 1 877 家，处于经营状态的有 1 800 家，终止营业的有 77 家。其中，保险代理机构有 1 313 家，保险经纪机构 268 家，保险公估机构 219 家。到 2005 年底，我国共有外资保险中介机构 6 家。保险中介市场的发展促进了我国保险业的蓬勃发展。通过中介渠道取得的保费收入占总保费收入的比重不断增加，2005 年我国保险公司通过中介渠道取得的保费收入为 3 000 多亿元，同比增长 23.8%，占到全国总保费收入的 73%。

（四）保险资金运用渠道相对偏窄

与发达国家相比，我国保险资金的运用渠道相对偏窄。我国的《保险法》规定：保险资金运用只限于在银行存款、买卖政府债券、金融债券和国务院规定的其他资金运用形式。目前我国的保险资金运用仍局限于金融市场，主要投资于银行存款和金融债券，直接融资渠道不畅通。保险资金运用方式单一、渠

㊀ 数据来源：《中国保险行业分析报告》（2006 年第四季度）

道狭窄，保值增值能力弱，同时又存在贬值的危险，使得保险公司不得不靠降低赔付率来实现利润，提高经营效益，这将明显影响保险资金的投资回报率和公司的偿付能力。

三、我国保险业和保险市场的发展目标

（一）保险市场监管体制不断完善

随着我国保险业的迅猛发展，保险市场的局面变得日益复杂，保险违规、违法案件屡见不鲜。这给我国保险业的健康发展奏响了不和谐的音符。因此，加强监管，加强对于行业的内在约束力是非常重要的。中国保险业监督管理委员会在巩固现有成果的基础上，加快制定与《保险法》相配套的法律、法规、条例、细则，逐步建立起科学合理并有中国特色的保险法体系。同时，保监会将加大执法力度和执法能力，做到能够依法采取强有力措施纠正和制止保险公司的违法经营活动和不正当的竞争行为，并对于违法行为予以制裁。

（二）保险市场主体趋向多元化

根据现行《公司法》的规定，我国保险公司的组织形式只能是两种：国有独资公司或股份有限公司。而国际上通用的保险公司形式很多，除上述两种形式以外，还有个人保险公司、相互保险公司、保险合作社等。虽然，股份有限公司占据了重要的市场地位，但是在国外，其他组织形式也发挥着重要的作用。随着我国对外开放程度的不断加深，将进一步放宽对主体组织形式的限制，否则，将在很大程度上阻碍保险市场的发展。

（三）保险市场格局合理化

随着我国保险市场的良性发展，我国保险市场已经从独家垄断发展成为垄断竞争型市场。中国人保、平安保险股份有限公司、中国太平洋保险股份有限公司等几家大公司占据国内较大的市场份额，这几个大型中资保险公司，将成为能够主导国内保险市场，抗衡外资保险公司的大型保险集团。这种大型保险集团具有较高的管理水平，可以跨地区、跨行业、跨所有制、跨国经营。而市场上的中小型保险公司也是表现活跃，这些中、小型保险公司具有专业性强、经营灵活的特点。未来世界保险市场竞争呈现的趋势是“大鱼吃小鱼”、“快鱼吃慢鱼”和“活鱼吃死鱼”的情况。这种情况为中、小保险公司的发展留下了发展空间；加之我国是一个发展中的大国，各地区的经济发展不平衡，保险市场的需求也参差不齐，因此更需要中、小保险公司的适度发展。在今后的一段时期之内，随着保险体制改革的深化，政策性保险业务将从商业保险公司中分离出来，保险市场将走向层次分明、格局清晰，更加专业化和多元化的市场格局。

（四）保险产品更加品质化

随着市场经济的发展，商业保险已经逐步深入民心。老百姓与企业在接受保险的同时，对保险的选择意识也在不断增强。客户已经从盲目、被动的接受保险产品转变成主动地选择保险产品，对于保险产品的需求也呈现个性化和专业化的趋势。这就对我们保险市场提出了更高的要求，保险主体要从品牌、价格、服务等方面入手，为不同需求层次的客户提供甚至是“定做”更加合乎需求的保险产品和服务，只有这样，才能在竞争激烈的保险市场独占一隅。

（五）保险市场国际化程度日益加深

截至 2005 年年底，主要跨国保险金融集团和发达国家的保险公司都已经进驻我国，有 19 个国家和地区的 128 家外资保险公司在华建立了 192 个代表机构和办理处。同时，国内的几家大型保险公司，如人保、平安都已实现了海外上市。与此同时，外资保险公司也已经可以开始经营中资保险公司业务。从 2004 年开始，外资保险公司可以在我国任何地区提供保险服务。可以预见，随着我国保险业的不断发展，我国保险市场的国际化程度会日益加深。

【小资料】

1990～2005 年我国保费收入、保险密度与保险深度发展状况[㊀]

	GDP 增长速度（%）	保费收入/亿元	保险密度/（元/人）	保险密度/（元/人）	保险深度（%）
1990	3.8	177.9	24.93	15.56	0.85
1991	9.2	235.6	32.43	20.35	0.9
1992	14.2	367.9	56.15	31.39	1.0
1993	13.5	499.6	35.80	42.16	0.98
1994	12.6	600.0	20.09	49.0	0.97
1995	10.5	683.0	13.83	56.39	1.17
1996	9.6	777.1	13.78	63.49	1.15
1997	8.8	1 087.9	39.99	88.02	1.46
1998	7.8	1 262.6	15.97	101.12	1.61
1999	7.1	1 444.5	14.50	114.84	1.76
2000	8.0	1 599.7	10.74	126.21	1.79
2001	9.3	2 112.3	32.04	168.98	2.20
2002	8.0	3 053.1	44.59	237.64	2.98
2003	9.1	3 880.4	27.1	287.44	3.33
2004	10.1	4 318.1	11.28	332.16	3.39
2005	9.9	4 927.3	13.95	375.64	2.75

㊀ 数据来源：《中国保险业发展蓝皮书（2004－2005）》，吴定富，2006 年 3 月。

模 块 小 结

一、知识结构

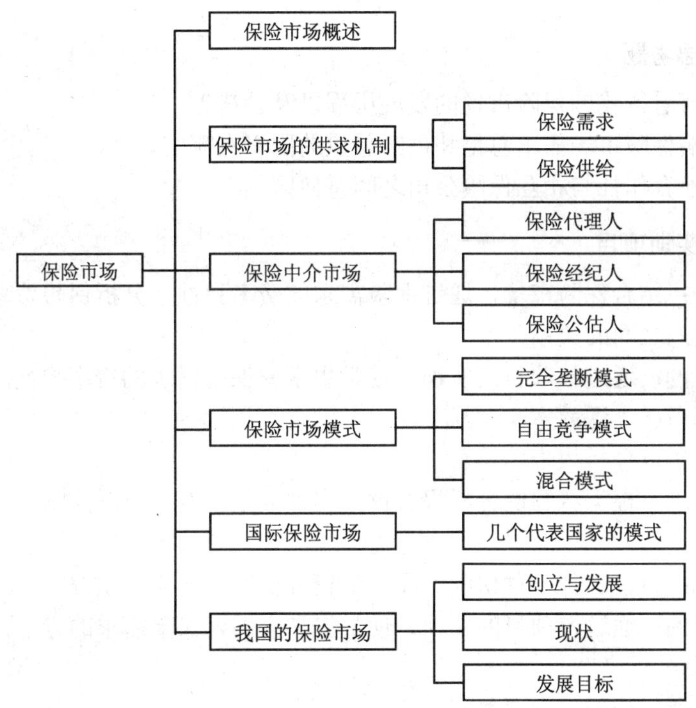

二、考核标准

知识考核标准：

● 掌握保险市场的概念以及作用；

● 掌握保险商品与劳务供给者、需求者、中介人的几种形式以及三者之间的关系；

● 掌握保险需求、供给的概念，影响需求和供给的因素，理解供给和需求的弹性函数；

● 掌握几种主要的保险市场模式；

● 了解国际上主要的几个国家的保险市场；

● 了解我国保险市场的发展历史、现状以及趋势。

能力考核标准：

- 能针对具体保险产品进行市场需求分析；
- 能结合实际分析我国保险市场存在的问题；
- 能区分保险代理人和保险经纪人；
- 能结合案例分析保险人与保险中介人的不同法律地位。

三、思考、实训

（一）思考题

1．如何看待我国保险市场的发展历程以及趋势？

2．影响保险市场需求总量和供给总量的因素有哪些？

3．保险合作社与相互保险公司之间有何区别？

（二）实训项目

项目一：结合保险市场，通过保险需求的费率弹性，分析保险费率、保险需求与保费收入之间的关系。

实训目的：通过该项目的实训，使学生掌握保险需求的费率弹性。

实训场所：上课教室。

实训成果：分析报告。

考核标准：根据撰写的分析报告评定实训成绩。要求思路清晰，表达顺畅，有说服力。

项目二：自己选择一种保险产品，调查分析其市场需求状况。

实训目的：通过该项目的实训，使学生学会调查保险需求的方法，掌握分析问题的技巧。

实训场所：校外、上课教室。

实训成果：保险产品调查分析报告。

考核标准：根据撰写的调查分析报告评定实训成绩。要求思路清晰，表达顺畅，有理有据（有实地调查数据资料），分析有说服力。

模块七　保 险 业 务

知识目标	1. 熟悉投保过程； 2. 掌握保险核保的概念、内容和程序； 3. 掌握保险理赔的概念、原则和程序； 4. 了解再保险基本知识； 5. 了解保险基金的运用。
能力目标	1. 掌握保险展业要决，能为投保人提供优质的投保服务； 2. 能对投保申请进行审核，决定是否承保； 3. 能对理赔申请进行审核，决定是否赔款并能计算赔款金额； 4. 能按再保险的不同方式计算分出、分入保险金额、保险费、赔款； 5. 能分析保险资金运用的原因和投向范围。

引例

2005年新华人寿理赔提出了自身高于行业的服务标准，系列品牌服务工程一再让新华客户受益，日前这一工程再次出台新举措，总公司下发了《理赔预付管理指导办法》。为保证存在经济困难的危难客户能及时得到必要的医疗救治，对客户实施保险预付。

此举是新华人寿保险公司建设理赔服务精品的重要举措之一，也是力争成为行业最佳理赔服务公司的具体体现，意在率先改变广大客户“投保容易，理赔难”的误区，提升行业形象，切实“发挥保险的功能和作用，为构建社会主义和谐社会作贡献”，体现“立信于心、尽责至善”的新华人寿理念和文化宗旨。

该预付办法主要适用于医疗费用补偿性质的保险，在基本事实清楚，单证齐全的情况下做出保险金预付，在多次预付总额不超保险金给付总额70%的原则下，单次预付金额最高可以达到客户已支出合理医疗费用理算结果的1.5倍，这为经济困难却祸不单行的危急家庭带去了福音。

如此高比例的预赔付额可谓开创了行业内的先河。新华人寿提出保险金预付的举措是一次创新之举，根本上是本着“珍视生命价值”，为陷于经济困窘的家庭开辟出绿色的生命通道，使遭受病痛折磨的生命得到及时治疗，早日走上康复之路。立足于将客户遭受的危险竭尽所能降至最低，让遭受疾病打击的生命得到双重抚慰。

根据该预付办法，新华人寿客户不用担心保险预付的手续繁琐。只需在出险后收集基本的索赔资料（包括保险单、索赔申请、身份证明、保险事故证明）后提交给新华人寿分公司，即可立案；在理赔人员认定基本事实清楚后，便可以理算出保险金的预付金额并及时给付。所有程序与正常结案给付保险金的案件并无明显差别，而且在索赔资料的要求上更为简洁。同时，为确保预付保险金用于危急客户的医疗费用，新华人寿在实现方式上强化了理赔的服务功能，规定了在预付金额达到一定数额时，不得采用非现金的方式给付，需由理赔人员陪同领款并直接送往医疗机构。

随着《理赔预付管理指导办法》的试行，新华人寿客户将越来越多的体会到新华人寿的关怀和人性化理赔服务。

资料来源：新华网，www.xinhuanet.com

第一部分 保险业务经营概述

一、保险业务经营的特点与原则

（一）保险业务经营的特点

1. 保险经营活动是一种特殊的劳务活动

保险经营的对象是向客户提供安全保障，保险经营的基础是可保风险，保险经营是以大数法则为数理基础，集合了众多的风险单位，从而发挥分散风险和组织经济补偿的职能。因此，保险公司所从事的经营活动，不是一般意义上的物质生产和商品交换活动，而是一种特殊的劳务活动。这种特殊性体现在以下几个方面：

（1）这种劳务活动依赖于保险业务人员的专业素质，如果保险公司拥有一批高素质的业务人员，能够提供高水平的承保前、承保时、承保后的系列配套服务，社会公众对于保险公司的信心就会增强，保险公司的竞争力就会进一步提升，反之，则保险公司的公众形象就会受到损害。

（2）这种劳务活动的特殊性体现在保险企业的产品质量上。保险公司根据保险市场需求精心设计保险条款，合理规定保险责任，科学厘定保险费率，保险险种就越能符合市场需求，保险合同数量就会增加，而保险合同数量的增加，保险成本就愈节省，保险经营也就愈稳定。

2. 保险经营资产具有负债性

一般企业的经营资产来自自有资本的比重较大，这是因为它们的经营受其自有资本的约束，所以必须拥有雄厚的资本为其经营后盾。保险企业必须有资本金㊀，但自有资本金规模很小，且主要用于各项开业费用和开业初期的保险金支出，而保险经营的资产绝大部分来源于保险人所收取的保险费，而这些保险费就是保险企业对被保险人未来赔偿或承担给付责任的负债。

3．保险经营成本和利润具有特殊性

风险是无法事先估量的。因此，保险经营的成本具有不确定性。保险商品的价格是依据过去的、历史的、支出的平均成本而制订的，而事实上，一般的保险公司往往无法得到足够多的历史数据，这就使得保险公司确定的历史成本很难与现实价格匹配，更难以与将来成本相一致。这就决定了保险商品价格的合理性不如其他商品。

保险利润的计算也与其他商品不一样。计算一般商品的利润时，企业只需将出售商品的收入减去成本、税金即可。而保险公司在计算利润时，是从当年的保费收入中减去当年的赔款支出、费用和税金外，还要减去各项准备金和未决赔款。

4．保险经营过程具有分散性和广泛性

基于大数法则和保持保险经营的稳定性，保险人只有集合众多的风险单位，才能对损失的估计接近现实，从而保证损失得以合理的补偿。保险经营异于一般企业之处在于保险公司所承保的风险范围之宽，经营险种之多，涉及的被保险人之众是其他企业无法比拟的。举例来说，被保险人包括法人和自然人：法人包括各类企业、事业单位以及国家机关；自然人又包括各行各业以及各阶层的人士。而自然人和法人的范围又是可以在全国范围乃至全世界范围的。因此，保险经营涉及社会生产和社会生活方方面面领域的风险，一旦保险公司出现偿付能力不足，必然影响到全体被保险人的利益乃至整个社会的稳定。因此，保险经营的过程，既是风险的大量集合过程，又是风险的广泛分散过程。众多的投保人将其面临的风险转嫁给保险人，保险人又将少数人发生的风险损失分摊给全体投保人，体现了“我为人人，人人为我”的保险精神。

（二）保险业务的经营原则

保险业务的经营原则是指保险公司从事保险经营活动的行为准则。由于保险商品除了具有一般商品的特性外，还具有自身特性，因此，在经营保险这一特殊商品的过程中，既要遵循企业经营的一般原则，又要遵循保险企业的特殊原则。接下来，我们将分别介绍保险业务经营的一般原则和特殊原则。

与任何以盈利为根本目的的微观经济企业一样，保险经营实行经济核算，一方面可以促使保险公司加强公司管理水平，提高经济效益，增强偿付能力，另一

㊀《保险法》第七十二条规定：“设立保险公司，其注册资本的最低限额为人民币二亿元”。

方面，经济核算可以促使保险公司节约成本，提高利润。

保险公司在经营过程中，通过推销尽可能多的保单来实现保费收入的最大化，在此基础之上，尽量减少各项成本开支，实现更多的利润。同时，通过多渠道的投资方式实现资金的升值。

另外，与一般企业相比，保险业务经营还有如下比较有特色的经营原则：

1. 风险大量原则

风险大量原则是指保险人在可保风险的范围之内，保险人根据自己的承保能力，应争取承保尽可能多的风险和标的。风险大量原则是保险经营的首要原则。这是因为：第一，保险经营是以大数法则为基础的，保险公司只有承保大量的风险和标的，才能使风险发生的实际可能性与预先按照风险原理计算的损失概率相对接近，从而确保保险经营的稳定性。第二，保险公司的经营过程实际上是风险经营过程，他们只有承保了大量的风险标的之后，才能建立起雄厚的保险基金，以保证日后经济补偿职能的履行。第三，保险公司通过承保大量的风险和标的，就可以提高保费收入，相对减少营业费用。

风险大量原则主要体现于保险展业环节，在保险展业过程中，保险公司应积极拓展保险业务，在现有基础上，不断发展新的客户，扩大承保面，实现保险业务的规模经营，同时，还应注意控制承保险种的结构和规模。

2. 风险选择原则

风险选择原则是指保险人在承保时，对投保人所投保的风险种类、风险程度和风险金额等有充分的认识，并做出承保或者有条件承保抑或不承保的决定。保险人对于风险的选择主要体现在两个方面：第一，尽量选择同质风险，从而有利于风险从量的方面进行测量，实现风险的平均分散；第二，尽可能地选择淘汰超过风险条件和范围的保险标的，从标的选择过程中，把握好“病从口入”关，从而提高承保质量。

保险人对于风险选择的方式有事前选择和事后选择两种。

（1）事前风险选择。事前风险选择指的是在承保前，保险人对于风险标的决定是否承保或以何种条件承保的过程。在人寿保险中，保险人侧重于对“人”的风险选择。比如在人寿保险中，保险人在承保前应了解被保险人的年龄、身体状况、从事职业、经济情况、道德风险等。在财产保险中，保险人更侧重于对“物”的风险选择，即对保险标的及其利益的评估与选择。例如，对投保财产保险的建筑物，保险人应了解和检查其结构、使用情况和所处位置等；对于投保的机动车辆、船舶、飞机等运输工具，保险人应首先了解这些运输工具的使用年限、用途以及运输区域等。对被保险人和保险标的物的风险已经超过可保风险的条件和范围者，保险人应拒绝承保。有时，尽管某些保险标的存在影响着承保质量的不良危险，但是公司出于自身经营目的以及社会影响力的考虑，会与投保人协商或调整承保条件，往往可以通过提高费率、提高免赔率（额）、附加特殊约定等方式进行有条件的承保。

（2）事后风险选择。事后风险选择指的是投保后，保险人对保险标的的风险超出核保标准的保险合同做出淘汰的选择。这种事后的风险选择往往有三种形式：第一，等待保险合同期满后不再续保，合同终止；第二，按照保险合同约定的事项予以注销合同；第三，保险人若发现被保险人有明显误告或者欺诈行为，可以中途终止保险合同，结束保险合同。㊀

【案例分析】保险公司是否应该赔偿风险增加后导致的事故损失？

某房主将其所有用于居住的房屋向保险公司投保财产保险，保险有效期为1998年10月2日零时至1999年10月1日二十四时。1999年1月1日投保人将其房屋用于制作加工烟花的小作坊，并没有通知保险公司。房屋不幸于1月15日因发生火灾而全部烧毁。保险公司接到报案后，有人认为被保险人将房屋用途由投保时的居住改为制作烟花，风险明显增加。而被保险人既未向保险公司申报，又未增加保费，没有履行告知义务，保险公司不应负担赔偿责任。试问这种观点是否正确？

分析：按照《保险法》和保险合同条款的规定，当保险标的的风险明显增加时，被保险人有义务将这些情况及时告知保险公司，必要时还要增加保费。否则，保险公司有权解除保险合同并对已经发生的保险事故不承担赔偿责任。在本案例中，被保险人将居住的房屋改为制作烟花的厂房，风险明显增加。而被保险人并没有通知保险公司，违反了告知义务，所以保险公司不应负担赔偿责任。

3．风险分散原则

风险分散原则，是指由多个保险人或被保险人共同分担某种风险责任，以达到扩大风险分散范围，保证经营稳定性的目的。保险人在承保了大量的风险后，如果所承保的风险在某段期间或某个区域内过于集中，一旦发生较大的风险事故，可能导致保险人偿付能力不足，从而对公司自身经营的安全性带来很大的威胁。因此，保险人除了对风险进行有选择的承保之外，还需要尽可能地将已承保的风险进行分散，以确保保险经营的稳定。保险人对风险的分散一般采用核保时的分散和承保后的分散两种手段。

（1）核保时的风险分散。核保时的风险分散主要表现在保险人对风险的控制方面，即保险人对承保的风险责任要适当加以控制。保险人控制风险的途径主要有以下几种：

1）控制保险金额。保险人核保时对保险标的进行危险单位的划分，按照每

㊀ 详见《保险法》第十六、十七条。

个危险单位的最大可能损失确定保险金额。例如，对于投保卫星、航天飞机之类的大型标的，一家保险公司往往没有这样的承保能力，需要通过对危险单位进行划分而分散风险。

2）规定免赔率（额）。对一些风险造成的损失规定一个额度或比率，由被保险人自负这部分损失，保险人对于该额度或比率内的损失不负责赔偿，此种方法常用于财产保险中。例如，在机动车辆保险中，对机动车辆每次事故规定有免赔额，只有超过免赔额的部分才由保险人承担赔偿责任。

【小资料】

家庭自用汽车损失保险免赔率的相关规定有：负全部责任的免赔率为15%，负主要责任的免赔率为10%，负同等责任的免赔率为8%，负次要责任的免赔率为5%。

车损险：负全部责任的免赔率为20%，负主要责任的免赔率为15%，负同等责任的免赔率为10%，负次要责任的免赔率为5%。

第三者责任险：负全部责任的免赔率为20%，负主要责任的免赔率为15%，负同等责任的免赔率为10%，负次要责任的免赔率为5%。

火灾、爆炸、自燃损失险：实行20%的免赔率。

车上货物责任险：实行20%的免赔率。

盗抢险：全车损失实行20%的免赔率。

无过失责任险：实行20%的免赔率。

自燃损失险：实行20%的免赔率。

车上人员责任险、玻璃单独破碎险、车辆停驶损失险、车身划痕损失险：无免赔率。

3）比例承保法。即保险人按照保险标的实际金额的一定比例去定承保金额，而不是全额承保。例如，在农业保险中，保险人通常按照平均收获量的一定成数确定保险金额，如按正常年景的平均收获量的6～7成承保，其余部分由被保险人自己承担责任。

（2）承保后的风险分散。承保后的风险分散原则以再保险（Reinsurance）和共同保险（Coinsurance）为主要手段。再保险是指保险人将其所承担的业务中超出自己承受能力之外的风险转移给再保险人承担。共同保险是由两个或两个以上保险人共同承保某个风险较大的保险标的。此外，保险人也可通过提取保险金的形式达到风险分散的目的。

二、保险经营机构的组织形式

（一）保险经营机构的一般组织形式

保险经营机构是指依法设立、登记，并以经营保险为业的机构。各国保险业的组织形式一般有以下诸种：

1．国有保险公司

国有保险公司是由国家或政府投资设立的保险经营组织，由政府或其他公共团体所经营。其经营可以以盈利为目的，作为增加财政收入的手段，也可以以政策的实施为宗旨，无盈利动机。

2．股份保险公司

股份保险公司是由国家保险监督管理机关批准设立、经营保险业务的股份有限公司。它一般有5个以上发起人，股东以其认购的股份为限对公司承担有限责任，同时建立信息披露制度。股份有限公司是当今世界保险业主要的组织形式。保险公司采取这一形式，可以广泛地募集到巨额资金，其财力越雄厚，信誉越好，吸引的投保人就越多。同时，股份有限公司的管理规范化程度比较高，公司的财务报告依法公开，使股东、债权人和社会公众可以对其实行有效监督。这对于涉及社会经济和人民生活的保险业来讲，非常必要。

3．相互保险组织

相互保险组织是指为参加保险的成员之间相互提供保险的一种组织。其组织形式有：相互保险公司、相互保险社、交互保险社等。

4．个人保险组织

个人保险组织是以个人为保险人的组织。该组织主要存在于英国，英国的劳合社是世界上最大的、历史最悠久的个人保险组织。劳合社实际上不是一家保险公司，而是一个保险市场。

5．保险合作社

保险合作社是由一些对某种风险具有同一保障要求的人自愿集资设立的保险组织。它按合作的原则从事保险业务，是与股份有限公司、相互保险公司并存的一种保险组织。它一般属于社团法人，是非盈利机构，以较低的保费来满足社员的保险需求，社员与投保人基本上是一体的。

6．行业自保组织

行业自保组织是指某一行业或企业为本系统或本企业提供保险保障的组织形式。欧美国家的许多大型企业集团，都有自己的自保保险公司。行业自保公司是在第一次和第二次世界大战期间首先在英国兴起的，到20世纪50年代，美国也开始出现了这种专业性自保公司。

（二）我国保险经营机构的组织形式

长期以来，我国保险业由中国人民保险公司独家垄断经营，保险经营机构的组织形式只有国有保险公司一种。随着平安、太平洋等保险公司的相继成立，保险股份公司的组织形式开始出现。1995 年我国颁布的《保险法》第六十九条规定：保险公司应当采取下列组织形式：① 股份有限公司；② 国有独资公司。这就以法律的形式规定了我国保险经营机构的组织形式。应该说在保险市场刚刚开放发育尚不成熟的时候，这种政策选择是合适的，它对规范保险经营机构并对其实施有效监管起到了非常重要的作用。但是随着我国保险业的发展，这种规定显然已不能适应我国加入 WTO 后保险业国际化的需要，从国内外的经验来看，多元化的保险经营机构组织形式是一国（地区）保险市场走向成熟的重要标志。

目前，我国保险经营机构的组织形式主要有以下几种：

1．国有保险公司

我国的国有保险公司是经中国保险监督管理委员会批准设立、经营保险业务的国有独资公司。中国人民保险公司是新中国成立 20 天后问世的我国第一家保险公司，也是 2002 年公司实行股份制改革之前的我国最老的国有独资保险公司。目前我国的国有保险公司包括中国人保集团公司、中国人寿集团公司、中保控股集团公司、中国再保险集团公司以及中国出口信用保险公司和新疆兵团保险公司等。其中，新疆兵团保险公司为 1986 年成立的地方性国有保险公司。

2．股份保险公司

采取股份有限公司形式符合国际通行的做法，也是目前我国《保险法》和《公司法》认可的保险经营机构组织形式之一。我国保险公司采用股份制组织形式的比较普遍，截至 2008 年 1 月，我国已有股份制寿险公司 24 家，产险公司 21 家[㊀]。

3．中外合资保险公司

中外合资保险公司是由国家保险监督管理机关批准设立、由中外投资者共同投资、经营保险业务的有限责任公司。按照规定，外国投资者投资比例不得低于资本总额的 25%，各股东按股权比例分享利润、分担风险，出资转让须经各方同意。随着 2002 年 2 月 26 日我国正式加入世界贸易组织后的第一家中外合资保险公司——中意人寿保险有限公司的开业，大量外资保险公司相继抢滩我国内地市场。目前，在我国内地市场的中外合资保险公司有信诚人寿、中宏保险、光大永明、广电日升、中德安联、康宁人寿等多家合资企业。

4．外国保险公司分公司

外国保险公司国内分公司是经国家保险监督管理机关批准、外国保险公司依

㊀ 数据来源：www.circ.gov.cn，中国保险业监督管理委员会。

法在我国境内设立的从事保险业务的分公司。按照我国《公司法》和《保险法》第一百五十四条的相关规定，外国保险公司属于外国法人，其在中国境内设立的分公司不具有中国法人资格。外国保险公司分公司在中国境内的经营活动，应当由其境外的总公司承担民事责任。我国加入世贸组织之前，美国国际集团早在20世纪90年代已经进入我国，而且其寿险机构和产险机构均以分公司的形式进入。目前，美国国际集团的全资附属公司——美国友邦保险有限公司在我国的广东、上海、深圳、北京等地设立了多家寿险分公司，这是外国保险公司分公司中的特例。

【小资料】

美国友邦保险公司

美国友邦保险有限公司（简称“友邦保险”或“AIA”）是美国国际集团的全资附属机构，该集团是世界保险和金融服务的领导者。美国友邦保险公司分公司、附属公司及联营公司遍布我国的内地、香港、澳门、台湾，澳大利亚，文莱，关岛，印度，印尼，日本，马来西亚，新西兰，菲律宾，新加坡，韩国，泰国及越南等国家和地区。友邦保险通过以庞大营销员队伍为主的不同销售渠道，为客户提供全面的寿险产品及服务。

友邦保险在我国内地的发展始于 1992 年，是当年第一家获准在我国经营保险业务的外资保险公司，并于同年在上海设立友邦保险上海分公司。目前，友邦保险在我国内地的业务范围已经扩展到北京、广东、江苏、深圳等地。

5．其他组织形式

我国的其他保险经营机构的组织形式主要有相互保险组织、保险合作社、交互保险社、自保组织、个人保险、专属保险公司等。尽管这些组织形式还没有成为我国保险公司的主流，但随着我国经济的发展，风险的不断复杂化，多元化的保险组织形式必然成为分散风险的重要补充方式。

第二部分　保险展业与承保

一、保险展业

（一）保险展业的重要性

保险展业就是通过宣传，广泛组织和争取保险业务的过程。它是保险经营过程中的首要环节，对保险经营的效益产生最直接的影响。

保险公司以风险为经营对象。只有大量招揽业务，才能有效发挥大数定律的作用，将被保险人所遭受的损失在所有被保险人之间平摊；只有大量招揽业务，才能不断积累起雄厚的资本金，形成足够的偿付能力，稳定保险公司业务经营；只有积累了大量的业务，才能形成规模效应，节省成本开支；再者，在竞争激烈的保险市场，占据的市场份额越大，公司的竞争能力才会越强，才能在竞争中立于不败之地。

普通老百姓往往对风险抱有侥幸心理，对风险转移的重要性认知不足。风险因素的不断涌现，给普通百姓的生活带来很多的不确定因素，也可能造成非常大的损失。保险展业人员的细心解说，往往可以帮助老百姓认识到风险的存在以及如何通过保险转移自身风险，提高自身的保障程度。

因此，不管是从保险公司自身的发展，还是从提高人们的风险保障程度，维护社会的稳定发展，保险展业都起到非常重要的作用。

（二）保险展业流程

保险展业一般都遵循以下流程：前期准备、准客户开拓、业务洽谈。

1. 前期准备

展业之前，保险公司有必要先了解保险市场的总体环境、潜在顾客状况，以确定展业宣传对象，并通过专门的市场调研方法来了解主要的保险市场总体环境。调查内容包括市场供给、市场购买力、地区风险状况、保户心理需求和经济水平。通过市场调研，不断挖掘和开发潜在客户群，从而为开发保险市场奠定基础。

【小资料】

上海一家中外合资的人寿保险公司，经过研究发现上海女性在家庭中的地位很高，一般家庭的主要开支由女性来决定，特别是上海女性中的白领职业女性都比较注重自身利益的维护和保障。于是，这家保险公司就开发了一系列女性保险，主要针对收入较高的白领女性市场，取得了很好的市场销售业绩。

2. 准客户开拓

在确定了准客户之后，保险公司业务员就可以通过他人介绍或者陌生拜访接近准客户。是否能在第一时间把握机遇，给准客户留下第一良好印象，将直接决定这笔业务的成功率。准客户的开拓主要有以下几种方法：

（1）缘故法。缘故法也称为“关系法”，也就是将与你有缘故关系的人直接作为准客户，并向其推销保险产品的方法。那些经常要接触到的人包括亲戚、邻居、同学、同事、朋友和老乡等。运用缘故法的优势在于易接近准客户，能够相互信任，保单成功率较高。其劣势在于由于准客户是熟人，展业过程中容易顾及面子，产生种种顾虑，有时会令对方有人情压力，甚至产生逆反心理。

（2）转介绍法。转介绍法，就是请求缘故关系或老客户作为你的介绍人，推荐他们的熟人作为你的准客户。这种方法较为常见，也非常有效。该方法的优点是便于收集准客户资料和获得与准客户见面的机会，并在面谈过程中相对减少拒绝，但在实际运用中，关键是要提及介绍人的姓名，甚至在拜访前要获得介绍人的电话和信函推荐。

（3）陌生拜访法。陌生拜访法也称为“直冲法”，就是直接寻找素不相识的人面谈来推销保险产品，既可以是随机的，也可以是有选择性的拜访。在现实生活中，不认识的陌生人远远多于熟人，因此陌生人的市场是非常巨大的。因此，陌生拜访法的优势在于能够快速提升业务员自身的销售技巧，更能磨炼自己的营销心态，并且潜在市场巨大，有很大的开发前景，但劣势在于保单的成交率相对较低，营销人员容易产生挫败感。

【小资料】

世界上最伟大的寿险推销员，通常也是失败次数最多的人。失败是成功之母。面对拜访不利，有两种心理，一是立刻放弃，二是等待时机，只要有一点点成功的可能，就永不放弃。

日本著名的成功营销人员原一平有一次打算拜访某公司总经理。这位总经理日理万机，是个不折不扣的“工作狂人”，非但不易接近，连见他一面都很困难。经过再三考虑，原一平采用直冲式拜访。

“你好，我是原一平，我想拜访总经理，麻烦你替我通传一下，只要几分钟就可以了。”

秘书是位训练有素的人，进去一会儿后又出来。

“很抱歉，我们总经理不在，你以后有时间再来吧！”

原一平问旁边的警卫：“警卫先生，车库里那部轿车好漂亮啊，请问，是你们总经理的座驾吗？”

“是啊！”

原一平守在车库铁门旁，竟不知不觉睡着了，正在此时，有人推开铁门，原一平翻了一个大筋斗，回过神时，那部豪华轿车已载着总经理扬长而去。第二天，原一平又来到，秘书还是说总经理不在。

原一平知道硬闯不行，决定采取“守株待兔”的方法。他静静地站在该公司的大门边上，等待这位总经理的出现。

1 个小时，2 个小时，10 个小时过去了，原一平还在守候着。功夫不负有心人，原一平终于等到总经理的豪华轿车出现，原一平一个箭步冲上去，一手抓着车窗，另一手拿着名片。

"总经理你好，请原谅我鲁莽的行为，不过，我已经拜访你好几次了，每次你的秘书都不让我进去，在万不得已的情况下，我才用这种方式来拜见你，请你多多包涵。"

总经理连忙叫司机停车，打开车门请原一平上去。结果，总经理不但接受了访问，还向原一平投了保。

3．业务洽谈

这是保险展业的关键环节。展业人员应针对不同类型的展业对象，采取不同的洽谈方法，实事求是地解答客户的疑问。在展业过程中，业务员不仅要注意行为和言语得体，耐心向客户宣传保险知识，更要充分运用自己的专业知识，向客户提供满足保障需求的险种组合，同时，向客户解释清楚保险条款，并进行必要的风险提示，通过专业化的服务，帮助客户实现最优的风险保障，真正成为投保者的风险和理财顾问。

【案例分析】如何为新婚夫妇进行投保方案设计？

马先生和魏小姐准备在2006年"十一"期间举办婚礼。理财顾问建议，婚后的理财生活应当先从完善自身保障做起，一份完善的保险规划必不可少。因此，首先应做好人身、意外和医疗等方面的综合保障。

家庭情况介绍：

马先生，30岁，IT工程师，平均月收入1.2万元。

魏小姐，28岁，杂志编辑，平均月收入6 000元。

夫妇俩在年初新购住房一套，欠银行房贷30万元，10年还清。两人都有社会保险，马先生还有10万元的团体意外伤害保险和每年10 000元的意外伤害医疗保险。

请问：理财顾问如何给这对新婚夫妇作理财建议呢？

分析：保险是化解家庭财务风险的最好工具，新婚以后随着家庭责任的提高，适度增加保障额度非常必要。马先生和魏小姐当前面对的家庭财务风险中，很大一块是银行的30万元房贷，如果是夫妻俩共同承担的，就应该考虑在双方的寿险保额里都包含15万元的房贷风险额度。

两人都有社保，但面对越来越高额的医疗费用，特别是重大疾病有可能对家庭财务带来的风险，重大疾病保险必不可少。另外，建议两人在选择住院医疗保险时，以住院补贴型的住院医疗险为主。

马先生虽有10万元团体意外险和1万元意外伤害医疗险，但以他的收入状况，还可以考虑为自己选择含意外伤残失能责任的伤残收入保障保险。魏小姐的意外伤害和意外医疗险也是不可少的。

两人的保险组合中，马先生的险种应侧重医疗、身故、伤残等保障，同时兼顾稳健投资；魏小姐的险种则应侧重意外、医疗方面的保障。

考虑到两人的收入水平，两人的保险计划组合的总保费支出控制在2万元左右比较合理。贷款的余额是逐年减少的，还贷风险额度也是逐年减少，建议选择可以灵活调整保额的万能寿险作保险组合方案的主险；考虑到重大疾病险近期内可能会出现条款规范或重大疾病界定的调整，建议选择相对保费比较低、一年期的“附加短期重大疾病险”，以便及时调整。

对于住院补贴险的选择，建议以含有“保证续保”条款的住院补贴险为上。

（三）保险展业的几种主要途径

保险公司招揽业务的方式主要有两种：直接展业和间接展业。间接展业又可以分为通过保险代理人展业和接受保险经纪人介绍的业务两类。

直接展业就是保险公司本身的专职人员直接推销保险，招揽业务。在恢复国内保险业务初期，直接展业是保险公司最初的展业渠道。这种展业方式虽然业务质量较高，但是成本高、信息渠道窄，导致保险业务量有限。

保险代理人展业是指保险代理人根据保险人的委托，在保险人授权的范围内代为推销保险产品，代为收取保险费，代为办理其他保险事宜。保险代理人依照保险代理合同的约定向保险人收取代理手续费。我国的保险代理人分为专业代理人、兼业代理人和个人代理人三大类。其中，个人代理人制度现在主要应用于寿险营销。个人代理制度已成为我国近年来寿险业高速发展的重要因素之一。财产保险的代理目前以兼业代理为主，其中以银行代理和行业代理为多。保险代理展业大大降低了直接展业的成本。

保险经纪人是基于投保人的利益，为投保人与保险人签订保险合同提供中介服务，并依法收取佣金的人。接受保险经纪人介绍的业务是保险展业的重要途径之一。

【小资料】

中国自恢复国内保险业务以来，其展业渠道由最初的保险公司直接展业，转向保险代理人和保险经纪人展业。

自1996年开始实施专业代理人、兼业代理人和个人代理人相结合的保险代理制度。

自1995年12月以来，先后由有关保险监督管理部门组织了数十次全国保险代理人资格考试，取得保险代理人资格的近200万人。

自1999年以来，由保险监管部门组织了多次全国保险经纪人资格考试。

至2002年底，我国有保险经纪公司17家，保险专业代理公司127家，保险公估公司26家，保险兼业代理人约8万家。

至2004年3月底，我国有保险中介公司1 264家，其中开业的为776家，筹建的为488家，而其中保险代理公司868家，开业和筹建的分别为552家和316

家；保险经纪公司 205 家，开业和筹建的分别为 98 家和 107 家；保险公估公司 191 家，开业和筹建的分别为 126 家和 65 家。目前保险代理人所招揽的保费收入占保费总收入的 70%多，其中人身保险业务中通过保险代理人招揽的占 80%多，并且呈逐步上升趋势。

二、保险承保

保险承保是指保险合同的签订过程，即投保人和保险人通过协商，对保险合同内容达成一致的过程。承保是保险经营的一个重要环节，承保质量关系到保险公司经营的稳定性和经济效益，也反映公司经营管理水平。

（一）保险承保的内容

1. 审核投保申请

对投保申请的审核主要包括对投保资格的审核、对保险标的的审核、对保险费率的审核等内容。

（1）审核投保人的资格。保险公司要审核投保人是否具有民事权力能力和民事行为能力及对标的物是否有可保利益。审核投保人的资格主要是审核后者，即了解投保人对保险标的是否具有可保利益。在财产保险中，投保人对保险标的的可保利益来源于所有权、管理权、使用权、抵押权、保管权等合法权益；人身保险合同中，可保利益的确定是采取限定家庭成员关系范围并结合被保险人同意的方式。保险人审核投保人的资格，是为了防止投保人或被保险人故意破坏保险标的，以骗取保险赔款的道德风险。

【小资料】

我国《民法通则》规定，根据自然人的年龄或精神状况的不同，可以分为无民事行为能力人、限制民事行为能力人和完全民事行为能力人。

第一类无民事行为能力人是指不满 10 周岁的未成年人和完全不能辨别自己行为后果的精神病人（包括痴呆症病人），他们不能独立行使民事权力，不能独立进行民事活动，只能由其法定代理人代为进行。

第二类限制民事行为能力人是指年满 10 周岁的未成年人和不能完全辨认自己行为后果的精神病人（包括痴呆症病人），他们能够进行与自己的年龄、智力和精神状态相适应的民事活动，其他的重大民事活动必须由其法定代理人代为进行。

第三类完全民事行为能力人是指年满 18 周岁以上且精神智力正常的自然人，或 16 周岁以上不满 18 周岁的能自食其力的未成年人，他们具有完全的民事行为能力，能够独立地进行民事活动，享有民事权力和承担民事义务。

【案例分析】恋人之间是否可以相互投保？

张明和朱诗诗是大学同学，在读书期间两人确立了恋爱关系。大学毕业后，两人分配到了不同的地方工作，但仍然书信往来，不改初衷。张明的生日马上要到了，为了给男朋友一个惊喜，朱诗诗悄悄地为他投保了一份人寿保险，准备作为生日礼物送给张明。谁知天有不测风云，当张明从外地赶回朱诗诗所在城市时，遭遇车祸，当场死亡。朱诗诗悲痛之余，想到自己为张明投保的保单，于是向保险公司请求支付死亡保险金 2 万元。保险公司在核保时，得知张明这份人寿保单是在其本人不知情的情况下，由朱擅自做主买的。于是，保险公司以朱诗诗没有保险利益为由，拒绝给付保险金，朱于是将保险公司告上法庭，判决的判决结果会是什么呢？

分析：我国的《保险法》第十二条定义了保险利益就是投保人对保险标的具有法律上承认的利益。如果没有这种关系的存在，谁都能以毫无关系的人或财产去投保，并以自己作为受益人，这会产生极大的道德风险。为了规避这种风险，保险就有必要建立在保险利益的基础之上。我国《保险法》第五十三条对人身保险的保险利益人范围作出了规定："投保人对下列人员具有保险利益：本人；配偶、子女、父母；前项以外与投保人有抚养、赡养或者抚养关系的家庭或其他成员、近亲属。除前款规定外，被保险人同意为其订立合同的视为投保人对被保险人具有保险利益。"在本案中，张明与朱诗诗属恋爱关系，两人之间并没有法律上认可的保险利益，保险公司拒赔合理。但如果朱在投保时获得张明的同意，那么，这就符合第三款的保险利益原则，可以获得法律支持，保险公司也就没有理由拒赔了。

（2）审核保险标的。对照投保单或其他资料核查保险标的使用性质、结构性能、所处环境、防灾设施、安全管理等。例如，承保企业财产时，要对企业的厂房结构、占用性质、建造时间、使用材料、财务状况、使用年限等情况有非常清楚的了解，并对照事先掌握的信息一一对照，或是派公司相关业务人员进行现场检验，才予以承保。

（3）审核保险费率。保险公司往往根据不同的标准，对风险进行分类，制定不同的费率等级，在一定范围内适用。例如，保险公司如果承保某建筑物的火灾保险，就要先考虑该建筑物的类别、火灾防护措施、使用性质、安全防护措施。在人身保险中，保险人会根据被保险人的年龄、性别、从事职业、身体状况、经济能力、风险偏好等方面综合考虑，对被保险人进行风险分类，再套用不同的费率。

2．控制保险责任

控制保险责任就是保险人在承保时，依据自身的承保能力进行承保控制，并尽量防止与避免道德风险。保险责任的控制主要包括以下几个方面：

（1）控制逆选择。逆选择就是指那些有较大风险的投保人试图以平均的费率购买保险，最后导致保险市场的不均衡。保险人控制逆选择的方法主要是对于不符合承保条件的标的进行不予承保或者附加条件进行承保。例如，在人身保险中，如果被保险人抽烟量很大，保险公司则会采用增加被保险人实际年龄，提高保费的做法。这样做，就可以一定程度抑制投保人的逆选择。

（2）控制保险责任范围。通过风险评估，保险人才能确定保险责任范围，才能确定保险承保责任范围，才能确定对所承担的风险应负的赔偿责任。通常来说，对于常规风险，保险人通常按照基本条款予以承保，对于一些具有特殊风险的保险标的，保险人在与投保人协商的基础之上，采用加收保费、增加投保年龄、附加特别约定等方式承保该风险标的。

（3）控制人为风险。人为风险指的是投保人或被保险人以不诚实或故意欺诈的行为促使保险事故的发生，以便从中获取额外利润的风险因素。投保人产生道德风险的原因主要有两个：一是丧失道德观念，二是遭遇财务上的困难。保险人控制道德风险的有效方法就是根据核保结果，将保险金额控制在一定额度之内，尽量避免投保人超额承保。

【案例分析】高额投保案的核保

投保人，女，36岁，被保险人29岁。投保长泰安康B100万元，受益人为投保人。健康告知及体检正常，告知投保人年收入50万元，被保险人30万元。投保人经营鞋业贸易，个体工商营业执照（投保人名下），提供活期储蓄存款单（投保人名下）显示经营活动良好。提供佳美轿车行驶证（被保险人名下）。

生存调查：非主动投保，投保人自1997年开始从事鞋业经营活动，年贸易额近1 000万元。被保险人外观健康正常，从事经营管理。有两个孩子均在上学。请问该保险利益关系是否合理？保额是否合理。

分析：保险公司做了补充调查，调查结果为

（1）投保人与被保险人同居6年，但未办理结婚手续；

（2）投保人已与前夫离婚，两个孩子为与前夫所生。

保险公司的处理结果？

欲拒保，或更改受益人后限额30万承保。从本案中我们可以吸取教训：高额保件的逆选择风险高，经验死亡率也高，故核保要慎重。

（二）保险承保的基本流程

承保决定是基于审核投保申请、适当控制保险责任、分析评估保险风险的基础之上进行的。整个承保流程主要遵循以下几个步骤：

1．接受投保单

投保人购买保险，首先要提出投保申请，在保险实务中，就是填写投保单的过程。投保人在投保单上必须如实填写投保人与被保险人的基本信息、保险标的、保险金额、保险价值、标的存放地址或行驶区域、保险期限、应附明细表。

2．审核验险

保险公司的承保人员在收到投保单后，仔细审核投保单上的各项内容。然后对保险标的的风险进行查验，以便对风险进行分类。验险的内容，往往根据保险标的的不同而有所差别。对于财产保险，保险人需要对财产所处的环境、主要风险隐患和防护措施、安全措施等情况进行验险。对于人身保险，保险人则要从被保险人的年龄、性别、财务状况等方面进行检验。

3．接受业务

保险人按照规定的业务范围和承保权限，在审核验险之后，作出承保或拒保的决定。如果投保金额或标的风险超出了保险人的承保权限，则该保险人只能向上一级主管部门作出建议，而无权决定是否承保。

4．缮制单证

保险人在接受业务以后，填制保险单或保险凭证等手续的过程。保险单或保险凭证作为载明保险合同双方当事人权力和义务的书面凭证，是被保险人向保险人索赔的主要依据。填写保险单时，要注意单证是否相符、保险合同要素是否明确、数字是否准确、手续是否齐备。

【案例分析】保额打错，谁负责？

被保险人王某2001年3月在某保险公司投保了2份寿险，保险金额为每份1 000元，但因保险人的疏忽，在保单正本上打印的保险金额误为每份10 000元。同年11月，王某因疾病死亡，被保险人的父亲持保单正本向保险公司索赔20 000元。

分析：在本案中，保单上金额的差错是由保险人的疏忽造成的，而且在缮制单证的过程中，保险人也没有发现这个错误，更没有进行及时的纠正。所以，保险公司应该承担赔偿责任，付给被保险人的父亲20 000元。

5．复核签章

保险人在接受业务以后，需要再一次审核单证是否齐全，内容是否完整、正确。复核无误后，加盖公司章和负责人及复核员名章，然后对外发送。

6．清分发送

业务内勤人员一边将保单正本、保费收据记账凭证联、业务日报表、批改申请书等，交由财会部门签收，财会部门审核后退还单证，交业务内勤人员签收。

7. 归档、装订、保管

各种保险单证和附属材料，均是重要的经济档案，须按照规定编号、登记、装订，实行专柜、专人管理。

第三部分 保险费率

一、保险费率的构成

保险是一种特殊的服务产品，保险产品的价格称为保险费或保险费率，保险产品定价要用到大量的数学、经济学、数理统计、人寿保险、财产保险知识。它与普通商品的定价原理和方法也有很大的区别。在这部分，我们将分别介绍保险费率的定价原则，财产保险以及人身保险的费率厘定方法。

保险费率是保险人按照单位保险金额向投保人收取保险费的标准。保险费率与保险费的关系如下

保险费率＝保险费/保险金额

保险费率可以分解为毛费率、纯费率、附加费率。其中，纯费率是对应于每个风险单位保额的可能损失额，在理论上它是所投保标的的保险事故而发生损失的概率。附加费率是对应于每个保险单位的保额损失变动相对于正常变动的损失和单位保额的经营费用，这部分费率主要用于计算保险人的各项经营费用和预期利润，如员工工资、业务费用、管理费用、代理人佣金费用、税金、利润等。

保险公司厘定保险费率时，对纯费率和附加费率是分开计算的。财产保险和人身保险费率的计算方法是大相径庭的。财产保险的纯保费是根据历史资料，对过去多年该类保险财产的损失率来计算的。而人身保险的纯费率则是根据生命表来计算的。附加费率是根据保险标的的损失变动程度和该类义务分摊的费用在该类业务总体保费收入中所占比例来进行计算的。附加费率可以分为两个部分：第一附加费率和第二附加费率。

第一附加费率是以异常损失为基础的。我们知道，风险事故的发生有一定的规律可以遵循，通过观察大量历史数据的积累和概率论，可以在一定程度上把握风险规律。然而，一些风险事故的发生是背离正常损失的。如果实际损失超过正常损失，那么对于保险人而言，就可能发生偿付危机。比如，1998 年长江的特大洪灾，2003 年“SARS”的恶性传播，2005 年美国的塔里亚纳飓风和 2006 年的

禽流感。第一附加费率就是保险公司为了弥补这部分损失而准备的费用。第二附加费率是保险公司为弥补各项经营开支而准备的费用。通过这部分费率征收的保费用于支付公司的日常开支和经营。

二、保险费率厘定的原则

保险费率在厘定过程中，应把握以下原则，以保证保险基金盈利性和稳定性的统一。

（一）保证补偿原则

保险人按照保险费率厘定的保险费，必须足以应付各项赔款开支、保险金给付和各项经营开支。因为如果保险费稍高于损失概率，问题并不是太大。但是一旦低于实际发生的损失概率和各项经营费用率，那么保险公司就面临偿付能力不足的问题。保险公司一旦偿付力不足，就会使得被保险人的利益受到损害，也会使公司的经营难以为继。所以，对于保险人来说，在厘定费率时一定要充分考虑到各种风险因素，尤其是对于难以估量的非正常风险也要做足充分的风险准备。

（二）公平合理原则

公平原理原则，则是要求在费率的厘定过程中，保险费率在保险人与各投保人之间要体现公平合理。在保障补偿原则里，我们强调为了保证保险人有充足的偿付能力，在厘定保费费率时宁愿多一点，也不能少一点。但是费率如果厘定得过高，会损害投保人的利益。另一方面，如果保险人向各投保人收取的保费不一致，也会损害到个别投保人的利益。正确的办法是，在风险一致的条件下，相同的风险单位应采用相同的保险费率，不同的风险单位采用不同的保险费率。对于风险大的保险标的应采用较高的保险费率，对于风险较小的标的则采用较低的保险费率。

（三）相对稳定原则

保险费率的厘定，应注意保费标准的稳定性。如果费率经常波动，那么就会诱发投保人的投机心理和道德风险，不利于公司的经营。当然，这种稳定也不是绝对的，随着社会和经济的发展，技术的进步，各种防止风险事故手段的改善，人们对于风险的预测能力有所增强，风险发生的频率也会发生变化，需要保险人能够根据实际情况对费率进行适度的调整，使得制定的费率能够恰当地反应风险损失的变化趋势。

（四）损失控制原则

保险费率的厘定，要能够起到促进防灾防损，减少危险事故的导向作用。比如，欧洲许多国家在厘定车险费率时，会根据被保险人的年龄（不同的年龄段有不同的风险偏好）设定不等的免赔额，也会对风险事故的发生率设定弹性费率。保险人在厘定费率时，对于有较强风险防范意识和措施的被保险人适当给予鼓励（降低保险费率），对于不注重防灾防损，损失频率较高的被保险人，收取较高费率，以提高其风险防范意识。

第四部分 保险理赔

一、保险理赔及其原则

理赔是保险公司继承保业务之后的一个重要工作环节，如果说承保是保险企业风险防范的第一关，那么理赔就是保险企业风险控制的核心环节。对保险公司而言，理赔质量的高低，对公司的赔付率有直接的影响；对客户来说，保险公司理赔表现也反应了保险公司的服务品质和专业水平，是公司品牌建设的关键窗口，所以我们常说“理赔出品牌”。

【小资料】

黔江特大车祸平安率先理赔

2005年4月19日凌晨2时56分，黔江发生特大交通事故。平安产险重庆分公司理赔人员在得知消息后，仅3小时便赶到了事故现场，对现场进行了及时查勘。下午，重庆产险专案理赔小组获得了事故者名单，共31人出险，其中27人死亡，4人重伤。根据特事特办的原则，平安产险重庆分公司派人到客户单位看望并当即支付预付赔款40万元，解决了客户单位善后处理的后顾之忧。随后理赔小组带着鲜花、水果赶到黔江中心窗体顶端医院慰问了伤员。

陕西学生集体中毒事件平安产险快速理赔

2005年3月23日，陕西榆林师范学校发生水源污染，导致发生200多名学生中毒事件，其中28名学生病情严重住院救治，中国平安财产保险公司陕西分公司迅速成立专案小组，快速实现理赔服务，现已全部结案，该次事故涉及的被保险人28人，在第一时间全部领取了意外伤害保险金。

120万保险金赔付西单坍塌事故遇难工人

2005年9月5日，北京西单西西工程四号工地项目发生坍塌事故，造成8名工人死亡，20余人受伤。事故发生后，中国平安财产保险公司北京分公司，成立专案小组、快速理赔。截至2005年9月22日，西西工程四号工地项目因意外坍塌事故而遇难的8名工人家属，全部领取了平安建筑工人意外伤害保险金，总计人民币120万元。

（一）保险理赔的概念

保险理赔是指在保险事故发生后，保险人在接受被保险人或收益人的索赔申请，并进行现场查勘、取证的基础之上，对保险责任进行审定和理算，并对被保险人或受益人的索赔进行处理的过程。

与理赔相对应的概念是索赔。索赔和理赔是一个问题的两个方面，索赔是被保险人在保险标的出险后，按照保险合同的有关规定，向保险人要求支付赔偿金的行为。理赔是指保险人依据规定的工作程序处理被保险人所提出的索赔要求的行为。

（二）保险理赔的工作原则

保险理赔是保险经营的关键环节，可以说，保险理赔是一项集专业性和实务性为一体的工作。保险理赔的质量直接影响到客户对保险公司的评价，甚至是对保险整体行业形象的看法。因此，做好理赔工作，对于保险公司而言是非常关键的。做好理赔工作首先要遵循下列原则：

1．重合同，守信用

保险合同是投保人与保险人约定保险权利义务关系的协议，对双方当事人都有法律约束力。保险合同约定的保险事故一旦发生，保险人必须按照合同的规定，履行赔偿或者给付保险金的义务。该赔的一定要赔，而且必须按照合同约定的金额进行赔付，不得少赔。如果保险人凭借自身的某些优势，经常不完全按照合同履行义务，虽然在短期内可以节省公司的开支，但是从长期来看，对于公司的发展是非常不利的。

2．坚持实事求是

实事求是指的是保险人对保险事故所造成的损失，既不能夸大，也不能缩小，必须按照合同上的约定进行赔偿或给付，做到“不惜赔，不滥赔”。保险人既不可以为了公司的短期利益想尽一切办法少赔，甚至是不赔，也不可以因为某些人情关系或者内部交易故意多赔。

在现实生活中，具体案情往往都是非常复杂的，牵涉到的面也非常广。这就要求保险人练就一双火眼金睛，在确定保险责任归属时，既能严格按照保险条款明确责任，又要能够根据具体情况进行具体分析，灵活把握处理案情的分寸。

3．贯彻“主动、迅速、准确、合理”的八字方针

这八字方针是保险从业者在长期的理赔工作中总结出来的经验，也是保险理

赔工作的重要原则。

“主动”指的是保险理赔人员在事故发生后，必须在第一时间赶到事故现场，并且能够积极、主动地对案情进行调查和查勘，掌握出险情况，并对此进行分析，明确保险责任。

“迅速”指的是保险人必须抓紧时间处理赔案，务必做到查得准确、赔得及时。

“准确”指的是保险理赔人员对于被保险人或者受益人的赔偿或者给付的金额必须建立在科学、合理的理算基础之上，不能惜赔，也不能滥赔。

“合理”则是要求保险理赔员在处理具体案情时，不能死扣条款，在许多情况下，有必要结合实际情况做一些小范围的调整。

在处理具体赔案时，要辩证地看待这八字方针，在追求赔案速度的同时，也要保证赔案的质量。

二、保险理赔的程序

保险理赔流程是保险公司保险经营的核心流程之一，流程环节的掌握和扎实的操作对于公司整体赔付情况的改善与盈利的提高是非常关键的。理赔操作的流程如图 7-1 所示。

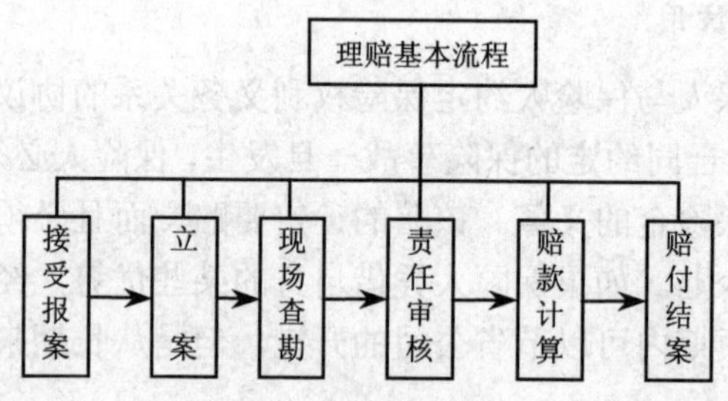

图 7-1　理赔基本流程

（一）接受报案

保险标的出险后，投保方应及时通知保险公司，以便保险公司能够及时赶赴现场查勘理赔。通知方式可以是书面或口头、电话、电报等方式。一般情况下，索赔者应填写保险事故通知书，将被保险人的名称、保单号码、出险时间、估计损失都记录下来。同时要请被保险人尽快填写出险通知。

投保方在提出索赔申请的同时，有义务积极抢险救灾，避免损失扩大。投保方还应向保险人提供必要的索赔文件和证明：保单正本或保险凭证、损失鉴定证明、相关部门的事故证明、有关保险标的的原始单证、损失鉴定证明、受损财产损失、被保险人死亡证明等。

（二）立案

保险公司理赔人员在拿到保单之后，应首先验证保单的有效性。理赔内勤将“出险抄单通知书”送达业务内勤，由业务内勤抄录或复印保单副本和批单一份，注明抄单日期，加盖印章。理赔人员在收到抄单后，应审核单证，以便确定理赔责任。主要的审核内容包括：保单是否有效；出险日期是否在保险期限之内；损失是否由承保风险引起；遭受损失的财产是否为保险财产；被保险人的年龄、性别是否正确。在审核结束之后，对于可以受理的案件，理赔人员应及时在出险立案登记本上编号立案，分不同险种按照顺序填写。目前，这些工作都是通过公司的保险应用软件完成。

（三）现场查勘

接到报案后，保险公司根据地点和案情带上查勘工具，如照相机、皮尺、现场查勘记录本、保单复印件到事发现场进行查勘。现场查勘人员应对事故的出险时间、地点、原因、财务状况进行深入而准确的调查，同时，应力所能及地提供现场施救，阻止损失的进一步扩大。并进行现场拍照，提供事故证明，聘请专业公估人进行鉴定，并出具具有一定法律效应的证明材料。在现场查勘完毕后，理赔员应缮制现场查勘报告，写明事故的起因、经过、结果，所了解的情况、处理结果、损失情况和估损金额等。

（四）责任审核

保险责任审核的主要内容包括：索赔人是否有求偿权利；损失是否由保险条款规定的保险责任事故所引起；受损财产是否属于保险财产；出险时间是否在保险有效期内；被保险人是否尽到义务等。

（五）赔款计算

在确定赔偿责任之后，就可以根据保险合同规定的方式计算赔款金额。人身保险和意外伤害保险是定额保险，当事故发生后，保险公司按照约定的金额进行赔偿或给付；健康保险中，是按照约定的免赔额和分摊比例进行赔付；在财产保险中，赔款计算主要有三种：第一危险赔偿方式、比例赔偿方式、限额赔偿方式。接下来，我们主要介绍这三种方法在实际理赔过程中的应用。

1．第一危险赔偿方式

在这种方式下，在保险金额限度之内按照实际损失赔偿。之所以称之为第一危险赔偿方式，是因为在财产保险中，往往把财产的价值分为两个部分，第一部分为保额，这部分保险人应该负责；超过保额的部分为第二损失，保险人对此部分损失不负责任。这种方式多运用于家庭财产保险。

【案例分析】不同损失金额的赔偿额度

朱小姐为她的别墅投保了家庭财产保险，保额为100万元。如果在保险期限内发生了火灾，并造成损失20万元，则保险公司赔付20万元；如果损失正好为100万元（与保额相等），则赔付100万元；如果损失为180万元，则保险公司仍然赔付100万元，其余的80万元概不负责。

2. 比例赔偿方式

比例赔偿方式指的是按照保险金额和出险时保险标的的保险价值的比例进行赔偿。这种赔偿方式多适用于财产基本险、财产综合险、机器损失险等险种

赔款=（实际损失额–残值）×（保险金额/标的保险价值）

【案例分析】比例赔偿方式的计算方法

某企业投保了机器损失险，其中，设备保额为8 000元，在保险期限内，因离心力造成断裂，无法修复，残值为1 000元，设备的重置价值为10 000元，请问保险公司应赔款多少？

分析：根据公式，赔款=（8 000–1 000）元×（8 000/10 000）=5 600元

3. 限额赔偿方式

在限额赔偿方式下，设定最高赔偿限额，超过约定限额部分保险人不予赔偿。保险人还会设定一个免赔限额，在限额内的损失，由被保险人自己承担。免赔额分为绝对免赔额和相对免赔额两种。在绝对免赔额方式下，保险人只在损失超过免赔额之后才予以赔付，免赔额度之内的金额一律扣除；在相对免赔额方式下，保险人只在损失超过免赔额之后才予以赔付，但损失数额得全部赔付。

【案例分析】不同免赔额方式下的赔偿金额计算

某足额保险的保险金额为5万元，免赔率为10%，请计算在相对免赔额和绝对免赔额方式下，损失如果为2 000元时，分别得赔付多少，如果损失为8 000元呢？

分析：

我们可以根据已知条件求得该保险的免赔额：50 000元×10%＝5 000元

	相对免赔额方式	绝对免赔额方式
损失为2 000元	0	0
损失为8 000元	8 000元	3 000元

（六）赔付结案

完成赔款计算后，保险人根据保险条款的相关规定进行赔付之后，再将赔案有关单证和文件整理归档。

第五部分 保 险 保 全

一、保险保全的含义

保险保全简称保全，是指保险公司的售后服务。广义的保险保全包括保全服务、续期收费、理赔服务、咨询投诉以及附加价值服务等，即保险公司为已经生效的保单提供的所有服务内容。狭义的保险保全只包括保全服务，即围绕契约变更、年金或满期金给付等服务项目而开展的工作，即通常意义上的保全。

保险保全主要是针对寿险公司的险种而言的，因为寿险合同大部分为长期合同，保险人在约定的缴费期内必须持续不断地缴纳保险费，才能维持契约的有效性。同时对于投保人在保险有效期内由于经济条件或其他条件的变化而出现的各种变更要求，以及根据契约条款投保人应享有的某些权益的实现，都需要寿险公司提供配套的服务。

二、保险保全的内容

保险保全的内容主要有：投保人、受益人变更，一般错误更正，通信地址、电话、收费方式变更，领取方式变更，年龄、性别更正，职业、工种变更，交费方式变更，主险或附加险减少保额，取消新增附加险和增加附加险保额，保险合同效力恢复，补发保险单，满期生存给付，利差返还，保单迁移等。

（一）续期保险费的收取

投保人向保险人缴纳保费一般都是分期给付的，第一次可以直接用现金缴纳，以后各期可以通过银行转账，这样方便快捷。

（二）保险合同变更的服务

再保险合同有效期内，若投保人要求变更保险合同，应先填写变更保险合同的申请书，然后交到保险公司业务部门，业务部门查看投保人的申请后，出立批单并予以约定。

（三）保险合约的复效

在保险实务中，当出现保单失效的情况时，营业员应及时联系投保人，详细询问保单失效的原因。若保单失效的原因为投保人疏忽所致，则应及时通知投保人办理复效手续。若是投保人主动行为导致的保单失效，则应帮助投保人办理退保手续。办理复效手续时，营业员要指导投保人填写保单复效申请书。在保险合同失效两年后，保险公司有权不为投保人办理复效手续。

（四）保单的迁移

在保险有效期内，投保人可能会因为住所变动或其他原因而要求办理保险关系转移。保险公司要为投保人提供保单迁移的变动手续服务。保险关系转移只能由投保人提出，其他人无权提出。保险关系转移可以在保险合同有效期内的任何时点提出。保单转移目前只能在一个保险公司内部转移，不同保险公司的保单不能相互转移。

（五）保单遗失、污损补发

如果保单发生遗失或污损，投保人可以向保险公司申请补发。投保人需要说明保单遗失的具体情况，或将遭受污损的保单交给保险公司，保险公司要根据真实情况为客户办理新的保单。

（六）保险费自动垫交

保险费自动垫交是指投保人在超过宽限期还未缴纳保险费的情况下，保险公司将自动按保险单的现金价值垫交应缴的续期保险费，从而使合同继续有效。

一般来说，长期寿险交足两年以上，该保险合同便有现金价值。如果第二期以后的保险费超过宽限期还未缴，保险公司会用该保单的现金价值自动垫交保险费。垫交期限的长短，根据现金价值的多少确定。投保人如果不同意条款约定的该项内容，应在订立合同时作书面申明。

如果投保人曾经办理保单贷款，而且尚未还清，则只能以现金价值扣除贷款本息后的余额来垫交保险费及利息。垫交保险费的利息自宽限期终了的次日起，按保险公司规定的利率计算。若投保人在垫交期间发生保险事故，保险公司要承担给付保险金的责任，但要在所给付的保险金中扣除垫交的保险费及利息。

（七）保单贷款

当保单具有现金价值时，投保人可以凭保单向保险公司申请保单贷款以解决资金短缺问题。贷款金额不能超过保单的现金价值。保单所列的各年底的现金价值可以作为投保人贷款额度的参考。投保人依据保单所获得的贷款要支付利息，并按时偿还本金。若投保人不能按时偿还本息，当贷款本息金额超过保单的现金价值时，该保单的效力就会终止，如果投保人在此期间发生保险事故，将无法获得赔偿。

（八）减额缴清保险

缴清保险是指在不改变原保险期间与条件的情况下，以积存的保单现金价值一次性购买所能保障的金额。在变更为缴清保险后，被保险人若在保险期间内死亡，保险公司按缴清后的保额给付死亡保险金。若保险期间届满仍生存的，保险公司也按缴清后的保额给付生存保险金。

（九）利差返还和红利领取

有的人寿保险条款里有“利差返还”条款，规定当预定利率低于银行存款利率时，保险公司以保单现金价值为本金，将利息差额返还给客户。

红利领取是针对分红保险而言的。红利的金额是根据保险公司当年的经营状况计算的。如果公司在经营年度内没有利润，则没有分红。在保险条款内没有分红条款的，投保人不得进行红利申请。

（十）退保

不同的险种退保的处理方式是不同的。没有现金价值的短期险种，如果保险条款规定可以退保的，退保时一般将未满期的保费退还给客户。长期性人寿保险，投保人未交足两年以上保险费的，保险公司将扣除手续费后的保险费退还给客户；交足两年以上保险费的，保险公司将保单现金价值退还给客户。

（十一）保单附加值服务

保单附加值服务是保险公司在业务之外对保险客户提供的额外服务，这种服务通常附加在保单上。比如保险公司对大客户开展的一些免费体检、联谊、健康咨询等活动。考虑到成本费用等因素，附加值服务有一定的条件，一般只针对一定保险金额或保险费以上的客户，并不一定针对所有客户。

第六部分 再 保 险

一、再保险概念

再保险（Reinsurance）是保险人在原保险基础之上，通过签订合同，将自己所承保的部分风险和责任向其他保险人进行保险的行为。这种以承保的形式，将保险人承担的保险责任，部分转移给其他保险人的方法也称作分保。

一般来说，分出保险业务的保险人称为原保险人（Original Insurer）或分出公司（Ceding Company），接受分保业务的保险人称作再保险人（Reinsurer）或分入公司（Ceded Company）。与直接保险一样，原保险人通过办理再保险将其所承保的一部分风险责任转移给再保险人，相应地需要支付一定的保险费，这种保费称为再保险费或分保费（Reinsurer Premium）；同时为了弥补原保险人在直接承保业务过程中支出的费用开支，再保险人也必须向原保险人支付一定金额的费用报酬，我们称之为分保手续费或分保佣金（Reinsurance Commission）。不同的再保险方式，合同中对于分保佣金的规定方式是不同的。通常情况下，分保公司只能将所承保业务的部分责任进行分保，而不能全部分出。[1]国际上，往往把再保险称为保险的保险（The Insurance of Insurance）。

再保险是保险人之间分散风险损失的经营活动。通过再保险，原保险人将其所承担的部分风险责任转移给再保险人并向再保险人交付再保险费，当该风险称为损失时，即原保险人可以从再保险人那里拿回分保部分的损失赔款。而对于再保险人来说，再保险人接受分保业务，就承担了分摊未来损失的责任。由于再保险涉及的保险标的比较巨大，再保险安排不仅仅涉及国内再保险人，常常牵涉到国外再保险人。比如，航天飞机、万吨巨轮、大型工程、卫星发射等大型风险，往往需要通过国际再保险公司进行风险分散。因此，再保险具有明显的国际性。

二、再保险承保人的组织形式

再保险承保人的组织形式主要有以下几种：

（一）兼营再保险业务的直接承保公司

这些直接承保公司，在经营保险业务的同时，通过互惠分保，保险公司之间相互分保，一方将自己的业务分给另一方。交换的业务，通常是同类业务，而且利益大致相同。该种组织形式，在保险业不发达时较多。日本的“东京海上”和“安田火灾”均是此类保险公司。

（二）专业再保险公司

专业再保险公司本身并不直接承保业务，而是专门接受原保险人分出的业务，同时也将接受的业务再转分出去。国际上著名的专业再保险公司有1863年成立的瑞士再保险公司，1880年成立的德国慕尼黑再保险公司，1890年成立的美国再保险公司等。

---

[1] 全部转移的再保险称为承担再保险。

（三）再保险集团

再保险集团是由同一国家或者几个国家的许多再保险公司联合组成的组织形式。既有全球性的，也有地区性的。如亚非再保险集团、非洲航空险集团都属于此种组织形式。

（四）专属保险公司

专属保险公司是大企业、大财团自设的保险公司，主要为其公司与子公司提供再保险。同时，也承保外界风险和接受分入业务。

目前，专属保险公司主要集中在百慕大、开曼群岛、欧洲等地。

（五）劳合社承保人

劳合社是世界上最大的再保险市场。承保组合代表会员接受业务，责任由会员承担。劳合社承保人全部通过再保险经纪人接受业务。

【小资料】

2007 年 4 月 16 日，劳合社再保险（中国）有限公司在上海揭幕，这标志着这家全球最大的保险专业市场正式进军中国。

在华成立本地法人机构后，劳合社可从事人民币再保险业务。拥有 300 多年历史的劳合社，以其独特经营模式著称—— 它并非一家保险公司，而是一个保险交易市场。它自身不承保业务，只向其成员提供交易平台和相关服务。劳合社市场由辛迪加（一个或多个劳合社个人/法人会员组成的承保小组）构成，辛迪加只提供资本，由管理代理公司负责承保业务。

（六）再保险经纪人

再保险经纪人是再保险分出公司和接受公司建立再保险关系的中介人。再保险经纪人的发展已有一百多年的历史，目前在世界各国保险和再保险市场非常活跃，占据保险和再保险市场的半壁江山。

三、再保险的产生与发展

再保险的产生和发展也是伴随着保险的发展而产生和发展起来的。

（一）再保险的产生

再保险与原保险一样，也是萌芽于海上保险。公元 14 世纪，地中海沿岸城市相继成为海上贸易中心，海上保险由此产生。但是，随着海上贸易和航运业的发展，保险人承担的风险责任越来越大，客观上产生了分散风险的需求。1370 年，一位意大利海上商人（Gustav Cruciger）首次将自己承保的一笔自意大利的热那亚到荷兰斯卢斯的海上航程保险业务中风险较大的一段航程保险责任，转让给其他保险人。这份由拉丁文书写的协议书被视为世界上第一个再保险协议。

到了 15 世纪末和 16 世纪初，随着新航线的开辟，保险和再保险也由意大利传到亚洲和欧洲大陆，并得到进一步的发展。截止 17 世纪中叶，欧洲多家再保险公司成立。1820 年，德国 Valertandish 火灾保险公司拟定了第一份火灾再保险合同，该合同基本具备现在再保险合同的各项特点。19 世纪，人寿保险的再保险也逐渐出现。世界上第一份人寿保险契约大概是在 1844 年签订于英国。随后，英国 40 多家寿险公司签订了再保险合同。

（二）再保险的发展

18 世纪中叶以后，工业革命的兴起，工商业的不断繁荣，促进了再保险的发展。再保险发展之初，所有的交易都是临时性的，这样的交易形式在当时是符合交易需求的。因为这种分保方式不仅简化分保手续，提高分保效率，同时也使分保双方建立了长期稳定的业务关系，从而促进了再保险业务的发展。然而，到了 19 世纪中叶，这种原保险人之间的相互分保已不能满足再保险发展的需要，客观上需要专门经营再保险业务的再保险公司，实行再保险业务的专业化经营。1846 年，世界上第一家专业再保险公司—— 科隆再保险公司在德国成立，随后瑞士再保险公司、美国再保险公司、英国商业综合再保险公司相继成立。

随着再保险业务的发展，再保险公司也不断发展，特别是一些资金实力雄厚，信誉卓著的再保险公司，如瑞士再保险公司、慕尼黑再保险公司、美国再保险公司等，其业务范围已经跨过国界，承保了大量来自世界各地的再保险业务。再保险市场的形成和发展，便利了再保险市场，使得保险风险得以在世界范围内分散，进一步保障了保险经营的稳定，也进一步推进了现代保险和再保险的国际化、专业化进程。

四、再保险的作用

再保险的产生，主要是基于保险人分散风险的作用。再保险有利于保险公司业务经营的稳定，同时也是社会的稳定器。所以，再保险的作用可以从微观和宏观两个方面来看。

（一）再保险的微观作用

1. 分散风险，避免巨额损失

伴随着现代化生产和科学技术的高度发展，财产的价值越来越昂贵，使保险人承担了前所未有的巨额风险。同时，由于生产规模的不断扩大、人口密度的不断增加，近年来大型甚至是特大型自然灾害如洪水、地震、飓风等意外灾害所造成的损失是非常巨大的，这都不是一家保险公司或一国保险市场的资金或能力所能承担得了的。通过再保险，将巨额的保险责任转分给几个再保险人，而再保险人再通过转分保，实现风险的分散。

【小资料】

"九一一"事件导致美国的保险公司遭受巨大损失（保险赔偿超过 300 亿美元），但是由于有全球的再保险巨头做后盾，美国保险公司的经营状况并没有受到根本性的损伤，世界排行前 55 名的保险公司和再保险公司都将参与赔偿，其中世界第一大再保险公司——慕尼黑再保险公司赔付 19.5 亿美元，世界第二大再保险公司——瑞士再保险公司赔付 12.5 亿美元，这场灾难导致的巨额赔偿将由全球整个保险业承担。

可见，再保险可以进一步分散风险，使保险人免遭巨额损失，从而保证保险经营的安全和稳定。

2．扩大承保能力

保险是集聚多数人的货币资金、弥补少数人经济损失的风险分摊活动。承保的风险单位越多，保险公司的经营就更加具有规模经济的效应。扩大承保面是保险经营的黄金原则，是保险经营成功的一个重要前提。

然而，许多国家的保险法律规定，保险人的业务量必须与其资本额保持一定比例。㊀因此，保险人，尤其是中小规模的保险公司因受其自身资本和财力的影响，无法承保保险金额较大的保险标的，从而失去承保大额业务的机会。而再保险通过将自身财力的风险转移给再保险人，这样保险人就可以承保超过其自身财力的大额业务，从而提高承保能力。所以，有了再保险的支持，保险人就能承保更多的风险单位，提高业务量。特别是发展中国家的保险市场承保能力薄弱，更需要国际再保险的支持。

3．控制赔款损失

根据风险分散的原则，保险单位越多，保险越均衡，则保险人的财务稳定性就越好；反之，如果保险人对各风险单位承担的经济责任越是大小不均，保险人的财务风险就越大。因此，对于保险公司而言，它在扩大承保面的同时，也非常在意各风险单位的承保金额是否均衡。一次大型的危险事故，往往使得保险公司在一个风险单位内支付巨额的保险赔款而使得保险公司陷入财务危机之中。在现

㊀ 我国《保险法》第九十九条规定："经营财产保险业务的保险公司当年自留保险费，不得超过其实有资金加公积金总和的四倍。"

实经济生活中，保险公司实际承保的风险标的往往价值悬殊，保额差别很大。保险人如果一味追求财务稳定，就会失去很多业务，而如果不计保额差异，则又会给公司的经营带来安全隐患。这个矛盾，可以由再保险来解决。再保险公司可以通过分保，使得承保的同类风险单位自留的保额或责任大致相同，而将超过限额的保额和责任转让给再保险人，这样，客观上保证了保险人承担的赔款都在其偿付能力之内，从而保证了财务的稳定性。

【小资料】

1987 年 9 月，中国人民保险公司承保的进口货物，其装载的海伦“卡松”号在西班牙海域爆炸，货物损失 3 100 多万美元，通过再保险，从国外保险公司和再保险公司摊回赔款 2 300 多万美元。

（二）再保险的宏观作用

1. 形成巨额的保险基金

保险人通过国内和国际再保险活动，相互分保，从而将各保险人及各国分散的、独立的、较少的保险基金联合起来，形成一个巨额的、集中的、巨大的保险基金，从而具备了承担巨额风险，满足现代化建设对巨额保险需要的能力。

2. 促进国内保险事业的发展

再保险增强了保险市场的承保能力。同时，再保险可以通过与国际再保险公司的横向交流，学习和引进国际先进经营理念和承保技术，进而促进国内保险经营管理水平的提高。再保险还可以增强与国际保险市场的联系和交往，及时了解和掌握国际保险市场的最新信息，扩大中国与世界各国的合作与交流。

3. 促进国际经济交往和全球化的发展

随着世界经济的不断发展，各国之间的经济往来已经越来越频繁，在经济交往中，保险起着分散风险的重要作用，比如，货物运输保险和运输工具保险等。再保险作为保险的保险，自然在国际经济合作和交往过程中，起到非常重要的推动作用。如中国人保公司从与民航部门签订飞机保险合同那天起，就通过再保险，把 80%以上的风险金额转分给国外多家保险公司和再保险公司。

五、再保险与原保险的关系

再保险是保险的保险，两者之间有着非常密切的关系，它们之间是相辅相成，相互促进的。

（一）再保险与原保险的联系

（1）原保险是再保险的基础，再保险是由原保险派生的。再保险的产生和发展，是基于原保险分散风险的需要。再保险是以原保险承保的风险责任为保险标的，以原保险人的实际赔款和给付为摊派条件的。所以，再保险的保险责任、保险金额、保险期限都是以原保险合同为基础的，没有原保险就没有再保险。

（2）再保险是原保险的保险。原保险人将自己所承保的一部分风险责任转让给再保险人。当风险标的发生损失时，再保险人必须按保险合同的规定分摊相应的赔款，原保险人再从再保险人那里摊回分保部分的赔款。可见，再保险是原保险的保险，是对原保险人所承保的风险的进一步扩散。

（二）再保险与原保险的区别

（1）两者的主体不同。原保险关系的主体是保险人与投保人或被保险人；而再保险关系的主体双方都是保险人。

（2）两者的保险标的不同。原保险的保险标的可以是财产、人身、责任、信用以及相关的利益；而再保险的保险标的只能是原保险合同的责任。

（3）两者的合同性质不同。原保险合同在履行赔付责任时，对于财产保险是损失补偿，对于人身保险是给付性的，所以原保险合同有补偿性合同和给付性合同两种；而再保险合同是对原保险合同的分摊，所以无论是财产保险还是人身保险再保险，都是对原保险人承担的风险损失的补偿，它们都是补偿性合同。

原保险与再保险的关系，可以用图 7-2 表示。

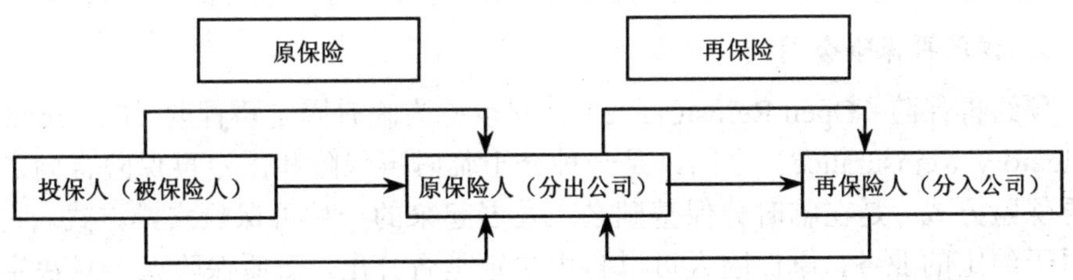

图 7-2　原保险与再保险关系示意图

六、再保险合同的形式

按照不同的分类原则，再保险合同可以分为以下不同的类型。

（一）按照分保安排方式分类

1．临时再保险合同

临时再保险（Faculative Reinsurance）合同是最早采用的再保险方式，是指在保险人有分保需要时，临时与再保险人协商，订立再保险合同，合同的有关条件也是临时约定的。对合同双方来说，是否分出、分出多少和接受多少都不加限制，具有充分的选择权。在20世纪70至80年代曾有被合同分保取代的趋势，然而目前国际再保险市场上，临时再保险仍占有较大市场份额。临时再保险通常是以一张保单或一个危险单位为基础逐笔办理分保，分保的风险责任、摊赔的条件都有很大的针对性，因此这种再保险合同特别适合于高风险、新开办或不稳定的业务，因此，该种分保方式还是有很大的市场。

临时再保险的优点在于针对性强，收费快。但是临时再保险手续复杂，工作量大，费用开支大，对合同双方的人力、物力要求比较高。而且临时分保时间性比较强，要求办理手续要及时，否则很有可能协商不一致，导致合同无法生效。

2．固定再保险合同

固定再保险（Treaty Reinsurance）合同也称为合同再保险合同，是由保险人与再保险人通过签订合同的形式，约定分保业务范围、条件、额度、费用等。根据合同约定，分出公司有义务分出、接受公司有义务接受合同限额内的某种业务。合同再保险是一种长期性的再保险，但订约双方都有终止合同的权利，通常是由要求终止合同的一方于当年年底前三个月内以书面形式通知对方，在年底终止合同。

固定再保险手续简便，分保效率高。同时，通过合同再保险，分保双方建立了长期的合作关系。目前，国际再保险市场广泛采用这种方式安排再保险。

3．预约再保险合同

预约再保险（Open Reinsurance）合同也称为临时固定再保险（Faculatative Obligatory Reinsurance）合同，是一种介于临时再保险和固定再保险合同之间的再保险方式，是在临时分保基础之上发展起来的一种再保险安排方式。它规定对于约定的业务，原保险人可以自由决定是否分出，而原保险人一旦决定分出，再保险公司就必须得接受这笔业务，不得拒绝。也就是说，这种保险方式对于原保险人没有强制要求，但是对于再保险人就具有强制性。因此，这种再保险方式对于原保险人来说是有利的，但是对再保险人来说，就不太有利，因为再保险人只能被动接受分保业务，故对于再保险人来说，并不太接受预约再保险方式。

有时，分出公司已经安排了固定再保险，对于超过固定再保险合同限额的业务，再办理固定再保险则手续过于繁杂，为简便起见，往往采用预约再保险方式。所以，预约再保险往往是固定再保险的一种补充。

（二）按照分保对象进行分类

1. 财产风险再保险合同

财产风险的再保险合同，是指对分出公司承保的坐落于某一地区或某一场所的企业或家庭等主体的财产的火险责任提供保障的再保险合同。当分出公司承保的企业或家庭的财产因火灾、爆炸等一般性灾害事故发生损失，且分出公司的赔偿责任已经发生时，由分入公司按比例承担赔偿责任；或分出公司的赔偿责任超过其自负责任时，由分入公司对超出的部分负责。

2. 货物运输风险再保险合同

货物运输风险的再保险合同，是指为分出公司承保的货物运输保险和运输工具保险的赔偿责任提供保障的再保险合同。当分出公司承保的运输货物或运输工具保险业务的赔偿责任已经发生时，由分入公司按比例承担赔偿责任；或分出公司的赔偿责任超过其自负责任时，由分入公司对超出的部分负责。

3. 责任风险再保险合同

责任风险的再保险合同，是指对分出公司承保的责任保险的赔偿责任提供保障的再保险合同。当分出公司承保的责任保险业务的赔偿责任已经发生时，由分入公司按比例承担赔偿责任；或分出公司的赔偿责任超过其自负责任时，由分入公司对超出的部分负责。

4. 人身风险再保险合同

人身风险的再保险合同，是指对分出公司的人身保险的给付责任提供保障的再保险合同。当分出公司承保的人身保险给付责任已经发生时，由分入公司按比例承担赔偿责任；或分出公司的赔偿责任超过其自负责任时，由分入公司对超出的部分负责。

5. 巨灾风险再保险合同

巨灾风险的再保险合同是指对分出公司承保的巨灾保险的赔偿责任提供保障的再保险合同。当分出公司承保的地震、洪水、飓风等巨灾保险业务的赔偿责任已经发生时，由分入公司按比例承担赔偿责任；或分出公司的赔偿责任超过其自负责任时，由分入公司对超出的部分负责。

七、再保险的业务方式

（一）比例再保险合同

比例再保险（Proportional Reinsurance）是按照保险金额的一定比例确定原保险人的自留额和再保险人的分保额，同时也按该比例分配保费和分摊赔款的再保险。比例再保险方式充分体现了合同双方共命运的原则。比例再保险合同包括成数再保险、溢额再保险和成数溢额混合再保险合同。

1．成数再保险

成数再保险是指原保险人对每一危险单位的保险金额，按照约定的比例分给再保险人承担的再保险方式。如果某再保险合同，自留30%，分出70%的业务，我们就称之为70%成数分保合同。

成数再保险手续简单，节省经营费用，合同双方利益一致，但是缺乏弹性，不能均衡风险责任，它适用于新创办的危险性高的、赔款频繁的业务。

2．溢额再保险

溢额再保险是由分出公司对每一危险单位先确定一个自留额，当保险金额超过自留额时，由再保险人承担的再保险方式。分出公司是否分出业务，关键在于危险单位的保险金额是否超过自留额。

相对于成数再保险，溢额再保险方式更为灵活，但是手续相对繁琐，更加适用于危险性较小、利益较好的业务。

（二）非比例再保险合同

非比例再保险（Non-proportional Reinsurance），是以赔款金额为基础，当原保险人的赔款超过一定额度或标准时，由再保险人承担超过部分赔款的再保险。非比例再保险是通过分割未来赔款来确定原保险人的自负责任和再保险人的超赔责任的一种再保险方式。这种再保险方式，并不以原保险费计算再保险的分保费，而是由原保险人和再保险人协议商定，再保险人承担的责任、分入的保费与原保险金额并没有比例关系。非比例再保险有超赔再保险和赔付率超赔再保险两种，前者又可以分为险位超赔再保险和事故超赔再保险。

1．险位超赔再保险

险位超赔再保险是以每一危险单位所发生的赔款金额来计算自负责任限额和分保限额的保险。如果危险单位的总赔款金额不超过自负额，全部损失由分出公司承担；如果赔款总和超过自负额，接受公司负责超过部分至合同约定的最高责任为止。如果一份超过100万元以后的100万元险位超赔分保合同，分出公司自负100万元，接受公司负责超过100万元以后至200万元内的赔款责任，若事故发生损失180万元，则分出公司自负100万元，分入公司自负80万元，若发生260万元赔款，则分入公司只负责100万元赔款，后面的60万元如果另有分保安排，则由其他再保险人分摊，否则仍由分出公司承担。

2．事故超赔再保险

事故超赔再保险是以一次巨灾事故所发生的赔款总和计算分出公司自负额

与接受公司责任额的，保障一次事故导致多个危险单位的损失。保障分出公司的累积责任，是险位超赔分保的延伸。对于事故超赔再保险，有时间和事故次数的限制。比如，对于台风规定某段时间为一次事故，超过该时间，保险公司就认定为两次或两次以上事故。

3．赔付率超赔再保险

赔付率超赔再保险是按年度赔款与保费的比例来计算分出公司自负责任与接受公司再保险责任的一种再保险方式。当年度赔付率超过规定的赔付率时，由接受公司负责从超过部分至约定最高赔付率或约定最高赔款金额为止。

第七部分 保险基金与保险投资

一、保险基金

（一）保险基金的概念

基金一般是指国民经济中具有专门用途的资金，而后备基金则是基金中的一种，在国民经济中专门用来应付不幸事故和自然灾害的。后备基金又分为三种类型：第一种是集中形式的后备基金；第二种是分散自保形式的后备基金；第三种是保险形式的后备基金，又称保险基金或保险准备基金。

保险基金是通过法定的合同方式，采取经济的方法，按照标的物的价值和风险程度收取保费而建立的。不论是风险的转移，还是保障的供给，都是按商业原则办理的，因此从使用的对象来说保险基金只能在保险的参加者之间使用；而从使用的范围上，只根据合同规定的风险损失进行补偿与给付。

（二）保险基金的性质与特点

1．保险基金的性质

保险基金亦称保险准备基金，它是社会后备基金[㊀]的一种，主要用于补偿因自然灾害和意外事故所造成的经济损失，或因人身伤亡事故给付保险金的一种后备基金。保险基金是通过法定的或合同的方式，由各经济单位和个人在确定的条件下，缴纳规定数量的保险费而建立起来的。

2．保险基金的特点

与其他几种后备基金相比，保险基金有如下特点：

㊀ 社会后备基金是指为了使社会再生产过程能够持续进行，而在国民收入的再分配中扣除下来的、用于补偿因自然灾害或意外事故等造成的经济损失的社会基金。

（1）专用性。保险基金是保险公司专门用来履行保险合同所规定的赔偿或给付义务的专项资金。保险基金的专用性是实现保险的补偿职能和给付职能的前提。为了保证保险基金的专款专用，各国都有保险法、金融法规等一系列法律法规加以规范，同时责成保险监督管理部门对于保险基金的使用情况进行监督和管理。

（2）互助性。保险基金的互助性体现了保险“我为人人，人人为我”的运行机制。任何单位和个人根据自身转嫁风险的需要，缴纳相应的保费以换取保险保障，保险基金的这种运行机制充分体现了人类为应付自然灾害和意外事故的互助共济思想，这也是任何其他后备基金所不能比拟的。因为不管是范围上，还是程度上其他后备基金都无法体现如此的互助精神。

（3）增值性。商业保险是以盈利为根本目的，它的商业属性决定了保险基金效益最大化的追求。保险基金通过合理、合法渠道进行多元化投资，获得基金的增值。在当代保险中，有许多险种特别是人身保险险种本身就有投资性质，要求保险基金增值。而金融市场的不断发展和完善，投资渠道的不断开拓，为保险基金的增值提供了可能性。

二、保险投资

（一）保险投资的意义

保险投资指的是保险公司为获得预期收益而垫付保险资金以形成保险基金的经济活动过程。在现代保险业中，保险投资有着非常重要的作用，主要体现在以下几个方面：

1. 增强保险公司的经营实力

从微观层面来看，保险公司通过多元化的投资渠道，扩大了保险基金的积累，提高了保险公司的偿付能力，进而提升了公司的市场竞争力。

另一方面，保险投资收益的增加有利于改善公司的财务状况，提高盈利水平，改善保险公司员工的待遇和福利，增加员工对于公司的归属感和认同感，增加员工为公司创造价值的主观能动性，从而提升公司的核心竞争力。

2. 促进金融市场的发展

保险资金是金融市场资金的重要组成部分。大额的保险资金需要通过寻找投资渠道获得增值。而金融市场是保险基金获得增值可能性的主要途径。另一方面，保险资金在投资的过程中，推动着金融市场的繁荣发展。

（二）保险投资的原则

与其他资金一样，保险资金在运用过程中也要把握“安全性、赢利性和流动性”的三性统一。但由于保险资金担负着灾害损失补偿和给付保险金的责任，对资金的安全性、流动性有着特别的要求，而且不同的业务对资金流动性的要求差异很大。我国《保险法》第一百零五条第一款对我国保险业资金运用就有规定：“保险公司的资金运用必须稳健，遵循安全性原则，并保证资金的保值增值”。因此，对于保险公司而言，资金的安全性是第一的。

1．安全性原则

安全性原则是保险投资的最基本原则。因为保险资金主要属于公司对于被保险人和受益人的负债，在投资过程中，保险公司应该比较谨慎，因为稍有不慎就会影响到公司的偿付能力，使公司经营陷入困境，使得被保险人的合法利益得不到保障。所以，保险基金的运用要首先满足安全性原则的要求。

安全性原则要求保险投资应遵循风险管理的程序和要求，认真识别和衡量风险，以避免高风险投资，防止风险过于集中，从而达到风险控制的目的。

2．赢利性原则

对于商业性保险公司而言，投资收益是保险公司进行投资的动力和目的。高盈利在给保险公司带来巨大盈利空间的同时，也带来了良好的社会效益。但是盈利与安全是一对双刃剑，这就要求保险公司以资金安全为基本条件寻求尽可能高的投资收益，而不是以牺牲安全性获得高盈利。

3．流动性原则

流动性原则要求保险公司的资金具有即时变现能力。由于保险公司承担着经济补偿的任务，而保险事故的发生是随机的，保险公司必须保持充足的流动性，以便随时满足保险赔偿和给付的需要。充足的流动性对于保险公司维持较强偿付能力具有非常重要的作用。流动性和安全性具有正相关关系。

【小资料】

1990 年 10 月 2 日发生在广州白云机场的劫机案重大事故，直接保险损失为 9 000 万美元，其中 7 500 万美元从伦敦保险市场摊回，其余 1 500 万美元是由中国人民保险公司赔偿。如此巨大的一个案情，如果保险公司仅在账面上具有偿付能力，而不能将之直接转化为现金，那么，它所承担的社会责任就难以兑现，社会声誉就会受到负面影响，甚至公司还会面临倒闭压力。

4．合法性原则

保险资金的运用和其他资金的使用一样的，必须符合国家有关资金运用的法规和政策，只有依法投资才能获得法律保障。否则，不仅不能保证保险投资的利益，还会有害社会公共利益。因此，依法投资也是非常重要的一个投资原则。

以上几个原则是辩证统一的，盈利是保险公司经营的目标，但往往又与安全性和流动性发生矛盾。保险公司经营的特殊性要求保险公司在投资过程中，要首先保证资金的安全和偿付能力，在此基础之上追求收益以增加利润。

（三）保险投资的主要方式

保险资金在投资过程中，应根据资金的不用性质、用途和结构，在遵循“三性”原则的基础上，合理选择投资方式。目前主要的投资方式有如下几种：

1．银行存款

由于存款具有良好的安全性和流动性，所以保险公司会将部分闲置资金存在在银行等金融机构，但是银行存款的机会成本偏高，这也是许多金融市场比较发达的国家不太愿意使用的投资方式。

2．购买债券

保险公司一般将一定比例的资金用于购买国家债券、地方政府债券、金融债券和公司债券等可以在二级市场流通的债券。这类债券具有安全性好，变现能力相对较强，投资收益率比银行存款偏高的特点。尤其是国家债券和地方债券基本上不存在不确定的风险，但其收益不如金融债券和公司债券。由于债券一般采取息票的方式发行，因此，债券对通货膨胀和市场利率变动损失的避险能力较差。

3．投资股票

股票投资的特点是收益高、流动性好，但是风险偏大。股票收益来自股息收入和资本利润，股息收入的多少完全取决于公司的盈亏状况；资本利得则取决于未来股票价格的走向。因此，股票投资的风险比较大。只有在资本市场比较发达的国家，才偏重于这个投资方式。

4．投资不动产

保险基金进行不动产投资一般用于直接建造、购买并自行经营的房地产。房地产投资的特点是安全性好、收益高、项目投资额大、期限长、流动性差。房地产比较适合于长期性保险基金的运用。我国目前为止，还没有保险资金涉足不动产业。

5．用做贷款

保险资金用于贷款是指向需要资金的单位或个人提供融资，贷款的收益率决定于市场利率，这类似于民间借贷。由于我国不存在信贷资产的二级市场，故信贷资产的变现能力不如有价证券，流动性较差。

【小资料】

保险基金的投资结构参考表㊀

国家 / 险种名称 / 投资方式	英国		美国		日本	
	寿险	产险	寿险	产险	寿险	产险
不动产	17.4	8.5	3.5	—	5.8	4.7
贷款	5.5	3.1	27.4	1.7	39.4	21.6
银行存款或信托存款	4.8	9.1	5.1	0.7	11.5	16.5
有价证券	72.3	79.3	60.4	97.4	41	47

由于各国保险管理对保险企业资产管理办法不同，因此，各国保险业的资产结构也有差异，很难说谁更合理，而只能结合各国的情况去分析。如我国《保险法》第104条就明文规定保险基金只能用于银行存款、买卖政府债券、金融债券和国务院规定的其他资金运用形式。这在保障了我国保险资金的安全性的同时，也降低了资金的使用效率。

（四）我国保险投资存在的问题及对策

（1）保费的快速增长和资金运用渠道狭窄之间的矛盾突出。与目前国际上保险资金运用的法定渠道相比，我国的保险资金运用渠道相对狭窄。如美国、日本就规定保险公司可以进行政府债券、公司债券、股票、抵押放款、不动产、保单放单等业务。而我国的保险资金运用率低，投资结构不合理，2002年新修订的《保险法》对于保险资金的运用渠道一直有严格规定，只允许投资于银行存款、国债、金融债、部分企业债和证券投资基金。虽然2004年允许保险资金进入证券市场，间接投资基础设施领域，但比例只有50%，保险公司的资金无法得到充分利用。较大的资产余额处于低效益的闲置状态。

（2）保险资金运用的潜在风险不断积累。

1）保险公司资产与负债严重不匹配，存在着较大的再投资风险。保险资金中80%以上为寿险资金，寿险资金中约70%以上是10年以上的中长期资金。保险负债的特性要求资金运用在期限、成本、规模上与其较好地匹配，以满足偿付要求。但由于在现有狭窄的投资渠道下投资工具缺乏、投资品种单一、投资期限较短，资产与负债失配现象十分严重，姑且不考虑收益率失配的因素，期限失配的状况粗略估计也在50%以上。各家保险公司目前办理的协议存款大部分是5年

㊀ 资料来源：中国保险业的发展. 北京：中国金融出版社，1990。

期，到期日集中度过高，存在再投资风险。

2）现有资产组合的利率风险较高。从目前保险公司投资的资产结构看，银行存款、债券加上回购，在总资产中的占比过高。这些固定利率产品利率敏感度很高，受货币政策和利率走势的影响十分明显。

3）单一品种在保险资金组合中的占比过高或占市场规模比例过大，非系统性风险呈上升趋势。

（3）保险资金投资结构不合理，投资收益率不稳定。从目前保险资金运用结构来看，大约50%以上的保险资金为银行存款。2004年虽有下降，但比例还是过大，而国债和同业拆借占比不大，证券投资基金、金融债券、企业债券比例更低。这样的投资结构不可能起到保险资金资源的优化配置作用，难以达到保险资产与负债相互匹配的要求，也难以得到令人满意的收益。

从2001年开始，由于利率深幅下挫，银行存款的利息远不能使保险资金增值；政府债券也是保险资金的另一个主要投放渠道，而债券市场风险凸现，交易所二级市场价格波动幅度接近 20%。因此保险公司在银行存款和在债券市场获得的收益直接受损。在中国的证券市场，由于结构性和市场基本面的原因，从 2001 年至 2004 年股市经历了漫漫熊市，各证券投资基金价格大幅下跌，又加大了保险资金投资风险，保险资金投资收益不尽如人意，从2001年到2004年期间，保险资金年投资收益率分别为4.3%、3.14%、2.68%、2.4%，呈逐年下降的趋势。而之后随着股市的回暖以及银行利率的调整，近年投资收益率呈逐年上升的态势，2005、2006、2007年我国的保险资金投资收益率分别为3.6%、5.8%、10.9%（如图7-3所示）。

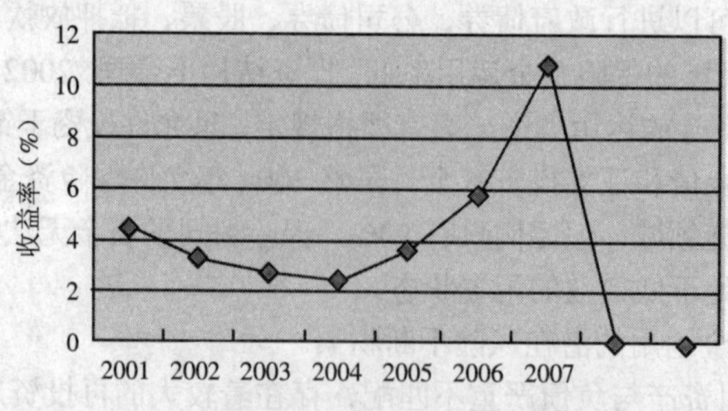

图7-3　2001-2007年保险资金投资收益率

从图 7-4 中可以看出，这几年我国的保险资金的投资收益率变化趋势并不稳定，这也从侧面反映出保险资金利率敏感性很强，投资渠道狭窄，收益率主要受制于银行存款、债券等金融产品的投资收益率，这加大了保险公司的经营风险，一定程度上制约了保险业的发展。

（4）狭窄的资金运用渠道限制了保险功能，特别是资金融通功能的发挥，削弱了保险为国家经济建设提供资金支持的作用。从目前保险资金运用结构来看，

50%以上的保险资金为银行存款，意味着保险业从居民储蓄中分流出来的资金一半以上又回流到银行，需要通过银行进行“二次交易”再融资出去，这样不仅没有体现出保险为国家经济建设提供资金支持的作用，反而还增加了交易成本，降低了金融资源的配置效率并增加了银行风险。

（5）基础管理的压力开始显现。在资金压力不断增大、市场风险不断涌现的情况下，保险公司在资金运用中的投资决策、风险控制、人才队伍以及信息技术系统等方面都经受了检验，保险公司现有的资金运作体系在市场反应能力、风险控制管理效率等方面也受到了严峻考验。

（五）解决当前我国保险资金运用问题的对策

（1）修改《保险法》，拓宽保险资金运用渠道。

市场形势的发展需要我们对《保险法》进行修改和完善，以拓宽保险资金运用渠道，确保保险市场公平的竞争环境，促使国内保险公司不断提高投资收益。保监会加大了拓宽保险资金运用渠道的力度，1999 年，允许保险资金进入同业拆借市场、投资企业债券、投资证券投资基金和同商业银行办理大额协议存款；2003 年 7 月，允许保险资金投资中央银行票据；2004 年 3 月，允许保险资金投资银行次级定期债务，6 月允许保险资金投资银行次级债券，7 月允许保险资金投资可转换公司债券，8 月允许保险外汇资金境外运用。2005 年以来，部分保险机构运用保险外汇资金尝试境外投资，积累了一定经验，取得了较好收益。2006 年 6 月，国务院批准保险机构购汇投资境外市场，中国保监会、中国人民银行和外汇局积极修订《保险外汇资金境外运用管理暂行办法》。2007 年 7 月 25 日，中国保监会正式下发《保险资金境外投资管理暂行办法》。较之 2004 年和 2006 年的规定，《暂行办法》最大的变化有以下四个方面：① 将境外投资范围从固定收益类拓宽到股票、股权等权益类产品，支持保险机构自主配置；② 将投资市场扩大至美国、英国、新加坡、中国香港等国家和地区的成熟资本市场；③ 将按单个品种逐一规定投资比例，改为控制单一主体投资比例（总资产的 15%）；④ 改变了“一事一批”的审批方式。保险资金运用渠道的拓宽，为保险资金运用分散投资风险、增加投资机会、提高投资能力、构建合理的投资结构以及培育新的盈利模式创造了有利条件。

（2）推行保险资金集中化和专业化的运营模式，提高专业化经营水平。建立保险资金集中化、专业化的运营模式，是保险公司稳健经营的客观内在要求，也是防范投资风险的现实需要，更是国际保险业资产管理的通行做法。

近年来国内各保险公司的实际情况是，随着可运用资金的增加，对资金运用重视和认识程度的提高，不少保险公司已成立了资金运用的最高决策机构—— 资金运用管理委员会，但其职能并没有真正落实，保险资金运用的许多体制安排和重大事项主要依靠部门层次推动，其结果是体制安排不合理，资金运用业务不够顺畅。

因此，一方面必须启动和落实公司资金管理委员会的各项职能，对有关资金运用的体制安排等战略性事项做出决策，为资金运用业务的顺畅进行提供良好的基础框架。另一方面，资金量大的寿险公司或产、寿险合营公司可以成立专业的资金运用子公司或独立的专业化资金运用部门，产险公司、再保险公司和小型寿险公司，可委托专业公司进行资金运用工作，以便提高投资效益避免投资失误。

专业化经营管理或委托管理模式是全球保险资金运用的主流，有利于保险业务的发展。尽管目前中国人寿、中国人保两保险公司的资产管理公司已经开始运作，但这种运作模式在我国刚刚起步，还有漫长的摸索道路要走。

当然无论采取何种资产管理模式，公司均需根据自身的情况进行成本效益分析来决定，不能一概而论。

(3)资金量大的保险公司还应当加大资金运用基础设施的投资力度。主要有：① 建设一流的资金运用系统；② 改革内部劳动用工体制，吸引一流人才，全面提高保险资金运用从业人员的素质；③ 狠抓内部规章制度建设，规范业务运作，以保障整个投资业务运作平台有足够的软硬件支撑。

(4) 强化保险资金运用的风险控制，加强对保险公司资产负债匹配的监管。确保资金安全是保险资金运用的首要任务，在有效控制风险的前提下管好用好资金是保险资金运用的根本原则。

我们应当在对保险公司面临的市场风险、经营风险、环境风险等进行全面系统风险分析的基础上，全面推行保险资金运用的风险管理策略。

保险资产负债匹配在总量方面由于保险风险的不确定性，要求各个公司在安排资金运作时，根据不同负债，要预留一定量的贴付金和变现能力强的资产，保证能随时足额支付赔款和给付。短期负债不能做长期投资，加强对资产负债匹配的监管。

(5) 完善保险资金运用的监管机制。

1）要建立保险资金托管机制，逐步在保险资金运用中推行托管制度，目前应当在风险比较集中的几个投资领域尽快实现资金托管。

2）要加强资金运用监管信息的基础建设。要建立标准化的数据口径和报表体系，把保险资金全部纳入监测范围；要建立资金运用数据库，并纳入保监会的中央数据系统；要逐步建立保险资金动态监管模式，及时了解资金运用情况；要建立保险资金运用风险预警体系，充分利用现代信息技术设置风险预警的量化指标体系，做到对风险早知道、早化解。

3）要完善保险资金运用的信息披露制度，对信息披露的内容、时间和频率等做出具体规定。保险公司要对所披露信息的真实性负责，不得有重大遗漏，不得对客户进行欺骗、误导和故意隐瞒。

4）要实行资金运用的分类监管。对保险公司的各类资金运用进行分析，掌握资金的运用情况及风险监测，将风险投资资金严格控制在规定范围内。还应制定对保险重大事件的应急方案。

模 块 小 结

一、知识结构

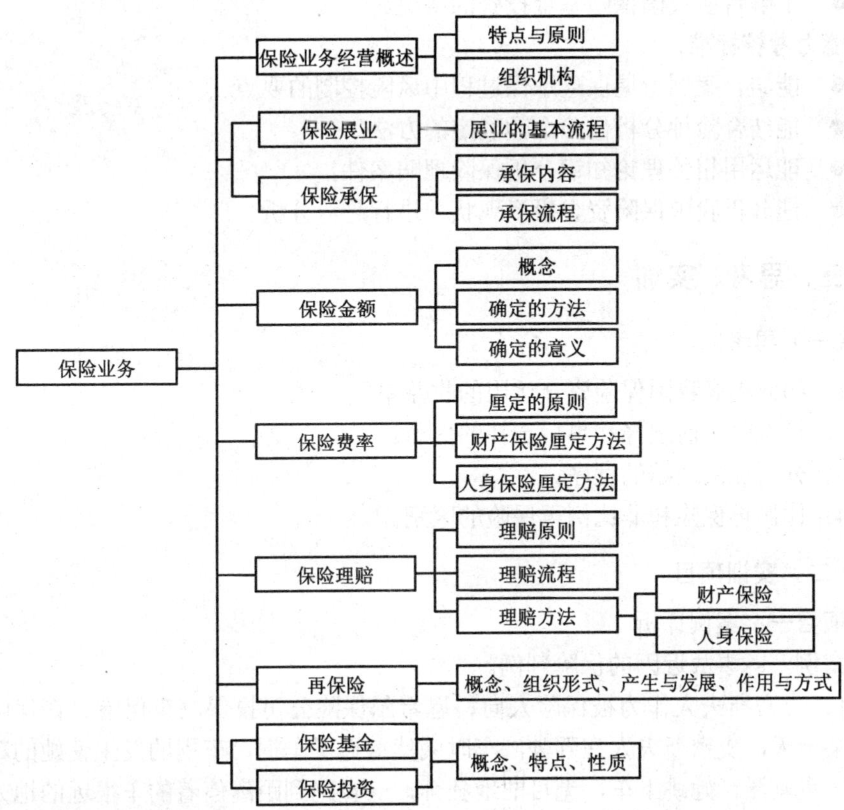

二、考核标准

知识考核标准：

- 掌握保险经营的特点和原则。
- 掌握保险展业的流程和展业过程中要把握的要点。
- 了解保险承保的内容并熟悉承保的流程。
- 掌握保险金额确定的原则、基本方法以及意义。

- 掌握保险费率的构成以及厘定原则。
- 理解财产保险和人身保险费率的厘定方法。
- 掌握保险理赔的概念、原则和流程。
- 熟悉财产保险、人身保险不同的理赔方法。
- 掌握再保险的概念、产生发展以及在当今保险市场中起到的作用。
- 理解再保险与原保险的联系与区别。
- 了解再保险的形式与业务方式。
- 掌握保险基金的概念、投资渠道。
- 了解目前我国保险基金投资的状况。

能力考核标准：

- 能结合案例把握保险承保过程中风险控制的要点。
- 能结合险种分析保险金额确定的方法。
- 能运用相关理论知识分析保险理赔案件。
- 能分析我国保险资金投资现状并进行趋势分析。

三、思考、实训

（一）思考题

1．如何提高我国保险资金运用的收益率？

2．核保时事前选择和事后选择的内容。

3．分析保险理赔的程序。

4．比例再保险和非比例再保险的区别。

（二）实训项目

项目一：案例评析

案例一：事故近因的保险判例。

1．史密斯夫人作为被保险人向科恩希尔保险公司投保汽车保险。在保险期内的某一天，史密斯夫人在驾驶汽车时突然遭遇了车祸，车祸的发生使她的精神受到严重刺激，她跳下车，无目的地狂奔，一直跑到距离停着的车很远的地方，跌入小河中淹死。她的丈夫史密斯先生要求科恩希尔保险公司按照保险单的约定给予赔偿，不料后者以被保险人死亡的近因是坠入河中，不属于保险事故为由而拒绝。史密斯先生作为原告遂把科恩希尔保险公司告上了法庭。

2．韦恩水柜及抽水机有限公司（下称韦恩公司）向雇主责任保险公司投保公众责任保险，要求为它在制造储柜的过程中因给他人造成损害而应付的赔偿责任提供保险保障。保险单上列有一除外条款：“因被保险人所提供物品的自然属性而给他人造成的损失，保险人不予赔偿。”韦恩公司一次在哈博特塑料制品厂装配一种能够分选和储存硬脂的储柜时，由于它提供的塑料管本身质量低劣，在无人看管的情况下，塑料管因温度过高而变形，致使管内的硬脂燃烧，损失惨重。韦恩公司在赔偿了该厂的损失以后转而作为原告起诉保险公司，要求被告依照保险单的约定对其偿付给哈博特塑料厂的赔偿金进行补偿。

3．被保险人玛多夫向事故保险公司购买了一份既承保意外也承保疾病的综合性寿险。保险条款上明确："承保被保险人因意外事故或指名疾病而导致的死亡"。玛多夫的腿在一次意外事故中被擦伤。不料过了一段时间后，玛多夫的腿开始发炎，炎症导致了败血症并迅速蔓延到身体的其他部位，最终引发肺炎，造成死亡。玛多夫的家属以受益人的身份要求保险公司给付死亡保险金，却被后者拒绝，理由是肺炎不在保险单所称的"指名疾病"之列。被保险人玛多夫的家属因此将保险公司告上法庭。

请问：

（1）构成近因的要件是什么？案例1中造成史密斯夫人死亡哪一个原因具备这些要件？

（2）案例2中引起事故的近因有几个？若近因中有的保，有的不保，保险人应如何处理？

（3）运用"链条原理"分析判例中导致玛多夫死亡的一系列原因并找出近因。说出该原理适用的前提条件。

案例二：保险公司会续保吗？

浙江大学于2000年、2001年连续为在校学生投保太平洋寿险公司学平险。2000年投保5 776人，赔付率21%；2001年投保5 903人，赔付率18%，均为意外医疗和住院医疗赔付。今年9月该校准备再次投保，保险方案与历年一致，主险保额每人5万元，意外医疗保额5 000元，住院医疗保额2万元，人数共6 187人，今年保费规模约73万元。同业也频频参与，提出低于太平洋保险公司的承保费率。浙大提出太平洋保险公司寿险费率下浮30%，在与其他公司条件相同的前提下，优先考虑太平洋保险公司。

请问：太平洋保险公司会同意浙大的续保要求吗？如果是，请说出太平洋保险公司续保的理由？如果太平洋保险公司拒绝了浙大的续保要求，请你谈谈该公司拒保的理由？

案例三：投保户隐瞒病情，保险公司是否承担保险责任？

被保险人聂某，男，55岁，退休工人，2003年11月7日在保险公司投保"99鸿福保险"，保险金额为5 000元，附加个人住院医疗保险10 000元。第二年10月因"双眼视力下降"入院治疗，诊断为老年性白内障，医疗费用共计7 920元。被保险人出院后即向保险公司提出索赔申请。但保险公司经调查该保户在投保前患有心肌梗塞病史一年未告知，保险公司认定不承担其保险责任，同时解除合同，并不退还保险费，保险合同终止。被保险人不服，诉至法院。

请问：保险公司的做法是否合理？为什么？

案例四：先出险后年检保险公司该不该赔？

1999年1月5日，某建筑公司将一辆桑塔纳普通型轿车向保险公司投保了一年期机动车辆及第三者责任保险，并在签单时一次缴清了保险费。投保后40天，该车在一加油站与一辆长安面包车发生碰撞，致使对方车上两人受伤，两车受损。事故发生后，交警支队认定建筑公司桑塔纳轿车驾驶员负全部责任，保险公司核定损失为4.1万元。

建筑公司提交索赔申请后，保险公司在审查该案时发现桑塔纳轿车在投保时和出险时未参加车辆管理机关的年检。几天后，建筑公司又递交了一份桑塔纳车的行驶证复印件，载明该车在投保和出险时年检合格。经查，该车1997年6月参加了年检，合格期至1998年6月，此后该车两年未参加年检。为了索赔，该建筑公司在2000年6月到车管机关交纳了罚款后对1998年、1999年进行了年检。

请问：

（1）该保险合同是否有效？

（2）保险公司是否该承担赔偿责任？

实训目的：通过以上案例的学习，帮助学生理论结合实际，提高承保理赔过程中对于风险的认知能力。

实训场所：上课教室。

实训结果：案例分析报告。

考核标准：根据案例分析报告评定成绩。要求分析思路清晰、有理有据，能较好地运用所学理论知识。

项目二：投保方案设计

1．如何为单身贵族投保。

陈某今年刚好30岁，三年前离开了原来单位，在江南大道开了一间宠物医院，每月稳定收入约一万元。不过，由于创业时资金紧张，并没有办理社会保险，今年开始想到劳动局办理相关的社保手续，现也想购买商业保险做好自身的保障。希望购买一份具有意外、医疗保障功能兼顾投资的保险，但保费不要太高。

2．丁克家族的无忧投保方案。

王太太是国家某机关的一名公务员，现年38岁；先生是一家合资公司的老总，现年40岁，两人无子女。两人月薪一万五千元左右，加上分红、提成等“隐性”进项，可谓收入颇丰的丁克家族。

请问：如何为其家庭设计投保方案？

实训目的：通过实训使学生掌握针对不同类型客户设计投保方案以及推销保险产品的方法及技巧。

实训场所：金融保险实训室。

实训结果：投保方案设计书。

考核标准：情景模拟，教师测评。

项目三：上机操作

运用模拟保险业务软件上机操作，使学生熟练掌握保险公司处理承保、理赔业务的基本流程。

实训目的：通过实训使学生进一步熟悉保险业务流程。

实训场所：金融保险实训室。

实训结果：实训心得体会，熟悉保险业务操作流程。

考核标准：上机操作，教师测评。

模块八　保险法规与保险业的监管、保险从业人员职业道德与执业规范

知识目标	1. 了解保险相关法规; 2. 了解保险业监管有关规定; 3. 理解保险从业人员职业道德; 4. 掌握保险从业人员执业规范。
能力目标	1. 能较好地解释保险相关法规的一些重要规定; 2. 能较好地理解保险市场监管的必要性、方式和内容; 3. 能按保险从业人员职业道德和执业规范要求约束自己的行为。

引例

保监会 2007 年 1 季度处罚 234 家机构 122 人

2007 年 1 季度，中国保监会各保监局加大执法力度，共派出 189 个检查组共 755 人次，对 263 家保险公司分支机构、保险中介机构进行现场检查。其中，检查产险机构 150 家，检查覆盖率 6.72‰；检查寿险机构 80 家，检查覆盖率 2.68‰。

针对查实的各类违法违规行为，各保监局依法给予严肃处理，共对 234 家保险机构实施 235 家次行政处罚，同比增加 213.33%，环比增加 190.12%。其中，责令撤换高管人员 21 人，同比增加 61.54%；罚款 696.20 万元，同比增加 124.51%；吊销许可证 5 项，同比增加 150%；给予 78 家机构和 72 人警告；取缔业务 1 家，责令停止接受新业务 16 项。

上述处罚中，依法加大了对相关责任人的处理力度，严肃追究高管人员的领导和管理责任，共处罚 122 人（其中高管人员 86 人），同比增加 248.57%。其中，责令撤换高管人员 21 人，同比增加 61.54%；给予个人罚款 110.8 万元，同比增加 702.90%；警告 72 人，同比增加 323.53%。

查处的违法违规问题集中表现为三种类型。一是非理性价格竞争问题，占比 34.89%。主要是违规批单退费，擅自修改条款，变相降低承保费率。二是业务财务数据不真实问题，占比 30.64%。主要是虚列营业费用，虚挂应收保费，制作阴阳单，坐扣、截留保费。三是保险中介机构违规经营，占比 25.53%。主要是虚开中介发票，与非法机构和个人发生业务。

此外，各保监局还对233家机构及个人实施监管谈话90次，下达监管函201份，通报批评7家次。

资料来源：作者根据中国保险监督管理委员会官方网站有关资料改编

第一部分　我国的保险法规

回顾保险法的历史，可以追溯到3 000年前。但到了20世纪，资本主义国家才积极开展保险立法工作，并且相互吸收、相互渗透，逐渐形成英美、法国和德国保险法的三大体系。

保险法是以保险关系为调整对象的法律规范总称。保险法在世界各国的法律体系中占有重要地位，是各国法律体系的有机组成部分，它发挥着调节国民经济的重要作用和功能。随着经济的不断发展，保险法在世界各国法律体系中的地位将愈来愈重要。

我国的保险业最初为外商垄断，民族保险业起步较晚，因而保险立法也晚。

一、清朝末年的保险法规

我国现代形式的保险是随英帝国主义的经济入侵而输入的。1885年，上海的“仁和”、“济和”保险公司是我国第一批民族保险企业，标志着民族保险业的开创。旧中国最早的保险立法活动是在清朝末年，出现了中国最早的几部带有保险内容的法律和法规。

光绪末年实行新政，于光绪二十九年（1903年）由载振和伍廷芳等人起草《大清商律》。1904年，中国第一部独立的商法《钦定大清商律》问世，其中商业法中包括保险业法，对保险公司的设立作出了规定。这是我国第一部带有保险内容的法律。

中国第一部保险专门法规是1907年的《保险业章程草案》，包括了保险法和保险业法。

后来清政府又聘请日本法学家志臣钾太郎起草商律，于1908年完成了《大清商律草案》的编订，其中在商行为中设有财产保险和人身保险两章。但由于清政府的迅速垮台，该法未被公布实施即被搁置一旁。

二、民国时期的保险法规

民国时期，颁布的保险方面的法律较多。20世纪20年代末期到30年代末期国民政府制定的《保险法》、《保险业法》和《简易人寿保险法》等三项法规使中国的各种保险业法规进入了完善的阶段。

南京国民党政府商法起草委员会于1929年11月完成《保险契约法草案》，经立法院修正通过时，改称《保险法》（实际是保险合同法），于同年12月30日由国民党政府公布，但此法并未施行。

1935年7月，国民党政府曾公布过《保险业法》和《简易人寿保险法》。1937年，国民党政府在对《保险业法》修正时又公布了《保险业法施行法》，但都未能施行。关于海上保险的内容，在国民党政府于1929年公布，1931年1月1日施行的《海商法》中加以规定。

由于政局不稳，加之没有贯彻实施，还由于90%的保险市场控制在外商手中，保险适用法律基本上为外国法律。

三、新中国成立初期的保险法规

从清政府、北洋政府到国民政府，都曾制定过与之相适应的保险法规，加强对保险业的管理和监督。但在半殖民地半封建的历史条件下，这些法规不是被束之高阁，就是由于涉及外国的权益而难以付诸实施。新中国的保险法始于20世纪50年代，当时主要仿照前苏联侧重于强制保险的立法。1951年2月3日通过了《关于实行国家机关、国营企业、合作社强制保险及旅客强制保险的决定》；1951年3月11日陈云同志签署了《关于颁布财产强制保险条例》、《船舶强制保险条例》、《铁路车辆强制保险条例》、《轮船旅客意外伤害强制保险条例》、《铁路旅客意外伤害强制保险条例》、《飞机旅客意外伤害强制保险条例》。此外，财政部于1953年6月20日和1957年4月6日还先后发布了《关于财产强制保险投保范围的通知》和《公民财产自愿保险办法》。这些法规在当时对规范保险行为，调整保险关系及促进保险业的发展，都起到了积极的作用。上述保险立法，使国家保险公司迅速占领了我国的保险市场，完成了保险业的社会主义改造。但到1958年底，由于保险业务的停办，保险立法也随之被搁置起来。

四、十一届三中全会以后的保险法规

十一届三中全会以后，我国的保险事业获得再生，保险立法重新受到重视。

1981年12月13日颁布的《中华人民共和国经济合同法》中，对财产保险作了原则性的规定。我国自此第一次有了真正意义上的保险法律规范。

1983年9月1日国务院发布了《中华人民共和国财产保险合同条例》，共5章23条。它的颁布实施对我国保险基本法律的制定，对于促进我国保险业的发展都具有十分重要的意义。

1992年11月7日通过，1993年7月1日施行的《中华人民共和国海商法》，规定了海上保险合同的内容。这是我国保险合同法的重要组成部分。

国务院于1985年3月3日又发布了《中华人民共和国保险企业管理暂行条

例》。该条例共计 6 章 24 条，相当于保险业监督法，从法律上明确了中国人民银行为监管机构，规定了中国人民保险公司的特殊地位。

在其他的有关法律、法规中也有关于保险关系的规定，例如，1985 年 3 月颁布的《中华人民共和国涉外经济合同法》，1979 年 7 月颁布的《中华人民共和国合资经营企业法》，1986 年 4 月颁布的《中华人民共和国外资企业法》，1994 年 7 月颁布的《中华人民共和国劳动法》等。

1991 年 10 月由中国人民银行牵头组成了《保险法》起草小组，研究、起草《保险法》。新中国第一部《中华人民共和国保险法》于 1995 年 6 月 30 日由第八届全国人大常务委员会第十四次会议审议通过，并于 1995 年 10 月 1 日起实施。与以往保险立法相比，该法增添了许多符合中国实际的新内容和新规定。该法共计 8 章 152 条。这是中国第一部完整的保险基本法。

五、加入世贸组织以后的保险法规

1995 年 10 月 1 日起实施的《保险法》，对于规范保险活动，保护保险活动当事人的合法权益，加强对保险业的监督管理，促进保险业的健康发展，发挥了重要作用。但是，随着我国政治经济形势的发展变化，保险业内部结构和外部环境都发生了较大变化，特别是我国加入世界贸易组织后，保险业面临进一步对外开放的新形势，《保险法》的一些内容已经不适应实际情况和实际需要，需要对《保险法》进行适时的修改。

2002 年 10 月 28 日第九届全国人大常委会第 30 次会议通过了《全国人民代表大会常务委员会关于修改〈中华人民共和国保险法〉的决定》。国家主席江泽民签署第 78 号主席令，公布了这个决定。全国人大常委会通过的关于修改保险法的决定共 38 条。这个决定自 2003 年 1 月 1 日起施行。

2002 年修订的《保险法》共计 8 章 158 条，主要内容包括：总则、保险合同、保险公司、保险经营规则、保险业的监督管理、保险代理人和保险经纪人、法律责任及附则。这与 1995 年保险法比较来看，改动幅度不大，章节无变化，修改了一些内容，增加了一些条款。具体如下：

（1）修改的条款是：第四条、第八条、第二十三条、第三十一条、第六十七条、第九十一条、第九十三条、第一百零一条、第一百零四条、第一百零六条、第一百一十九条、第一百二十四条、第一百二十六条、第一百三十一条、第一百三十二条、第一百三十三条、第一百三十四条、第一百三十五条、第一百三十六条、第一百三十八条、第一百三十九条、第一百四十条、第一百四十二条、第一百四十三条、第一百四十八条。

（2）增加的条款是：第五条、第八十八条第二款、第九十七条第三款、第一百零六条第五项、第一百零八条、第一百零九条第三款、第一百二十二条、第一百二十三条第二款和第三款、第一百二十七条、第一百二十八条第二款、第一百三十四条、第一百三十六条。

（3）将第一百四十五条和第一百四十六条合并为一条，作为第一百五十二条并进行了修改。

修改的主要内容围绕以下几个方面进行：

（1）根据我国加入世界贸易组织有关承诺所作的修改，例如第一百零一条。

（2）为适应保险业的改革和发展所作的修改，包括关于保险资金的运用，第一百零四条第三款；关于保险条款和费率的审批，第一百零六条第一款；关于短期健康保险和意外伤害保险业务的兼营，第九十一条；关于个人保险代理人代理数量的限制，第一百二十四条，等等。

（3）为了加强保险业监督管理所作的修改，涉及改变保险公司责任准备金提取的规定；增加保险监督机构对保险公司在金融机构存款的查询权；为加大对保险违法行为的处罚力度，对法律责任一章作了修改、补充，主要是与刑法作了衔接。

此外，还对有关监督管理机构的表述等其他一些条款作了必要的修改和调整。

【小资料】

关于公布保险立法专用信箱的启事

为完善我会保险规章立法工作，增进规章立法程序中的公众参与程度，现公布我会保险立法专用信箱：law@circ.gov.cn。

如对现行保险规章或我会公布的保险规章草案有任何意见，均可发邮件至该信箱。

中国保险监督管理委员会

二〇〇七年四月十九日

资料来源：中国保险监督管理委员会官方网站

第二部分　我国的保险监管

保险监管是一个国家对本国保险业的监督和管理。保险监管始于 16 世纪后半期的英国。广义上的保险监管是指在一个国家的范围内，为达到一定的目标，从国家、社会、保险行业、保险企业等各个层次上对保险企业、保险经营活动及保险市场进行监督与管理。狭义上的保险监管是指国家对保险企业、保险经营活动及保险市场的监督与管理。政府监管是基础，行业自律是补充。

保险监管主要是国家通过立法对本国保险业进行宏观指导与管理，以及国家专司保险监管职能的机构依法或行政授权对保险业进行行政管理。之所以要对保险进行监管，是因为保险事业的公共性，保险经营具有负债性、保障性、广泛性的特点；保险合同的特殊性，保险合同的附和性、射幸性的特点；保险技术的复杂性，保险的承保对象、承保范围、保险价格的计算、保险法规、条款、惯例等都很复杂。

通过保险监管，要达到保证保险人有足够的偿付能力、防止保险经营的失败；防止利用保险进行欺诈；优化市场机制，维护保险当事人之间的公平合理关系；提高保险业的经济效益和社会效益等目标。

一、我国的保险监管机构

在我国，自恢复国内保险业务以来，长期由中国人民银行行使保险业的监督管理职能。20 世纪 90 年代以后，保险市场的新情况和新问题不断出现。为了加大保险监管力度，1998 年 11 月 18 日，中国保险监督管理委员会成立。

中国保险监督管理委员会（简称中国保监会）是国务院直属事业单位。根据国务院授权履行行政管理职能，依照法律、法规统一监督管理全国保险市场，维护保险业的合法、稳健运行。2003 年，国务院决定，将中国保监会由国务院直属副部级事业单位改为国务院直属正部级事业单位，并相应增加职能部门、派出机构和人员编制。中国保险监督管理委员会内设 15 个职能机构，并在全国各省、直辖市、自治区、计划单列市设有 35 个派出机构。

此外，保险行业自律组织成立并发挥作用。保险行业自律组织是指在保险及其相关领域中从事活动的非官方组织，是保险行业自身管理的具体实施机构。中国保险行业协会成立于 2001 年 3 月 12 日，是国家民政部批准的保险业自律性社团组织，主管单位为中国保险监督管理委员会。

二、我国保险监管的内容、方式及途径

（一）监管内容

保险监管涉及的内容可以分为组织监管、业务监管和财务监管。

1．组织监管

国家对保险组织的监管，是指国家对保险业的组织形式、保险企业的设立与清算、保险从业人员资格以及外资保险企业等方面的监督和管理。

（1）组织形式。我国保险公司采取股份有限公司和国有独资公司两种组织形式。

（2）对保险企业设立的审批。我国《保险法》规定，设立保险企业必须向主管部门申请批准，并经工商行政管理部门注册登记，发给营业执照，方准营业。申请时要提交资本金的证明以及有关企业的章程、负责人资格、有关条款、费率、

营业范围等文件、资料。

（3）停业清算。保险企业可能因经营不善而破产，也可自行决定解散或与其他保险企业合并。正常解散或合并时应该清偿全部债务或将保险合同全部转让。因经营不善、严重违法或负债过多而停业破产时，除按破产法规定处理外，还有一些特殊的清算程序；保险主管机关可选派清算人员，直接介入清算程序，但一般都尽量帮助保险企业改善经营条件，使其免于破产。

（4）对保险从业人员资格的监管。对保险从业人员资格的监督包括两个方面：一方面是高级管理人员和保险公司的主要负责人都要符合监管机关规定的任职资格，在机构设立之前，均需报监管机关审定；另一方面是对保险从业人员的工作经验和文化程度的规定。保险公司必须聘用经中国保险监督管理机构认可的精算人员。

（5）对外资保险企业的监管。目前我国的保险监管法律制度主要由《保险法》、《保险公司管理规定》等组成。加入 WTO 之后，为满足新形势下外资保险公司监管的需要，我国先后颁布了《外资保险公司管理条例》和《外资保险公司管理条例实施细则》。由此，以上四部法律法规共同构成了对外资保险公司的宏观监管。但是，从目前看，我国对外资保险公司的基层监管还存在许多“真空”地带，因此，对外资保险公司的监管还有待进一步完善。

2．业务监管

国家对保险业务的监管，是指国家对保险企业的营业范围、保险条款和费率、再保险业务以及保险中介人的监督和管理。

（1）营业范围的限制。为了保障广大被保险人的利益，我国规定，禁止非保险企业经营保险或类似保险的业务；禁止保险公司经营保险以外的业务（不包括保险投资）。保险公司的业务范围为：①财产保险业务，包括财产损失保险、责任保险、信用保险等保险业务；②人身保险业务，包括人寿保险、健康保险、意外伤害保险等保险业务。

同一保险人不得同时兼营财产保险业务和人身保险业务；但是经营财产保险业务的保险公司经保险监督管理机构核定，可以经营短期健康保险业务和意外伤害保险业务。

保险公司的业务范围由保险监督管理机构依法核定。保险公司只能在被核定的业务范围内从事保险经营活动。

保险公司不得兼营《保险法》及其他法律、行政法规规定以外的业务。

（2）核定保险条款和费率。保险条款是专业性和技术性极强的保险文书，为了保障广大被保险人的合法利益，保证保险条款的公平性、公正性，世界上很多国家的保险监管部门都要依法对保险条款进行审查。保险费率是保险商品的价格，直接关系到保险公司保费收入、保险基金的积累、偿付能力等。因此，许多国家均规定保险费率的制定须报经主管部门核准方为有效。

我国《保险法》第一百零七条规定："关系社会公众利益的保险险种、依法实行强制保险的险种和新开发的人寿保险险种等的保险条款和保险费率应当报保险监督管理机构审批。""其他保险险种的保险条款和保险费率，应当报保险监督管理机构备案。"

（3）再保险业务的监管。各国对再保险业务都进行监管，这种监管有利于保险公司分散风险和稳定经营，有利于防止保费外流和发展民族保险业。

我国《保险法》第一百条规定："保险公司对每一危险单位，即对一次保险事故可能造成的最大损失范围所承担的责任，不得超过其实有资本金加公积金总和的百分之十；超过的部分，应当办理再保险。"

（4）对保险中介人的监管。对保险代理人、保险经纪人、保险公估人，我国政府通过法律明确其地位、资格、执业条件、法律责任等。保险中介人均需经考试合格，向保险监管部门注册登记，并按法律规定经办保险业务。

（5）精算制度的监督管理。精算是指运用概率论和大数法则进行保险业务数理计算的科学。尤其是人寿保险业务，必须通过精算才能来保证保险公司科学地收取保险费，提取寿险责任准备金。《保险法》第一百二十一条规定："保险公司必须聘用经保险监督管理机构认可的精算专业人员，建立精算报告制度。"

精算是一门专业性强、技术含量高的科学，精算人员必须经过精算知识的专门培训才能胜任这一工作。现在，我国许多高校与国际保险学术机构合作开办了保险精算师资格考试，1999 年我国开始自办了精算师资格考试，近 10 年来培养了一批精算人才。

3．财务监管

保险公司必须建立各项健全的财务制度。财务制度贯穿于保险企业经营活动的整个过程，是保险企业经营管理的综合反映。国家对保险财务的监管包括对资本金和保证金、准备金、偿付能力、保险投资及财务核算的监管。

（1）对资本金和保证金的监管。如前所述，保险公司申请开业必须具备最低数量的资本金，其数额通常都高于一般企业。由于保险风险发生的偶然性、意外性和不平衡性，有可能在保险公司开业初期，就会发生保险事故需要赔偿或给付，所以保险公司就随时要履行赔付的义务。资本金用于开业的费用，也用于开业初期的赔付。其次，开业之后业务量还不是很大，有可能遇到意外的事故，以致风险过于集中，使保险公司难于应付，此时也需要有一定数量的资本金。

（2）对准备金的监管。各种责任准备金都是保险人为了履行赔偿和给付义务而建立的基金，因此，责任准备金管理是财务管理中最为重要的部分。财产保险准备金分为未到期责任准备金、未决赔款准备金和总准备金三个部分。人身保险中保险期限在1年以内的，责任准备金的计算方法与财产保险基本相同，长期人身保险一般都实行均衡保费制，其准备金的计算方法复杂而精确。各国保险监管机构都对不同险种责任准备金的计算方法和提取有明确规定，并有专门的精算师审定。

（3）对偿付能力的监管。保证保险人的偿付能力是保险监管的最根本目的，因此，对保险公司的偿付能力进行监管是保险监管工作的核心。近年来，各国保险监管部门都在探索更为有效的偿付能力监管措施。从目前看，偿付能力监管手段主要有最低资本充足率监管、保险监管信息指标体系监管和保险监管机构组织的现场检查等。保险监管部门往往综合使用这些监管手段，对保险公司进行系统分析。在偿付能力监管体系中，保险保障基金具有独特的作用，是用全行业积累的资金对丧失偿付能力的保险公司的保单持有人的经济损失进行补偿。

（4）对保险投资的监管。我国的保险立法对保险投资作了比较严格的限制。在我国《保险公司管理规定》中，将保险资金运用限于银行存款、买卖政府债券、金融债券、中国保监会指定的中央企业债券和国务院规定的其他资金运用方式。

（5）对财务核算的监管。为了有效管理保险企业的经营和随时了解、掌握保险企业的营业状况，各国一般都要求保险企业在年终时向主管部门递交年终报告，反映其财务核算状况。

我国《保险法》第一百一十九条规定："保险公司应当于每一会计年度终了后三个月内，将上一年度的营业报告、财务会计报告及有关报表报送保险监督管理机构，并依法公布，"第一百二十条还规定："保险公司应当于每月月底前将上一月的营业统计报表报送保险监督管理机构。"这些规定都是为了保证保险企业财务活动的稳定，防止其发生财务危机。

（二）监管方式

保险业监管的方式分以下三种：公告管理方式（公示方式）、规范管理方式和实体管理方式。我国主要是采取实体管理方式。

1．公告管理方式（公示方式）

公告管理方式是指国家对保险业的实体并不加以任何直接管理，仅规定保障企业必须按照政府规定的格式及内容，定期将资产负债、营业结果以及其他有关事项予以公告。公告管理方式是国家对保险市场最为宽松的一种管理方式。公告管理方式的优点是使保险业在自由竞争的环境中得以自由发展。其局限性是一般公众对保险业优劣的评判标准不易准确掌握，对不正当的经营无能为力。随着保险业竞争的激烈，政府对保险业监管愈加严格，这种方式逐渐被放弃。

2．规范管理方式

规范管理方式是指由政府规定保险业经营的有关法律、行政法规、部门规章、规范性文件、司法解释等，要求保险业共同遵守的监管方式。政府对保险经营的重大事项，如最低资本额、资产负债比例、投资运用等方面，均有明确规定。这种管理方式较公告管理方式有进步，但政府对保险业的管理只是形式上的合法审查。由于保险经营专业技术性强，有关法规很难适应各个方面，所以实务中时有发生形式上合法而实质上不合法的现象，难以管理。因此，这种管理方式也已不被采用。

3．实体管理方式

实体管理方式指国家制定完善的保险管理规则，国家保险管理机关具有较高的权威和灵活处理的能力，对保险企业的设立、经营、财务、业务及破产清算等均实行有效监管。这是一种较为严格的监管方式。目前大多数国家采用此种方式。如日本、美国、德国等。我国保险监督管理机构对保险业的监管亦采用此种方式。

（三）监管途径（手段）

我国对保险市场的管理手段归纳起来有法律手段、经济手段、计划手段和行政手段。

1．法律手段

法律手段是指制定有关经济法规和保险法规，作为监管的手段。保险法规包括保险法律规定、法令和条例等多种形式。国家通过保险法规对保险公司的开业资本金、管理人员、经营范围、保险费率、保险条款等实质性问题，作出明确规定。《保险法》、《公司法》、《票据法》、《海商法》是商法的四个主要部分。《保险法》是国家通过立法程序，制定用于调整保险关系、双方权利义务关系和监督管理保险企业的法规，具有强制性、平等性、规范性和稳定性的特点。我国现行的《保险法》采用保险公司法与保险合同法合二为一的体例，是我国保险法律体系的核心部分。法律规范是管理保险市场的重要手段之一。

2．行政手段

行政手段就是依靠国家和政府以行政领导机构自上而下的行政隶属关系，采用指示、命令、规定等形式强制干预保险活动。市场经济同样需要凭借行政方法为经济运行净化环境。在市场经济初级阶段，运用行政手段，为保险运行创造良好的外部环境和社会条件，及时纠正控制保险市场不良现象，是行之有效的。以行政手段为保险市场健康运行服务，并充分发挥保险企业的积极性，两者有机结合，才能使保险市场充满活力。

3．经济手段

经济手段就是根据市场客观经济规律的需要，国家运用财政、税收、信贷等各种经济杠杆，正确处理各种经济关系来管理保险业的方法。这是国家对保险业进行监管的主要方法。

4. **计划手段**

计划手段是指国家通过计划指导保险业的监管方式。在市场经济条件下，国家运用指导性计划手段，促使保险业既能保障国民经济顺利进行，又能取得保险业自身的效益。

【小资料】

保险监管"三支柱"框架初步形成

中国保监会主席吴定富2006年3月17日在全国保险监管工作会议上表示，目前我国现代保险监管体系已经初步形成，防范风险的五道防线正在逐步完善，初步建立起市场行为监管、偿付能力监管和保险公司治理结构监管的现代保险监管"三支柱"框架。

吴定富在全国保险监管工作会议上指出，保监会目前已建立了以公司内控为基础、以偿付能力监管为核心、以现场检查为重要手段、以资金运用监管为关键环节、以保险保障基金为屏障的防范风险的五道防线。市场行为监管不断加强，三年多来，各保监局共处罚违法、违规机构415家，处理相关责任人216人，国有保险公司监事会认真开展业务、财务监督检查，在促进国有保险公司规范经营和国有资产保值增值方面发挥了积极的作用；偿付能力监管迈出实质性步伐，有效发挥了对风险的预警作用，制订最低偿付能力标准，建立偿付能力监管的指标体系，相继出台九个偿付能力报告编制规则，基本形成了一套较为完备的偿付能力监管制度；保险公司治理结构监管开始起步，从源头上减少产生风险的可能性。今年初，保监会正式出台《关于规范保险公司治理结构的指导意见》，标志着市场行为监管、偿付能力监管和保险公司治理结构监管"三支柱"的保险监管框架初步形成。

保险营销持证上岗　保监会提高门槛

147万保险营销员面临大考，中高级证书投放在上海试点。

中国保监会主席吴定富于2006年4月6号签署第3号主席令——《保险营销员管理规定》(以下简称《规定》)，其中第四十三条规定，保险公司不得委托未取得《资格证书》的人员从事保险营销活动，这意味着全国147万保险营销员管理门槛获实质性提升。

城市要全部持证上岗，但农村涉及原有"老人保"遗留问题要通过授予方式解决，近4.4万农保营销员将被授予资格。

与《规定》同时下发的还有《关于农村保险营销员资格授予制度有关问题的通知》(以下简称《通知》)。中介部负责人指出，农村保险营销员资格授予制度的主要内容可概括为"严格把关、择优授予、总量控制"。总授予人数占本辖区内保险营销员总人数一般不超过3%，经济发达地区授予人数占比原则上应低于经济欠发达地区。

按照《通知》要求，申请授予的人员应当由乡镇及以下农村地区的保险营销服务网点管理，并且符合：年龄不低于40岁；具有农村基层户籍；连续从事保险销售工作不少于三年；上一年度代理保费收入不少于1万元等7项要求。粗略计算，有近4.4万农村保险营销员将通过授予方式获取销售资格。

建立全国查询信息系统

目前保监会正在搭建一个全国实时信息共享的保险营销员及保险中介从业人员管理系统平台。其中山西起步最早，广东、福建、北京、江苏等也正在建设中。信息部和中介部正在组织研究，以尽快开发出全国网络信息查询系统。

据悉，网络系统建成后，保险营销员的资格证书和展业证书都要发生变化，将参照有关部门对导游的管理方式——挂牌上岗。

目前正在研究制定保险营销员划分为不同级别的资格证明和展业证明。除了最基本资格证书外，还要根据保险营销员单科考试情况如健康保险、投资联结保险等，分别给予中级或者是高级证书。中级或者是高级证书授予将由行业组织进行管理，其试点将首先选择在上海进行。

资料来源：作者根据有关新闻报道改编

第三部分　保险从业人员职业道德与执业规范

为了加强保险中介从业人员职业道德建设，提高保险中介从业人员的素质，中国保监会在总结近年来保险中介从业人员职业道德建设经验，征求部分保险中介机构、保险公司和专家意见的基础上，于2004年起草了《保险代理从业人员职业道德指引》（征求意见稿）、《保险经纪从业人员职业道德指引》（征求意见稿）、《保险公估从业人员职业道德指引》（征求意见稿）。

同时，作为“保险中介道德指引”的配套自律规范，中国保险行业协会起草了《保险代理从业人员执业行为守则》（征求意见稿）、《保险经纪从业人员执业行为守则》（征求意见稿）、《保险公估从业人员执业行为守则》（征求意见稿）。

一、保险代理从业人员职业道德指引

为保护被保险人的利益，提高保险代理从业人员的职业道德水准，促进保险代理行业的健康发展，中国保监会制定了《保险代理从业人员职业道德指引》（征求意见稿）。该指引所称保险代理从业人员是指取得中国保险监督管理委员会颁发的保险代理从业人员基本资格证书，接受保险公司委托从事保险代理业务的人员或者在保险专业代理机构和保险兼业代理机构中从事保险代理业务的人员。

保险代理从业人员在执业活动中应当做到：守法遵规、诚实信用、专业胜任、客户至上、勤勉尽责、公平竞争、保守秘密。

（一）守法遵规

（1）以《中华人民共和国保险法》为行为准绳，遵守有关法律和行政法规，尊重社会公德。

（2）遵守保险监管部门的相关规章和规范性文件，服从保险监管部门的监督与管理。

（3）遵守保险行业协会的规则。

（4）遵守所属机构的管理规定。

（二）诚实信用

（1）在执业活动的各个方面和各个环节中恪守诚实信用原则。

（2）在执业活动中，自始至终将客户的利益放在首位。

（3）在展业过程中主动出示证件并将本人或所属机构与保险公司的关系如实告知客户。

（4）力争做到客观、全面、准确地向客户披露有关保险产品与服务的信息，不误导客户。

（5）向客户推荐的保险产品应符合客户的需求，不强迫或诱骗客户购买不需要的保险产品。

（6）在执业活动中主动避免利益冲突。不能避免时，除向所属机构和客户作出说明外，还应将客户利益置于自身利益之上，确保客户利益得到优先满足。

（三）专业胜任

（1）执业前取得法定资格并具备足够的专业知识与能力。

（2）在执业活动中加强业务学习，不断提高业务技能。

（3）积极参加保险监管部门和行业协会组织的考试和持续教育，不断提高业务素质与技能。

（四）客户至上

（1）为客户提供热情、周到和优质的专业服务。

（2）不打搅、干扰客户的正常生活和工作，在客户方便的时候接洽客户，言谈举止文明礼貌，时刻维护职业形象。

（3）当客户拟购买的保险产品不适合客户需要时，应建议客户选择适合其需要的其他保险产品。

（五）勤勉尽责

（1）忠诚服务于所属机构，接受所属机构的业务管理，切实履行对所属机构的责任和义务，不侵害所属机构利益。

（2）不同时在两家或两家以上的所属机构执业。

（3）不擅自超越代理合同所列明的代理权限。

（六）公平竞争

（1）尊重竞争对手，不诋毁、贬低或负面评价同业、其他保险中介机构和保险公司及其产品和服务。

（2）依靠专业水平和服务质量展开竞争，竞争手段合法、合规、正当，不借助行政手段或其他非正当手段开展业务，不向客户给予或承诺给予保险合同以外的经济利益。

（3）加强同业间的交流与合作，实现优势互补、共同进步。

（七）保守秘密

对客户和所属机构负有保密义务。

二、保险经纪从业人员职业道德指引

为保护被保险人的利益，提高保险经纪从业人员的职业道德水准，促进保险经纪行业的健康发展，中国保监会制定了《保险经纪从业人员职业道德指引（征求意见稿）》。该指引所称保险经纪从业人员是指取得中国保险监督管理委员会颁发的保险经纪从业人员基本资格证书，并从事保险经纪业务的保险经纪机构的工作人员。

保险经纪从业人员在执业活动中应当做到：守法遵规、诚实信用、专业胜任、勤勉尽责、友好合作、公平竞争、保守秘密。

（一）守法遵规

（1）以《中华人民共和国保险法》为行为准绳，遵守有关法律和行政法规，尊重社会公德。

（2）遵守保险监管部门的相关规章和规范性文件，服从保险监管部门的监督与管理。

（3）遵守保险行业协会的规则。

（4）遵守所属保险经纪机构的管理规定。

（二）诚实信用

（1）在执业活动的各个方面和各个环节中恪守诚实信用原则。

（2）在执业活动中，自始至终将客户的利益放在首位。

（3）在展业过程中主动出示证件并将本人或所属保险经纪机构与保险人的关系如实告知客户。

（4）力争做到客观、全面、准确地向客户披露有关保险产品与服务的信息，不误导客户。

（5）在开展业务过程中主动避免利益冲突。不能避免时，除向客户或所属保险经纪机构作出说明外，还应将客户利益置于自身利益之上，确保客户利益得到优先满足和最大实现。

（三）专业胜任

（1）执业前取得法定资格并具备足够的专业知识与能力。

（2）在执业活动中加强业务学习，不断提高业务技能。

（3）积极参加保险监管部门和行业协会组织的考试和持续教育，不断提高业务素质与技能。

（四）勤勉尽责

（1）与客户之间订立业务合同本着自愿原则。

（2）代表客户利益，对于客户的各项委托尽职尽责，确保客户的利益得到最好保障，且不因手续费（佣金）或服务费的高低而影响客户利益。

（3）不擅自超越客户的委托范围行事。

（4）忠诚服务于所属保险经纪机构，接受所属保险经纪机构的业务管理，切实履行对所属保险经纪机构的责任和义务，不侵害所属保险经纪机构的利益。

（5）不同时在两家或两家以上的保险经纪机构执业。

（五）友好合作

（1）与保险公司、保险代理机构及保险公估机构友好合作、互利互惠、共同发展。

（2）加强同业间的交流与合作，实现优势互补、共同进步。

（六）公平竞争

（1）尊重竞争对手，不诋毁、贬低或负面评价同业、其他保险中介机构和保险公司及其产品和服务。

（2）依靠专业水平和服务质量展开竞争，竞争手段合法、合规、正当，不借助行政手段或其他非正当手段开展业务，不向客户给予或承诺给予保险合同以外的经济利益。

（七）保守秘密

对客户和所属保险经纪机构负有保密义务。

三、保险公估从业人员职业道德指引

为保护保险合同相关各方的利益，提高保险公估从业人员的职业道德水准，促进保险公估行业的健康发展，中国保监会制定了《保险公估从业人员职业道德指引（征求意见稿）》。该指引所称保险公估从业人员是指取得中国保险监督管理委员会颁发的保险公估从业人员基本资格证书，并从事保险公估业务的保险公估机构工作人员。

保险公估从业人员在执业活动中应当做到：守法遵规、独立执业、专业胜任、客观公正、勤勉尽责、友好合作、公平竞争、保守秘密。

（一）守法遵规

（1）以《中华人民共和国保险法》为行为准绳，遵守有关法律和行政法规，尊重社会公德。

（2）遵守保险监管部门的相关规章和规范性文件，服从保险监管部门的监督与管理。

（3）遵守保险行业协会的规则。

（4）遵守所属保险公估机构的管理规定。

（二）独立执业

独立地开展公估业务，不接受不当利益，不屈从于外界压力，不因外界干扰而影响专业判断，不因自身利益而使独立性受到损害。

（三）专业胜任

（1）执业前取得保险监管部门规定的资格并具备足够的专业知识与能力。

（2）在执业活动中加强业务学习，不断提高业务技能。

（3）积极参加保险监管部门和行业协会组织的考试和持续教育，不断提高业务素质与技能。

（四）客观公正

在执业时以客观事实为根据，采用科学、专业、合理的技术手段，得出公正合理的结论。

（五）勤勉尽责

（1）对于委托人的各项委托尽职尽责，不因公估服务费用的高低而影响公估服务的质量。

（2）忠诚服务于所属保险公估机构，接受所属保险公估机构的业务管理，切实履行对所属保险公估机构的责任和义务，不侵害所属保险公估机构的利益。

（3）不同时在两家或两家以上的保险公估机构执业。

（六）友好合作

（1）在执业活动中与保险人、被保险人等有关各方友好合作，确保执业活动的顺利开展。

（2）与保险公司、保险经纪机构和保险代理机构友好合作、共同发展。

（3）加强同业间的交流与合作，实现优势互补、共同进步。

（七）公平竞争

（1）尊重竞争对手，不诋毁、贬低或负面评价同业、其他保险中介机构和保险公司及其产品和服务。

（2）依靠专业水平和服务质量展开竞争，竞争手段合法、合规、正当，不借助行政手段或其他非正当手段开展业务，不向客户给予或承诺给予不正当的经济利益。

（八）保守秘密

对执业活动中的相关各方以及所属保险公估机构负有保密义务。

【小资料】

中国人民财产保险股份有限公司XX支公司行风评议建设公开承诺

为规范机动车辆保险从业人员服务行为，提高服务质量，在全社会树立中国人民财产保险股份有限公司良好的企业形象，向社会广大保户公开推动八项服务承诺。

（1）提供文明礼貌服务。营业厅人员实行挂牌上岗，接待保户实行使用文明用语，详尽的解答保户提出的问题，如果保户对工作人员的态度不满意，请记下他（她）的号码向经理投诉，工作人员应向当事人当面赔礼道歉。如果工作人员和保户发生争吵，无论责任属谁，给予罚款50元处理。

（2）保户到公司办理投保业务时，工作人员要当好保户的参谋，履行告知义务，详细查验各种手续和车辆，确认无误后，30分钟后办完承保手续，出具保险单。每超1分钟赔偿保户人民币1元。

（3）保险车辆发生保险责任事故，保户向公司报案后，半小时内作出处理意见，如超出规定时间，支付保户时间损失费50元。

（4）工作人员在处理事故期间，不准接受保户的宴请和礼品，若发现存在这种情况，退还宴请费，并按礼品价值的两倍赔偿保户，同时视情节给予行政纪律处分。

（5）工作人员在受理理赔案件时，应认真告知保户本案如何办理索赔手续，一次性告诉本案所需的各种材料。因工作人员没有明确告知或没准确指导造成保户反复奔走或延误索赔时间的，支付保户时间损失费20元。

（6）5 000元以下的赔案，实行“简易赔案快速理赔办法”，手续齐全并达成赔偿金额的协议后三日内结案。5 000元以上15万以下的赔案在手续齐全后双方初步达成协议，报上级公司审批后，保证在七日内赔付。凡在上述限时内不能赔付的案件，每超过一天，向保户赔偿20元（星期日、节假日顺延）。

（7）各基层公司设立24小时（含公休日）报案服务电话。服务内容为：出险报案、业务咨询、承保预约、服务投诉、紧急救援等。省、地市级公司设立服务投诉电话。

（8）保险事故车辆与被保险人协商确定或推荐招标修理厂，不得强制送指定修理厂修理。如若发生强制行为，对责任人处以200元的罚款，并向当事人道歉。

以上承诺，敬请社会各界和广大人民群众广泛监督。

监督电话：×××××××

二〇〇六年二月

资料来源：作者根据山西省某县人民政府官方网站有关报道改编

模块小结

一、知识结构

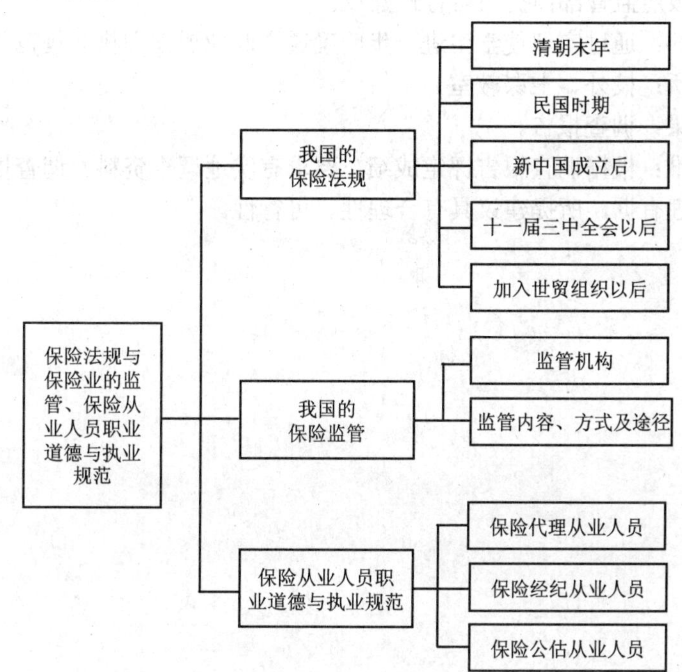

二、考核标准

知识考核标准：

- 了解保险相关法规；
- 了解保险业监管有关规定；
- 理解保险从业人员职业道德；
- 掌握保险从业人员执业行为规范。

能力考核标准：

- 能较好地解释保险相关法规的一些重要规定；
- 能较好地理解保险市场监管的必要性、方式和内容；
- 能按保险从业人员职业道德和执业规范要求约束自己的行为。

三、思考、实训

（一）思考题

1．简述为什么要实施保险监管，以及保险监管的内容。

2．简述保险从业人员如何按照职业道德和执业规范要求约束自己的行为。

（二）实训题

实地调查了解现有保险从业人员遵守职业道德和执业规范的情况，写出调查报告，并给政府监管部门提出可行性建议。

实训目的：通过实训使学生进一步明确遵守职业道德和执业规范的重要性。

实训场所：校外、上课教室。

实训成果：调查报告。

考核标准：根据调查报告评定成绩。要求有实地调查资料。调查报告思路清晰、分析有理有据，所提建议具有合理性、可行性。

参 考 文 献

[1] 魏华林，林宝清. 保险学[M]. 北京：高等教育出版社，2006.

[2] 施建祥. 保险学[M]. 上海：立信会计出版社，2005.

[3] 乔治·E·瑞达. 风险管理与保险原理[M]. 北京：中国人民大学出版社，2006.

[4] 小哈罗德·斯凯博. 国际风险与保险[M]. 北京：机械工业出版社，1999.

[5] 李国义. 保险概论[M]. 北京：高等教育出版社，2001.

[6] 许谨良. 保险学原理[M]. 上海：上海财经大学出版社，2000.

[7] 李晓林，刘子操. 人身保险[M]. 大连：东北财经大学出版社，1999.

[8] 万峰. 人身保险基础知识[M]. 北京：中国金融出版社，2002.

[9] 公冶庆元. 人身保险理论与实务[M]. 北京：清华大学出版社，2005.

[10] 郑美琴. 保险案例评析[M]. 北京：中国经济出版社，2004.

[11] 张洪涛. 人身保险[M]. 北京：中国人民大学出版社，2003.

[12] 蒲成毅，潘晓君. 保险案例评析与思考[M]. 北京：机械工业出版社，2003.

[13] 缪里尔·L·克劳福特. 人寿与健康保险[M]. 北京：经济科学出版社，2000.

[14] 何文炯. 保险学[M]. 杭州：浙江大学出版社，2003.

[15] 尹成远. 保险理论与实务[M]. 北京：科学出版社，2006.

[16] 庹国柱. 保险学[M]. 北京：首都经济贸易大学出版社，2004.

[17] 张洪涛. 保险核保与理赔[M]. 北京：中国人民大学出版社，2006.

[18] 刘金章. 保险学基础[M]. 北京：高等教育出版社，2003.

[19] 袁宗蔚（台湾）. 保险学——危险与保险[M]. 北京：首都经济贸易大学出版社，2000.

[20] 赵苑达. 再保险学[M]. 北京：中国金融出版社，2003.

[21] 中国人民共和国保险法[M]. 北京：中国法制出版社，2002.

[22] 刘连生. 保险法教程[M]. 成都：西南财经大学出版社，2005.

[23] 史卫进. 保险法案例教程[M]. 北京：北京大学出版社，2006.

[24] 秦道夫. 保险法论[M]. 北京：机械工业出版社，2000.

[25] 覃有土. 保险法概论[M]. 北京：北京大学出版社，2003.

[26] 应世昌. 中外精选保险案例评析[M]. 上海：上海财经大学出版社，2005.

[27] 邹海林. 保险法教程[M]. 北京：法律出版社，2004.